MÖRDER IM ZUG

Frank Goyke

MÖRDER
im Zug

 OSTSEEKRIMI

DANKSAGUNG

Mein besonderer Dank gilt Herrn Stephan Stange vom Bereich Presse- und Öffentlichkeitsarbeit der Polizei im Innenministerium Mecklenburg-Vorpommern für seine Auskünfte, im Speziellen die Polizeistrukturreform betreffend.

Die Deutsche Nationalbibliothek verzeichnet diese Publikation in der Deutschen Nationalbibliografie; detaillierte bibliografische Daten sind im Internet über http://dnb.ddb.de abrufbar.

Alle Rechte vorbehalten. Reproduktionen, Speicherungen in Datenverarbeitungsanlagen, Wiedergabe auf fotomechanischen, elektronischen oder ähnlichen Wegen, Vortrag und Funk – auch auszugsweise – nur mit Genehmigung des Verlages.

© Hinstorff Verlag GmbH, Rostock 2011

1. Auflage 2011
Herstellung: Hinstorff Verlag GmbH
Lektorat: Dr. Florian Ostrop
Titelbild: GettyImages
Druck: GGP Media GmbH, Pößneck
Printed in Germany
ISBN 978-3-356-01422-8

Prolog: Blut

Sie waren hinter ihm her, beobachteten und verfolgten ihn, manchmal allein, häufig zu zweit. Junge Kerle, Männer mittleren Alters, allesamt Angehörige einer mafiösen Verbindung. Sie trachteten ihm nach dem Leben, weil er zuviel wusste.

Zuerst hatte er gedacht, sie wollten ihm nur Angst machen. Doch schon längst spürte er die Gewissheit, dass sie nur auf die Gelegenheit warteten ihn geräuschlos zu entsorgen. Zur Polizei zu gehen, das hatte er mehr als einmal überlegt. Was konnte man ihnen von Amts wegen vorhalten? Heute, beim Gang durch Güstrows vorweihnachtlich geschmückte Altstadt, hatten sich ihre Wege wieder und wieder – stets scheinbar zufällig – mit den seinen gekreuzt. Zeitgleich mit ihm hatten sie die Post betreten und wieder verlassen. Wohin er auch kam, ihr schwarzes Auto wartete schon dort. Bummeln, auf die Post gehen, ein schwarzes Auto – kein Beamter der Welt würde ihn ernst nehmen.

Er überquerte den Pferdemarkt, passierte das John-Brinckman-Denkmal und hastete nun mit schnellen Schritten durch die Eisenbahnstraße. Wahrscheinlich blieb ihm nur die Flucht. Untertauchen. Allerdings hatten sie im Aufspüren von Opfern außergewöhnliches Geschick. Und in der Fremde, ohne Freunde und Bekannte, war er schutzlos.

Trotz stieg in ihm auf. Kampflos würde er sein Leben jedenfalls nicht preisgeben. Diese eiskalten Jäger schienen sich für allmächtig zu halten. In ihrer Arroganz glaubten sie wohl, dass er ihnen sowieso nicht entkommen würde. Wenn es ihm gelänge, unerwartet die lange Leine zu kappen, an der sie ihn zu führen glaubten, würde es nicht sofort auffallen.

Auf dem Bahnhofsvorplatz frischte der ohnehin starke Wind noch einmal auf und trieb ihm Wasser in die Augen, Tränen und Regen, vermischt mit Schnee. Seit Tagen herrschte dieses Wetter. Herbststürme hatten die sonst so sanfte Ostsee in ein wildes Meer verwandelt, ein Monster, das Molen überspülte und den Strand fraß.

Er unterdrückte den Impuls, sich umzuschauen oder auf dem Parkplatz nach einem schwarzen Wagen zu suchen. Sie sahen ihn, das wusste er ohnehin.

Der Zug stand hell erleuchtet auf Gleis vier. Drei rotlackierte Doppelstockwagen bildeten eine Einheit, die Generatoren der ebenfalls roten Lokomotive summten vor sich hin. Die Außenhaut der Waggons glänzte feucht, von innen waren die Fenster beschlagen.

Der Bahnsteig war fast menschenleer, bis auf eine Frau, die von der Treppe zur Unterführung herbeigeeilt kam. Sie trug einen weiten Flickenmantel aus einer Art Filz und ein schwarzes Barett. Ihr Gesicht konnte er nicht erkennen, doch nahm er an, ihr schon öfter begegnet zu sein. Ihre Aufmachung war auffällig und wenn er sich nicht irrte, war Schwaan ihre Haltestelle.

Die Frau betätigte den Druckknopf, mit dem sich die Türen öffnen ließen. Er selbst begab sich zum ersten Waggon, dem Wagen mit dem Steuerhaus. Als er sich nun doch umwandte, war die Frau eingestiegen, und der Bahnsteig schien verlassen.

Im Zug war es warm und stickig – vermutlich die Täuschung des ersten Augenblicks für jemanden, der aus der Kälte kam. Langsam stieg er die Stufen hinauf. Mit einem Zischen schloss sich die Tür.

Eine künstliche Stimme forderte die Reisenden auf, bei der Abfahrt des Zuges Vorsicht walten zu lassen. Der obligatorische Pfiff ertönte, sacht setzten sich die Wagen in Bewegung. Der Bahnsteig schien dahinzugleiten. Als Kind hatte er sich gern vorgestellt, dass gar nicht der Zug, sondern statt seiner die Welt bewegt würde. Die Waggons blieben stehen, während eine riesige Hand, vielleicht die Hand Gottes, Bahnhöfe, Häuser, Wiesen und Bäume an den Fenstern vorbeischob.

Leider gab es keinen Grund zu bezweifeln, dass einige seiner Häscher an Bord waren, und dass ihn später beim Aussteigen schon der schwarze Kombi erwartete. Ein Leichenwagen, dachte er, das Schwarz war wohl Ausdruck ihres speziellen Witzes. Ihres Killerhumors. Eine Zeitlang betrachtete er seine Hände, dann hob er unwillkürlich den Blick wie ein witterndes Kaninchen. Er spürte, wie sie näher kamen.

Plötzlich wurde er ganz ruhig. Langsam öffnete er den Reißverschluss seiner daunengefütterten Windjacke, fuhr mit der rechten Hand in die Innentasche und tastete nach seiner Waffe.

Er war bereit zum Kampf.

Die Welt der Eisenbahn war eine Welt der Zahlen.

Und ein Mensch der Zahlen war Rüdiger Sokolowski.

Seit drei Jahren begleitete er Züge. Er war kein Schaffner, sondern er gehörte dem Bahnschutz an und sorgte dafür, dass niemand über die Stränge schlug. Das war bitter nötig, denn die Fahrgäste wurden immer verrückter.

Genau genommen traf das auf alle Menschen zu. Früher war ihm das nicht aufgefallen, aber der Dienst hatte seine Sinne geschärft. Überall entdeckte er nun Zeichen von unheilbarer Unzufriedenheit, Wut und Hass, von Aggressivität und Geistesgestörtheit: auf der Straße und an den Kassen der Supermärkte, im Bus oder in der Straßenbahn, in der Videothek, wo die Einsamen sich Mittel zur Beschwichtigung ihrer Triebe verschafften, in der Stammkneipe, wo er sein Feierabendbier trank; es gab keinen Ort, an dem sich der alltägliche Wahnsinn nicht ausbreitete.

Da waren diese beiden muskelbepackten Typen in Wagen zwei, die in Schwaan eingestiegen waren und nichts Eiligeres zu tun hatten, als ihr Sitzabteil mit Bierbüchsen und Taschenflaschen in eine Kneipe zu verwandeln. Zweifelsohne gingen sie auf die Vierzig zu und hatten sich bereits ansehnliche Bäuche zugelegt. Sie steckten in Lederjacken, wie sie Motorradfans zu tragen liebten, hatten sich Glatzen rasiert, und auf ihren Stiernacken prangten Tätowierungen. Jedem Tierchen sein Pläsierchen – dagegen hatte Sokolowski nichts. Es war nicht verboten, in der Bahn Alkohol zu trinken, das Rauchen aber war nicht erlaubt. Doch genau in dem Moment, als er das Oberdeck betreten hatte, hatten sie ihre Selbstgedrehten angezündet, eindeutig eine Provokation, mit der sie ihm zeigten, wie sehr sie ihn, seinen Job und seine Uniform verachteten. Sokolowski hatte seine Wut hinuntergeschluckt und sich gesagt, dass die beiden nur kleine Lichter waren, die sich wichtig machen wollten.

Natürlich hatte er Schulungen besuchen müssen, bevor man ihn als Bahnschützer einsetzte, doch das waren eher Notlehrgänge gewesen als eine richtige Ausbildung. Ruhiges, höfliches, aber bestimmtes Auftreten – jeder Referent, der vermutlich pro Lektion mehr kassierte als ein Wachmann im ganzen Monat, hatte diese Phrase gedroschen. Im Alltag nützte sie fast nie. »Männer«, hatte Sokolowski gesagt, weniger höflich und bestimmt als vertraulich und bittend, »ihr wisst doch, dass Quarzen verboten ist. Macht mir bitte keinen Ärger.«

Und was war geschehen? Die Stiernacken hatten ihm zugeprostet und gelacht. Das war alles. Sie hatten ihn keiner Antwort für würdig befunden und die Zigaretten brennen lassen. Und Sokolowski war einfach weitergegangen. Verstohlen hatte er ein Fenster geöffnet und gemacht, dass er fortkam.

Nun ärgerte er sich über sich selbst, aber er war allein und hatte mit Mitte Fünfzig nicht mehr die Kraft, sich gegen jede Herausforderung zu wehren. Außerdem hatte er dem Wahnsinn etwas entgegenzusetzen: Zahlen. Zahlen wurden nicht verrückt. Sie repräsentierten die Ordnung, hatten eine unverrückbare Position inne, ob nun auf einem Strahl oder in einem Koordinatensystem, wenn nicht gar im Universum.

Sokolowski sah auf die Uhr: 21:54:09. In 51 Sekunden müsste Zug Nummer 9511 Papendorf erreichen.

Die Stadtbahn der Linie 2 verkehrte zwischen Güstrow und Warnemünde via Rostock Hauptbahnhof. Auf der Kursbuchstrecke 182 bediente sie bei einer Fahrzeit von 54 Minuten 17 Haltepunkte. Sokolowski hatte alle Abfahrtzeiten im Kopf, er wusste, dass der Zug von einer E-Lok der Baureihe 243 geschoben oder – in der Gegenrichtung – gezogen wurde, und nun war er dabei, die Fahrgestellnummern auswendig zu lernen. Obwohl er alle wichtigen Telefonnummern auf seinem Handy hatte, brauchte er den Speicher nie. Auf sein Zahlengedächtnis war er stolz, er hatte sonst wenig, auf das er stolz sein konnte.

Der Zugführer bremste. Sokolowski trat an die Doppeltür, legte den rechten Zeigefinger auf den Öffner. 9511 rollte aus.

Draußen war es ungemütlich. Immer mehr Schnee mischte sich in den Regen, und der kräftige Wind zwang Sokolowski, seine Schirmmütze festzuhalten. Dies war seine letzte Fahrt für heute. Er würde sofort nach Hause gehen, ohne den kleinen Umweg zu seiner Kneipe. Daheim einen Grog mixen, die Beine hochlegen, sich vor den Fernseher fläzen – mehr Paradies brauchte er nicht an einem solchen Abend.

Aus dem Steuerwagen kletterte ein Mann mittleren Alters. Er war barhäuptig und hatte langes, ungepflegt wirkendes Haar, in das sofort der Wind fuhr; dass er auch einen Bart trug, wusste Sokolowski nur, weil er schon zwischen Güstrow und Schwaan durch den Zug gegangen war. Der Mann hatte im Zwischendeck gesessen, nahe der Tür am Übergang zu Wagen zwei, und er hatte einen nervösen Eindruck gemacht. Solche Fahrgäste traf Sokolowski öfter.

Nun begab sich der Mann mit eingezogenem Kopf durch den Schneeregen zur Anschlagtafel, an der einst Fahrpläne befestigt worden waren. Viele kleine, Pläne abreißende Davids hatten irgendwann den Kampf gegen den Goliath Deutsche Bahn gewonnen. Die sinnlose Tafel ruhte auf zwei Stahlträgern, die zumindest noch zwei Fahrrädern Halt boten. Um 21:56:02 schloss die Tür.

Sokolowski setzte seine letzte Runde fort und überlegte, ob für die Strecke durch den Zug dieser Ausdruck überhaupt passte. »In Kürze erreichen wir Rostock Hauptbahnhof«, schnarrte es aus den Lautsprechern, als er den ersten Wagen betrat.

Auf der Treppe zum Oberdeck war Blut.

I SCHNEE

Im Kinderzimmer wurde geschossen.

Jonas Uplegger seufzte. Er legte Nedopils *Forensische Psychiatrie* auf den Glastisch, ein Buch, das er geradezu obsessiv wieder und wieder zur Hand nahm, ohne wirklich zu verstehen, was er da las. Dieses Wortgeklingel: »Reliabilität der Diagnose, faktorenanalytische Typenbildung, Einteilungsansatz dimensional / kategorial«, was sollte das? War das nicht alles bloße Wichtigtuerei und Täuschung, der Versuch, unter einem Schwall von Begriffen zu verbergen, dass man über die Seele des Menschen so gut wie nichts wusste?

Uplegger war seit langem der Überzeugung, dass die Krone der Schöpfung Pfusch war. Im Menschen hatte sich die Evolution nicht vollendet, sondern die Grenze zur Fehlfunktion überschritten. Die menschliche Apparatur war wie alle komplizierten Maschinen in höchstem Maße störanfällig. Ein kaputtes Zahnrad ließ sich mit einfachen Handgriffen auswechseln. Die Seele hingegen bestand quasi aus nichts. Und doch konnte dieses Ding weitaus stärker schmerzen als der Körper, der im Grunde nicht viel mehr war als ein fleischliches Wasserfass.

Die Schießerei im Kinderzimmer nahm kein Ende. Jonas Uplegger entschied sich für einen pädagogischen Eingriff. Also erhob er sich von seiner weißen Ziegenledercouch, schritt über den weißen Flokati und trat in die Diele. Dort wandte er sich nach rechts, ging sehr langsam auf die Tür mit der Aufschrift *Eintritt nicht nur für Schneider verboten!* zu, klopfte an, wartete, klopfte erneut, öffnete dann behutsam die Tür und sah Marvin dort, wo er ihn erwartet hatte, nämlich vor seinem PC, den Controller in beiden Händen.

Der Junge trug noch das verschwitzte blau-weiße Trikot von *Motor Warnow*, und er tötete. Sein verkrampfter schmaler Körper zeigte die ganze Anstrengung, die das Töten erforderte, aber auch die Lust, mit der er auf schwerbewaffnete Wesen ballerte; anders konnte man sie nicht bezeichnen, da sie von Kopf bis Fuß in einer alles verhüllenden Hightech-Rüstung steckten. In der *Zeitschrift für Kriminalistik und Kriminologie* wurden diese Spiele gern als Auslöser von Gewalttaten bezeichnet, von Mord, gar von Amokläufen. Uplegger hielt das für übertrieben, schließlich stammte der Mord aus biblischen Zeiten, und Amokläufe gab es vor allem deshalb, weil einer mit ihnen angefangen hatte: Der Ur-Amoklauf rief dauerhaft eine Reihe von Kopisten auf den Plan.

Uplegger wusste, dass sein 13-jähriger Sohn die Anwesenheit des Vaters spürte und nur noch so tat, als würde das Spiel ihn fesseln.

»Marvin!«

»Ja, Papa?« Der Junge vollführte eine Vierteldrehung auf seinem Schreibtischstuhl. Er hatte jene Unschuldsmiene aufgesetzt, mit der er jedermann um den Finger wickelte, und seine blauen Augen, angeblich Spiegel der Seele, verrieten nicht die geringste Gemütsbewegung. Marvin war nicht nur das sprichwörtlich stille, aber tiefe Wasser, er hatte es faustdick hinter den

Ohren. Mit seiner scheinbaren Unschuld, seinem Charme und seiner noch kindlichen Schönheit gelang es ihm, dass sowohl Weiblein als auch Männlein schwach wurden. Uplegger unterdrückte die Schwäche und kehrte den großen Erzieher heraus, fand aber nur einen missglückten Anfang: »Setz dir wenigstens Kopfhörer auf!« Das hatte er gar nicht sagen wollen. Der Kampf um die Macht war eröffnet.

»Dann macht es nicht so viel Spaß«, erwiderte Marvin und klimperte mit den langen, blonden Wimpern. Weniger gestählte Naturen hätten jetzt schon den Rückzug eingeleitet.

»Ja, was denn?« Uplegger trat einen Schritt näher. »Du willst also wieder Herrn Kirsch provozieren?« Das war der Nachbar, dessen Schlafzimmer an Marvins Zimmer grenzte. Kirsch ging nie vor Mitternacht ins Bett, und wenn er alle Türen geschlossen hätte, hätte er Marvins Spektakel gar nicht hören können, aber er schloss die Türen nicht, weil er Punkte sammelte, wie er es nannte. Punkt für Punkt listete er dann in Schreiben an die Hausverwaltung auf, sogar an die Stadtverwaltung hatte er schon geschrieben. Auch Uplegger bekam von ihm Briefe, in denen er mit Anwälten drohte, die er nicht hatte, mit der Polizei, mit dem Gericht. Uplegger beantwortete diese arrogant formulierten Schreiben stets nur mit dem einen Satz, dem er eine Reihe von Aktenzeichen folgen ließ: »Laut höchstrichterlicher Rechtssprechung gehören die durch Kinderspiel verursachten Geräusche zu den normalen Wohngeräuschen.«

Leider hatte er einmal nicht aufgepasst und einen seiner Briefe offen liegen gelassen. Immer, wenn er nun seinen Sprössling aufforderte, doch bitte leiser zu sein, brachte dieser seine eigenen Waffen in Stellung. Die Aktenzeichen hatte er im Kopf.

»Papa, es ist voll endgeil, wenn der Typ mir auf der Treppe begegnet und so aussieht, als wenn er mir eine reinhauen will. Aber er traut sich nicht, sagt ja nicht mal was. Und wie der rumläuft! Hast du mal die Pissflecken …?«

»Marvin! Wir sind hier nicht auf dem Bau!«

»Der säuft doch! Wie deine Kollegin!«

»Marvin, es steht dir nicht an, solche Urteile abzugeben.« Uplegger lehnte sich an den Schreibtisch, fixierte den Blick seines Jungen. Der hielt stand, und es war Uplegger, der nach einer Weile zu Boden schaute. »Ich habe dir doch erklärt, dass Sucht eine Krankheit ist. Niemand möchte Alkoholiker werden. Außerdem, du bist doch auch süchtig – nach diesen fürchterlichen Ballerspielen. Ich habe nichts dagegen, wenn du dich ihnen mal für eine halbe Stunde widmest, aber das geht nun schon den halben Tag.«

»Wie immer, Papa, du übertreibst.« Marvin legte den Controller aus der Hand, zog die Beine an und fingerte sein Handy vom Schreibtisch. Er klappte es auf und betrachtete die Anzeige. »Ich bin erst vor 'ner Stunde nach Hause gekommen. Vom Training, Papa. Und vorher war ich beim Chor. Geht wieder los mit dem Adventsgesinge!« Er verzog das Gesicht. »Ach so, ja, am nächsten Sonntag spielen wir gegen *Hansa*.«

»Wer? Der Chor?«

»Quatsch!« Marvin schüttelte leicht den Kopf. »Wir spielen in der Halle in Marienehe, nicht auf dem Platz. Fußball für Weicheier. Kommst du trotzdem?«

Uplegger nickte. Dass der Junge im Chor von St. Johannis sang, war ein Vermächtnis seiner Mutter, die vor zwei Jahren bei einem Verkehrsunfall umgekommen war. Uplegger wusste, dass er eigentlich keine Lust mehr hatte, es aber nicht wagte, mit dem Singen Schluss zu machen, denn das wäre ihm wie ein Verrat vorgekommen. Das Fußballspielen hingegen hatte er sich selbst ausgesucht, schon als Vorschüler. Sein sportliches Talent berechtigte nicht zu besonderen Hoffnungen, während der Kantor auf seine Stimme große Stücke hielt. Allerdings hatte sie zu brechen begonnen, und der Sopran wechselte immer häufiger mal zum Fisteln und mal zum Bariton.

Im Wohnzimmer klingelte das Telefon und beendete den bescheidenen Erziehungsversuch. Uplegger stieß sich mit beiden Händen vom Schreibtisch ab.

»Schularbeiten?«, fragte er noch.

»Längst fertig. War bloß was in Deutsch. Kleinigkeit!« Marvin winkte ab. Alles, was die Schule betraf, war für ihn mit geringer Anstrengung verbunden. Wie man sagte: Es flog ihm zu. Zumindest in dieser Hinsicht musste sich Uplegger keine Sorgen machen. Marvin war zwar nicht der Primus, wurde aber von seinen Lehrern ins obere Mittelfeld eingeordnet, was immer das bedeuten mochte. Er selbst sah sich übrigens im unteren Spitzenfeld.

»Noch was, Papa«, sagte Marvin, bevor Uplegger das Zimmer verlassen konnte. »Du weißt vielleicht, dass ich in drei Wochen Geburtstag habe …«

»Klar. Steht in meinem Terminkalender.«

»Krieg ich ein iPhone?«

Uplegger hielt inne. »Wozu brauchst du das? Du hast doch ein Handy.«

»Wozu?« Marvin runzelte die Stirn. »Papa, jeder hat ein Smartphone. Handy ist neunzehntes Jahrhundert.«

»Ich hab keins«, sagte Uplegger. Der Anrufer war hartnäckig, und nun begann auch das Mobiltelefon auf dem Wohnzimmertisch zu maulen. »Bin ich auch neunzehntes Jahrhundert?«

»Nee, Antike.« Marvin wandte sich ab und langte nach dem Controller. Uplegger machte, dass er fortkam.

Auf dem Weg ins Wohnzimmer atmete er tief durch. Er ahnte, wer sich am anderen Ende befand: die Leitstelle des Polizeipräsidiums, denn er hatte Bereitschaft.

Der Mann, der ihn anrief, war ein Hauptwachtmeister, dessen Namen er nicht verstand. Umso deutlicher hörte er das Wort, das ihm den Abend verdarb: »Dienststellenalarm!«

* * *

Rostocks Bahnhofsvorplatz sah aus, als erwarte man zu nächtlicher Stunde eine aufgeputschte Rotte *FC-Hansa*-Fans. Zwischen den grün- und den blau-weißen *Partybussen*, wie Marvin die Mannschaftswagen der Polizei zu nennen pflegte, etlichen zivilen Einsatzfahrzeugen mit Weihnachtsbaumschmuck und dem weinroten VW-Bus der Spurensicherung stand ein Kastenwagen der Gerichtsmedizin, neben dessen geöffneter Fahrertür zwei Männer rauchten: Hilfskräfte, die noch nicht dran waren.

Jonas Uplegger fuhr seinen silberfarbenen Lancia Delta auf den Gehweg und stieg aus. Die Uhr im Giebel des Empfangsgebäudes verriet, dass in 27 Minuten ein neuer Tag begann.

Uplegger schaute sich um. Viel gab es nicht zu sehen: Die Schaulustigen ließen sich an einer Hand abzählen. Sie standen in der Nähe des längst geschlossenen Kebapstandes, den Marvin *Gammelfleisch-Pavillon* getauft hatte.

Zwei Uniformierte der Bundespolizei sorgten dafür, dass die Zuschauer blieben, wo sie waren. Der Bahnhof war allerdings nicht gesperrt, denn noch verkehrten Züge. Wer einen von ihnen benutzen musste, durfte passieren.

Uplegger schloss seinen Mantel und ging mit entschiedenem Schritt auf die einzige geöffnete Hallentür zu. Er warf einen letzten Blick auf den Vorplatz und wurde eines Taxis gewahr, das sich mit hohem Tempo näherte. Sofort schnürte es ihm die Kehle zu: Seine Frau war auf der Autobahn gestorben, weil ein fahrerflüchtiger Raser sie abgedrängt und sich ihr Wagen überschlagen hatte. Mit quietschenden Reifen kam das Taxi zum Stehen. Als im Inneren Licht anging, entdeckte Uplegger Barbara Riedbiester. Die massige Frau im Fond, in der Dienststelle klammheimlich *Dampframme* genannt, zahlte, öffnete die Tür und wuchtete ihre Fleischmassen aufs Pflaster.

Kein Mensch, der auch nur einen Funken Geschmack hatte, kleidete sich wie sie. Der Mantel aus irgendeinem Kaschmir-Imitat saß viel zu knapp, sodass sie ihn offen tragen musste, und seine Farbe, womöglich Anthrazit, hatte etwas Öliges. Barbara trug braune Stiefel und auf dem Kopf eine olivgrüne Strickmütze, unter der langes, strähniges Haar hervorquoll. In Karl Rosenkranz' *Ästhetik des Hässlichen* hätte die *Dampframme* zweifellos ein eigenes Kapitel beanspruchen dürfen.

Barbara Riedbiester verstaute die Taxiquittung in der Handtasche, in der sie auch ihre Dienstpistole verwahrte, weil ihr das Schulterholster ins Fleisch schnitt. Beim Gehen sah sie aus wie ein Wackelpudding auf Betonpfählen.

»'n Abend«, sagte sie. Der Wind blähte ihren Mantel und legte ein Kostüm falscher Größe frei. »Was haben wir?«

»Einen Toten in der S-Bahn«. Uplegger hatte auf der Fahrt mit dem Chef telefoniert, der sich bereits auf dem Bahnhof befand.

»Oha! Ein Alptraum aller Bahnfahrer ist wahr geworden. Das dürfte sich negativ auf das subjektive Sicherheitsempfinden auswirken …«

»… das meist in schreiendem Widerspruch zu den Tatsachen steht«, ergänzte Uplegger. »Ein nächtlicher Wald ist vermutlich der sicherste Ort der Welt, weil selbst der dümmste Ganove weiß, dass dort nichts zu holen ist. Und in der S-Bahn gibt es einen Wachschutz.«

»Sehr beruhigend für unseren Toten.« Barbara stieß mit einer aggressiven Bierfahne auf. »Na, dann wollen wir mal gucken.«

»Müssen wir wohl«, sagte Uplegger lahm.

Der S-Bahn-Zug stand auf Gleis eins, und auf dem Bahnsteig hatten sich die üblichen Verdächtigen ausgebreitet. Die Spurensicherung machte sich an einem der Doppelstockwagen zu schaffen, ein paar Uniformierte schauten zu. Trotz des Bahnsteigdaches waren ihre Gesichter nass vom schräg einfallenden Schneeregen.

Barbara schaute sich kurz um und trat dann auf Helmich und Krüger vom Kriminaldauerdienst zu. Beide sahen verfroren aus.

»Wohin habt ihr die Zeugen gebracht?«, wollte sie wissen.

»Die sitzen im Warmen«, sagte Helmich. »Hat die Bundespolizei organisiert.«

»Wie viele sind es?«

»Zwei.«

»Wie bitte?«

»Vom Personal sowie von 31 Leuten, die hier auf den Zug gewartet haben, um in Richtung Warnemünde zu fahren, haben wir die Personalien aufgenommen und sie dann auf die

Straßenbahn verwiesen. Aber mit den Passagieren«, Helmich zuckte mit den Schultern, »da ist etwas schief gelaufen.«

Barbara wechselte einen raschen Blick mit Uplegger.

»Was ist schief gelaufen?«, fragte sie und hatte Mühe, die aufkeimende Wut zu unterdrücken.

»Der Wachschützer«, sprang Krüger ein. »Er hat zu spät reagiert.«

»Er – hat – zu – spät – reagiert?« Barbara zerlegte den Satz in seine Bestandteile. »Heißt das etwa, Tatverdächtige – korrigieren Sie mich, falls ich irre – sind mir nichts, dir nichts aus dem Bahnhof spaziert? Habe ich das so weit richtig verstanden?«

»Hm«, machte Helmich nur.

»Wo ist der Mann ohne Eigenschaften?«

Helmich wusste sofort, dass der Leiter der Mordkommission gemeint war, und deutete auf den vorderen Waggon.

Als sich Barbara der offenen Tür näherte, sah sie den Chef durch ein Fenster. Sie stieg ein und begab sich die wenigen Stufen hinauf zum Zwischendeck. Uplegger folgte.

Im Gegensatz zu den Kriminaltechnikern trug der Erste Hauptkommissar Gunnar Wendel kein Ganzkörperkondom, sondern lediglich hellblaue Plastikpuschen. Er lehnte am Geländer der Zwischen- und Oberdeck verbindenden Treppe und sprach mit seinem Adlatus Breitbart. Der gestikulierte mit einem Diktaphon in der rechten Hand. Barbara und Uplegger grüßten.

»Es ist etwas schief gelaufen«, sagte Wendel. Breitbart ließ das Diktaphon sinken.

»Wir haben es schon vernommen«, sagte Barbara. Ihr Blick wurde angezogen von einem blutigen Schuhabdruck auf der zweiten Treppenstufe von oben. Daneben lag eine Zifferntafel mit einer 17 auf dem Boden.

Barbara betrat die Treppe nur bis zur Höhe Wendels, um keine Spuren zu beschädigen, und blickte sich aufmerksam um.

Beidseits der Treppe erstreckten sich Sitzreihen, deren Lehnen zum Fenster wiesen, und vor der linken Reihe lag ein junger Mann. Um seinen verkrümmten Körper hatte sich eine dunkelrote Lache gebildet, auch seine ockerfarbene Daunenjacke, seine Hände und sein Gesicht waren blutverschmiert. Manfred Pentzien, seines Zeichens Chef der Spurensicherung, hockte neben dem Toten und leerte dessen Taschen. Was er fand, betrachtete er von allen Seiten, dann sprach er in ein Mikrofon an der Kopföffnung seines weißen Overalls: »Betriebsausweis der *Golden World Caviar Production*, Güstrow – 'n Abend, Barbara, hallo, Jonas –, ohne Lichtbild, ausgestellt für …«, er stutzte, »… Andriejus Medanauskas. Gott, da verrenkt man sich ja die Zunge.«

»Ein Ausländer!«, rief Breitbart. »Da bekommen wir die Presse auf den Hals!«

»Ich buchstabiere«, diktierte Pentzien ungerührt weiter für die Sekretärin, die das Band verschriftlichen würde. Zugleich reichte er das Fundstück einer jungen Mitarbeiterin, die es in eine durchsichtige Plastiktüte gleiten ließ, diese zuknipste und beschriftete. Zwei weitere Kriminaltechniker waren mit den Fenstern beschäftigt, wo sie Blutspritzer fotografierten und vermaßen. Ein dritter fertigte auf einem Klemmbrett ein Blutablaufbild an.

Auf der Sitzbank lag ein schwarzer Rucksack mit roten Applikationen. Der Rucksack schien ebenfalls Blutspritzer aufzuweisen. Die Spurensicherung hatte ihm die Nummer 24 gegeben.

Manfred Pentzien versenkte die Hand abermals in der Innentasche des blutbefleckten Anoraks. Aus ein paar länglichen Rissen quollen rote Daunen.

»Kommt ruhig näher«, sagte er, »mit der Treppe sind wir fertig. Sonst hätte ich nie zugelassen, dass Gunnar sich so weit vorwagt.«

Barbara und Uplegger stiegen drei Stufen höher.

»Aber tretet nicht auf den Schuhabdruck!« Pentzien förderte ein amtliches Dokument zu Tage. »Aha, ein Pass! Dunkelblau, goldene Aufschrift in Versalien: LATVIJAS REPUBLIKA. In der Mitte ein Emblem, beh-zett-weh, ein Wappen. Zur Blasonierung ... Ja, da wollt ihr wissen, was das ist! Die heraldische Beschreibung eines Wappens, meine Lieben ... Das müssen Sie nicht abschreiben, Frau Pergande. Zur Blasonierung: Das Wappen ist geteilt und unten gespalten. Das obere Feld wird eingenommen von einer ... sieht aus wie eine aufgehende Sonne mit Strahlen. Unten vorn, also heraldisch rechts ...«

Barbara wandte sich Uplegger zu und deutete auf den aufgeklappten Metallkoffer am Fuß der Treppe. Uplegger verstand und holte zwei Paar Gummihandschuhe heraus. Tapfer versuchte Barbara, ihre Wurstfinger in die Schutzhülle zu quetschen.

»Unter dem Emblem steht das Wort PASE, ebenfalls in Versalien«, sagte Pentzien gerade. »Ausgestellt für Medanauskas, Andriejus, geboren am 27. März 1983 in Riga, Ausstellungsdatum 12. Januar 2002, ausgebende Behörde ist ... oh Gott, oh Gott ... Latvijas Republikas vēstniecība Vācijas Federatīvajā Republikā. Das buchstabiere ich jetzt nicht. Nach dem Foto zu urteilen gehört der Pass dem Geschädigten.«

»Totalschaden«, kommentierte Barbara.

Pentzien hielt den Pass in die Höhe. »Wer will?«

Barbara nahm das Dokument entgegen.

»Ein Ausländer«, wiederholte Breitbart, »wohl ein Lette. Das schmeckt mir gar nicht.« Im Team der Mordkommission war er inoffiziell für die political correctness zuständig.

Pentzien widmete sich derweil zwei farbig bedruckten Blättern. »Werbeflyer von zwei Restaurants im Format DIN lang, glatt, leicht glänzend, vielleicht eine Art Kunst- oder Bilderdruckpapier, hergestellt von ...«, er kniff die Augen zusammen, »... *Inselseedruckerei Güstrow*. Die beworbenen Gaststätten heißen *Al Faro* und *Piano nobile*. Kollege Uplegger, Vertreter der Toskanafraktion, was heißt das?«

»Genau, Jonas, du fährst doch andauernd in das Land, wo die Zitronen blüh'n«, fiel Wendel ein. »Mittlerweile musst du doch jeden Stein dreimal umgedreht haben.«

Uplegger zuckte mit den Schultern. Der Mann ohne Eigenschaften verbrachte seine Ferien fast immer in Dänemark, obendrein stets am selben Ort auf Fünen. Sein Kofferträger Breithaupt bevorzugte Norwegen, wo er in den Fjorden dem Lachs und auf dem Atlantik dem Dorsch nachstellte. – Ines und er waren lieber nach Ligurien oder in den Piemont gefahren. Seit ihrem Tod war er nicht mehr dort gewesen. Er schluckte und streifte nun Handschuhe über seine Pianistenfinger. Dann erst antwortete er.

»*Al Faro* bedeutet am oder zum Leuchtturm.«

»Am oder zum?« Pentzien schaltete das Tonbandgerät aus und drehte die Werbezettel um. »Dafür haben die Italiener ein Wort? Die sind ja sparsam.«

»Und *Piano nobile*?«, wollte Pentzien wissen. »Doch nicht etwa nobles Klavier?«

»Aber nein! Piano nobile ist die Empfangsetage italienischer Adelspaläste.«

»Was er alles weiß!« Pentzien zwinkerte mit den Augen, bevor er das Band wieder einschaltete. »Eins ist sicher, der Geschädigte hatte die Flyer nicht bei sich, weil er in diesen Lokalen verkehrte oder zu verkehren beabsichtigte. Der Inhaber beider Restaurants heißt Perviltas Medanauskas. Es müsste mit dem Teufel zugehen, wenn das kein Verwandter ist.«

Barbara blickte auf den Pass. Das Foto zeigte einen jungen Mann mit glatter Haut, schwarzen Locken und dunklen Augen.

»Vielleicht hat er die Flyer bei der Arbeit verteilt«, sagte Wendel.

»Und warum hat er zwei zurückbehalten?«, erwiderte Pentzien. Seine Hand steckte schon wieder in der Innentasche. »Es könnte sich auch um Andrucke handeln. – Eine Monatskarte des *Verkehrsverbunds Warnow*. Und das war es dann. Hier habe ich fertig.«

Barbara reichte den Pass an Uplegger weiter und deutete auf den Rucksack: »Darf ich?«

»Bitte sehr!« Pentzien richtete sich auf. »Wir behalten es aber für uns. Sonst kostet es später das Gericht womöglich drei Prozesstage, um zu klären, warum jemand vor der Spurensicherung das höchstwichtige Beweisstück betatscht hat. Das ist fast so schlimm, als wenn ein Blatt in der Akte fehlt.«

»Ich bin vorsichtig«, versicherte Barbara und schnürte den Rucksack auf. Sie warf einen kurzen Blick hinein und entdeckte zwei Pappordner, einen Regenknirps und einen *FC-Hansa*-Schal.

»Wir haben noch etwas für euch«, sagte Pentzien und stieß seine Mitarbeiterin an. »Gib mal das Messer.«

»Ein Messer?« Barbara fuhr auf. »Und das sagt ihr erst jetzt?«

»Die Tatwaffe kann es nicht sein.« Der Spusi-Chef hielt eine Plastiktüte in die Höhe, darin ein Taschenmesser mit blauer Hülle. Als Barbara sich vorbeugte, konnte sie den Schriftzug *Rostocker* erkennen.

»Ist ein Werbegeschenk der Brauerei«, erklärte Pentzien. »Ich hab selbst so eins abgefasst, als ich letztes Jahr bei der *Hanse Sail* den LKA-Stand mitbetreut habe. Man muss sich schon sehr anstrengen, wenn man damit jemanden töten will.«

»Wo habt ihr das gefunden?«

»Es lag etwa 70 Zentimeter von seiner rechten Hand entfernt auf dem Boden. Er hat es wohl aus der Tasche gezogen, um sich zu verteidigen, aber dazu kam er nicht mehr.«

Barbara nahm die Hand des Toten in Augenschein. Sie war von mehreren tiefen Schnittwunden bedeckt. Eine der Fingerkuppen war regelrecht abgesäbelt. »Sieht übel aus.«

»Typische Abwehrverletzungen«, kommentierte Uplegger, der unbemerkt neben Barbara getreten war. »Was mich zur nächsten Frage führt: Wo ist eigentlich der Gerichtsmediziner?«

»Hier!«, hörte man rufen, und über einer Sitzlehne erschien ein grauer Schopf. Dieser Kopf bewahrte das forensische Wissen von Doktor Geldschläger. Sekunden später tauchte neben ihm das Gesicht seiner Kollegin Ann-Kathrin Hölzel auf: »Wir haben uns zu einer ersten Auswertung zurückgezogen.«

»Und was sagt ihr?«

»Wie es aussieht, erhielt das Opfer mindestens sieben Stiche.«

»Sieben?«, unterbrach Breithaupt den Forensiker lauthals vom Zwischendeck. »Das klingt ja wie ein Hassverbrechen.«

***

Gunnar Wendel hatte die weiteren Ermittlungen in Barbaras und Upleggers Hände gelegt und mit Breithaupt den Tatort verlassen. Barbara schlug vor, nun Rüdiger Sokolowski zu vernehmen, der seit über einer Stunde in einem Büro der Bahnhofsverwaltung wartete. Eine mitfühlende Seele hatte ihn mit Kaffee versorgt. Der kleine, untersetzte Mann wirkte mitgenommen, zudem schien seine Miene Schuldbewusstsein auszudrücken. Er erhob sich und reichte den beiden Kommissaren eine eiskalte Hand.

»Nehmen Sie wieder Platz«, bat Barbara und setzte sich ihm gegenüber an den mit Kaffeeflecken übersäten Tisch. Uplegger entschied sich für die Stirnseite und schlug sein Ringbuch auf. Obwohl sie sich manchmal wie Hund und Katze verhielten, waren sie doch ein eingespieltes Team und hatten wortlos die Rollen verteilt: Sie würde die Vernehmung leiten und er Notizen machen.

»Herr Sokolowski, bevor Sie berichten, wie Sie den Toten gefunden haben – beschreiben Sie uns doch einmal die Fahrt.«

»Sicher.« Sokolowski umklammerte mit der Rechten den Kaffeepott, den das Logo der Lokführergewerkschaft *GDL* zierte. »Ich fange in Güstrow an, ja? Dort sind zwölf Personen zugestiegen.«

»Das wissen Sie so genau? Haben Sie gezählt?«

»Mache ich immer.« Sokolowski lächelte verlegen. »Ich bin ein Zahlenmensch.«

»Sie waren bestimmt nicht immer Wachschützer …?«

»O nein. Von der Ausbildung bin ich Schiffbauingenieur. Bis kurz nach der Wende habe ich am *Institut für Schiffbau* gearbeitet, in dieser schönen Villa im Patriotischen Weg, wo jetzt der Generalstaatsanwalt seinen Sitz hat. Kennen Sie bestimmt.« Barbara nickte. »Tja, das Institut gibt's schon lange nicht mehr. Ich hab zeitweise Arbeit auf der Warnowwerft gefunden, aber nach drei Jahren war auch dort Schluss. Sie wissen ja, wie es um den Schiffbau bestellt ist: Krise, Krise, Krise … Danach das Übliche: Arbeitslosigkeit, ABM, wieder zum Amt, eine sinnlose Umschulung nach der anderen. Eine echte ostdeutsche Maßnahmenkarriere. Als ich schon beinahe alle Hoffnung aufgegeben hatte, bekam ich das Angebot vom Bahnschutz vermittelt. Wachschutz, sagt man, sei ein prosperierendes Gewerbe. Na ja, Hauptsache Arbeit.« Sokolowski zuckte mit den Schultern.

»Wohl wahr«, sagte Barbara, die solche Geschichten zur Genüge kannte. Vom Schiffbauingenieur zum Wachmann, das war zweifellos ein Abstieg, der ebenso Resignation wie gefährliche Wut generieren konnte. »Es sind also zwölf Personen in Güstrow in den Zug gestiegen. Kannten Sie jemanden?«

Sokolowski räusperte sich. »Fangen wir mal mit den drei Jungs an.«

»Jungs?«

»Jugendliche. So sechzehn, siebzehn, achtzehn. Wenn ich wochentags Frühschicht habe, sehe ich sie in Mistorf zusteigen. Ich vermute, dass sie dort wohnen und in Güstrow zur Schule gehen.«

»Und die sind bis Mistorf mitgefahren?«

»Ja.«

»Ziemlich spät, finden Sie nicht?«

»Na, die werden sich rumgetrieben haben. Güstrow ist vielleicht nicht Rostock, aber es hat ganz bestimmt mehr zu bieten als ausgerechnet Mistorf.«

»Wen haben Sie noch gesehen?«

»Eine junge Mutter mit Kind. Mit der habe ich schon mal ein paar Worte gewechselt, daher weiß ich, dass das Kind ein Junge ist. Ein halbes Jahr alt, glaube ich. Streng genommen waren es also 13 Personen.«

Barbara setzte ein Lächeln auf, das nicht aus dem Herzen kam.

»Ein Kleinkind wollen wir aus dem Kreis der Verdächtigen guten Gewissens ausschließen. Wie sah die junge Frau aus?«

Sokolowski wiegte den Kopf.

»Ich kann mir Gesichter nicht gut merken … Anfang zwanzig, würde ich sagen, und blond. Aber Moment!« Kurz blitzte es in Sokolowskis Augen auf, und er beugte sich ein wenig vor. »Ich weiß sogar, wie sie heißt. Cindy. Einmal ist sie mit einem jungen Kerl nach Güstrow gefahren, der hat sie so angesprochen.«

Eine blonde Cindy, dachte Barbara amüsiert. Vermutlich Friseuse. Oder Frisörin? Sie ist, wenn überhaupt, mit einem Busfahrer verheiratet, der ein Eigenheim baut, und wirft jedes Jahr ein Kind. Davon kriegt sie später ein breites Becken, und er geht fremd. Ach, wie gut, dass ich keine Vorurteile habe …

»Wo stieg sie aus?«

»Pölchow.«

»Prima, Herr Sokolowski. Können Sie das für alle Fahrgäste sagen?«

»Sie meinen, wo sie zu- und wo sie ausgestiegen sind?«

»Ja.«

»Bei nur zwölf Leuten? Klar!«, sagte der Wachmann nicht ohne Stolz.

»Ist es denn bei zwölf geblieben? Während der gesamten Fahrt?«

»Nein, nein, es gab noch ein paar Zustiege. Genau gesagt nur vier. Kein Wunder, es war schließlich spät, und dann das Wetter! Der Reihe nach: In Huckstorf noch eine junge Frau, auch so um die zwanzig. Ich hab sie nicht zum ersten Mal gesehen.«

»Haarfarbe? Kleidung? Irgendwelche Besonderheiten?«

»Dunkel, glaube ich. Das Haar. Na ja, und sonst, wie die jungen Leute so angezogen sind. Jeans, Turnschuhe … bunter Anorak.« Sokolowski hob entschuldigend die Hände. »Dann Schwaan. Dort müssten drei Leute eingestiegen sein.«

»Warum Konjunktiv, Herr Sokolowski? Sie als Zahlenmensch …«

»Ich habe sehr auf die beiden Motorradrocker geachtet.«

»Motorradrocker?« Barbaras Körper spannte sich. »Sie meinen *Bandidos* oder *Hells Angels*?«

»Keine Ahnung, mit so etwas kenne ich mich nicht aus.«

»Wie kommen Sie dann darauf, dass es Rocker waren? Hatten die etwa ihre Maschinen mit?«

Sokolowski schüttelte den Kopf. »Das nicht. Aber sie trugen Lederjacken. Mit Symbolen auf dem Rücken. Sie waren angetrunken. Und beide hatten eine Glatze.«

»Nazis?«

»Kann ich nicht sagen.«

»Und warum vermuten Sie, dass noch eine dritte Person zugestiegen sein könnte?«

»Da war plötzlich eine Frau in Wagen drei. Eine … wie soll ich sagen … unscheinbare, verhuschte Erscheinung. Sie kann eigentlich nur in Schwaan in den Zug gekommen sein.«

»Das schließen Sie daraus, dass Sie sie vorher noch nicht bemerkt hatten?«

»Ja.« Sokolowski schwieg einen Augenblick. Es war nicht zu übersehen, dass ihm etwas auf den Nägeln brannte, und schließlich sagte er: »Was geschieht eigentlich mit dem Zug? Wenn ich fragen darf?«

»Dürfen Sie. Er wird beschlagnahmt, auf ein Abstellgleis geschoben und dort solange bewacht, bis er wieder freigegeben wird. Wie viele Personen sind denn bis Rostock mitgefahren?«

»Es müssen acht gewesen sein.«

»Die Sie alle entkommen ließen, Herr Sokolowski«, mischte sich nun Uplegger ein. »Bis auf den einen, der nach Groß Klein weiterwollte und im Zug sitzen blieb.«

Der Wachschützer senkte den Blick, und seine Wangen röteten sich.

»Warum haben Sie die Bundespolizei nicht sofort angerufen? Es befand sich eine Streife auf dem Bahnhof. Die hätte den Zug in Empfang nehmen können.«

»Na ja, ich stand unter Schock. Ich wusste gar nicht … Wir haben zwar verschiedene Notsituationen trainiert, aber das war eben nur Trockenschwimmen. Ich war wie gelähmt. Außerdem … Wir waren schon kurz vor Rostock …«

»Jedenfalls ist das ziemlich ärgerlich«, funkte Uplegger dazwischen.

»Wie dem auch sei.« Mit einem Blick bedeutete Barbara Uplegger, es gut sein zu lassen. »Kehren wir nach Güstrow zurück. Es bleibt bei zwölf Personen? Plus Baby?«

»Ja.«

»Dann gehen wir jetzt alles durch. Station für Station.«

Frank Giehlow hatte der Dauerdienst in einem anderen Büro untergebracht und bereits kurz befragt. Auf dem Gang bekam

Barbara von Helmich einen Zettel mit den von ihr so genannten technischen Angaben. Ihr zweiter Zeuge war 34 Jahre alt, Sozialpädagoge und hatte von Pölchow zum Nachtdienst in einer betreuten Jugendwohnung fahren wollen. Sein Arbeitgeber, die *Gesellschaft für psychosoziale Betreuung* – GPB – war ein freier Träger der Jugendhilfe.

»Ich habe in der Zeitung von diesem Sozialkonzern gelesen«, flüsterte Uplegger vor der Tür. »Der Geschäftsführer ist ein ganz windiger Hund. Die haben für eine Umbaumaßnahme Fördermittel aus Schwerin abgefasst, eine Million oder so, aber nie gebaut. Das Geld war trotzdem weg.«

Neben der Tür lehnte ein Bundespolizei-Hauptwachtmeister, der wirkte, als brauche er dringend eine Zigarette. »Der ist renitent«, meinte er knapp, mit dem Daumen hinter sich zeigend, und löste sich von der Wand.

»Randaliert er?«, fragte Uplegger.

»Nein, aber fuchsteufelswild ist er, beschwert sich, dass er dringend zur Arbeit muss und dass es ein Skandal ist, ihn so lange festzuhalten. Redet ständig von Dienstaufsichtsbeschwerde und nimmt sich überhaupt ziemlich wichtig.«

»Na, mit solchen Leuten haben wir Erfahrung. Nachdem wir sie in der Mangel hatten, sind sie meist …« Wie klein, zeigte Barbara mit Daumen und Zeigefinger.

»Oh, da passt ja nicht mal mehr ein Fingerhut zwischen.«

»Sag ich doch.« Sie wandte sich an Uplegger. »Sie wissen, dass mir Sozialarbeiter ein Gräuel sind. Sprechen Sie mit Giehlow? Ich spiel nur Mäuschen …«

»Okay.« Uplegger öffnete die Tür, und sie traten ein.

Diplom-Sozialpädagoge Frank Giehlow saß nicht, sondern er stand am Fenster und trommelte zwischen zwei Kakteen auf das Fensterbrett. Recht groß war er, vielleicht eins achtzig, schlank, trug schwarze Jeans, schwarze Schuhe und über dem kragenlosen weißen Hemd ein schwarzes Jackett. Rund um seine Stirnglatze reichte ihm das Haar bis auf die Schultern. Sofort schnatterte er los. »Unerhört«, »nicht hinnehmbar«, »Beschwerde bei allerhöchster Stelle«, die Worte sprudelten nur so aus seinem dünnlippigen Mund. Barbara stellte sich vor, dass er mit der allerhöchsten Stelle vermutlich Gott meinte – und schwieg.

»Nehmen Sie doch erst einmal Platz, Herr Giehlow«, sagte Uplegger, die Ruhe selbst. »Haben Sie denn keine Vertretung, die Sie anrufen können?«

»Ich?«, brauste Giehlow auf. »Ich bin die Vertretung. Normalerweise mache ich keine Nachtschichten, aber kaum beginnt der Herbst, heißt es ständig: Kind krank, Kind krank, Kind krank! Es gibt nichts Schlimmeres als alleinerziehende Mütter. Die finden immer einen Grund, aus dem sie um 17 Uhr den Bleistift fallen lassen.«

»Bitte!« Uplegger deutete auf einen Stuhl vor dem Schreibtisch des Bahners, der hier für gewöhnlich residierte. Seufzend folgte Giehlow der Einladung. Uplegger platzierte sich hinter den Schreibtisch. In Ermangelung weiterer Sitzgelegenheiten hockte sich Barbara auf einen niedrigen Aktenschrank und schlug ihren Notizblock auf.

»Was genau machen Sie bei der *Gesellschaft für psychosoziale Betreuung*?« Uplegger gab sich Mühe, die Stimmung anzuwärmen.

Giehlow warf seinen Haarkranz zurück. »Ich arbeite wissenschaftlich.«

»Sie forschen?«

»Wir betreuen in Rostock-Groß Klein und auch anderswo Klienten, die Opfer von Mobbing und Cyber Bullying geworden sind. Sie wissen, wovon ich spreche?«

»Mobbing per Internet.«

»Exakt. Innerhalb des von der EU geförderten Forschungsprojektes *eCircus* …«

»Pardon, wenn Sie gestatten, was heißt das?«

»Education through characters with emotional-intelligence and role-playing capabilities that understand social interaction.«

»Interessant.« Uplegger bemühte sich um ein Pokerface, Barbara hatte mittlerweile eine Katze gezeichnet.

»Ja«, sagte Giehlow. »Im Rahmen von *eCircus* wird ein computergestütztes Lernprogramm getestet. Die Lernenden übernehmen einen virtuellen Charakter an einer virtuellen Schule und spielen auf diese Weise adäquate Verhaltensweisen durch. Ich begleite den Programmtest in verschiedenen Einrichtungen dokumentierend und analysierend.«

Uplegger überlegte kurz, ob es nützlich wäre, das Spiel für Marvin zu beschaffen. Sein allseits beliebter Bengel hatte unter Mobbing wohl kaum zu leiden – oder vielleicht doch?

Barbara gesellte der einsamen Katze einen Hasen bei, Uplegger krempelte unsichtbare Ärmel hoch. »Sprechen wir über den heutigen Abend.«

»Den gestrigen«, korrigierte Giehlow.

»Natürlich, da haben sie recht. Wann und wo haben Sie den Zug bestiegen?«

»In Pölchow, da wohne ich. Abfahrt war acht Minuten vor zehn.«

»Benutzen Sie immer den Zug?«

»Gelegentlich, das spart Geld. Wir haben vor drei Jahren gebaut und konnten das nicht aus der Portokasse finanzieren.«

»Nicht mal aus der des Vereins?«, platzte Barbara heraus. Uplegger sah sie ärgerlich an.

»Bitte?«, fragte Giehlow.

»Ich habe nichts gesagt.«

»War das eine Unterstellung?«

»Wir sind alle etwas angestrengt«, sagte Uplegger und meinte damit Barbara. »Sie fahren also nur gelegentlich mit der Bahn?«

»Ja. Meine Frau ist ebenfalls Sozialpädagogin. Sie ist in einem Wohnheim in Waldeck tätig und muss regelmäßig nachts arbeiten. Waldeck ist mit öffentlichen Verkehrsmitteln fast nicht zu erreichen. Wir teilen uns das Auto. Familiäres Car-Sharing, wenn Sie wollen.«

»Klar. Sie bestiegen in Pölchow also den Zug um 21.52 Uhr. Welchen Waggon?«

»Den in der Mitte.«

»Und dort gingen Sie nach …?«

»Unten. Ins zweite von diesen offenen Abteilen, auf der linken Seite.«

»Bemerkten Sie andere Fahrgäste?«

»Hm. Etwas weiter auf der rechten Seite saß ein Mann. Der wird schon 50 gewesen sein … Ich habe ihn nicht genau gesehen, weil er wie ich in Fahrtrichtung schaute …«

»Was hatte er an?«

»Einen blauen Blazer, glaub ich. Ziemlich dick.«

»Der Mann?«

»Der Blazer. Gefüttert. Logisch, gucken Sie doch mal aus dem Fenster!«

Barbara tat es, Uplegger nicht. Draußen war außer Dunkelheit nichts zu sehen. Schneeflocken setzten sich auf das Glas und schmolzen.

Barbara schrieb *Mann, 50, blauer Blazer*, während Uplegger fortfuhr: »Weitere Fahrgäste?«

»Einige wenige waren beim Aussteigen zu sehen. Und ich habe schon in Pölchow bemerkt, dass oben jemand geraucht hat und …«

»Geraucht?«, unterbrach Uplegger. »Das ist doch verboten?«

»Wenn Sie diese Typen gesehen hätten …«

»Was für Typen?«

»Rocker. Niedrige Hemmschwelle, egozentrisches Weltbild, Sie wissen schon.«

»Fuhren die bis Rostock mit oder stiegen die schon in Papendorf aus?«

»Nein, nicht in Papendorf. In Rostock.«

»Und in Papendorf?«

»Niemand.«

»Sind Sie sicher?«

»Natürlich nicht. Den Wagen hinter mir konnte ich ja gar nicht sehen. Außerdem saß ich links, und der Bahnsteig ist rechts.«

»Es kann also jemand ausgestiegen sein, ohne dass sie ihn sahen?«

»So ist es. Hören Sie, ich muss …«

»Nur noch einen Moment.« Uplegger hob begütigend die Hand. »Ist Ihnen ein Mann aufgefallen, der … ähm, lange, ungepflegte Haare hatte und möglicherweise von der Anschlagtafel in Papendorf ein Fahrrad abschloss?«

»Wer fährt bei diesem Wetter schon Fahrrad?«

»Ist Ihnen ein solcher Mann aufgefallen?«

»Nein«, sagte Giehlow entschieden. Damit war er entlassen.

»Sokolowski muss doch auch bemerkt haben, dass die Rocker rauchten«, sagte Barbara auf dem Weg durch die Bahnhofshalle. »Warum hat er uns das verschwiegen?«

»Schauen Sie sich den Mann doch mal an. Gegen solche Typen ist der machtlos. Vermutlich war es ihm peinlich.«

»Er hätte sie melden können.«

»Hätten sie dann mit dem Qualmen aufgehört? Es war kurz vor Feierabend ...«

»Ich mache auch kurz vor Feierabend noch korrekte Arbeit«, entgegnete Barbara leicht schnippisch. »Wie auch immer, Sokolowski ist ein wichtiges Glied in der Kette. Kümmern Sie sich um ihn?«

Uplegger nickte. Sie verließen die Halle und betraten den Vorplatz. Zwei Gehilfen der Gerichtsmedizin waren dabei, eine Trage und den Leichensack aus dem Kastenwagen zu heben, während die meisten Polizeifahrzeuge schon abgezogen waren. Ein junges Pärchen hatte sich knutschend in eine dunkle Ecke verdrückt.

Nach ein paar Schritten auf Upleggers Lancia zu sah Barbara noch einmal den Zug 9511 auf Gleis eins stehen. Er war nach wie vor hell erleuchtet, als weiße Farbflecke erkannte man die Overalls der Spurensicherung.

Der Schnee war nicht mehr mit Regen vermischt, auf die Gehwege und die Wiese im Zentrum des Platzes hatte sich kalter Puderzucker gelegt, eine dünne Eisschicht überzog die Pfützen am Straßenrand. Als Uplegger die Fernentriegelung betätigte, reagierte sein Wagen mit einem Piepton und blinzelte mit den Blinklichtern.

Barbara zückte ihr Handy, rief Ann-Kathrin Hölzel an und bat sie, der Autopsie beizuwohnen. Kaum jemand machte das gern, aber es gehörte nun einmal zum Job. Im Wagen knipste Barbara die Deckenleuchte an, um Upleggers Notizen zu überfliegen. Ihr Partner steckte den Schlüssel ins Zündschloss, fuhr aber noch nicht los. Die beiden Kommissare sprachen den Fall noch einmal durch.

Am interessantesten waren natürlich jene Fahrgäste, die ab Schwaan im Zug gewesen waren, denn nach Lage der Dinge musste sich unter ihnen der Mörder befinden oder vielleicht auch die Mörderin – es sei denn, Sokolowski sagte über seinen ersten Gang durch den Zug, auf dem er Andriejus Medanauskas noch lebend gesehen haben wollte, die Unwahrheit. Vorerst gab es aber wohl keine Veranlassung, an seinen Worten zu zweifeln.

Ob der Wachschützer allerdings wirklich alle Passagiere gesehen hatte, das stand auf einem anderen Blatt. Zwar war es unmöglich, bei den Halten auf der vom Bahnsteig abgewandten Seite einzusteigen, denn dort blieben die Zugtüren verriegelt. Jedoch hatte der Täter möglicherweise den Zug bereits auf der Fahrt nach Güstrow benutzt; Sokolowski hatte nicht darauf geachtet, ob dort alle Insassen ausgestiegen waren. Der Mörder hätte im Zug auf sein Opfer warten können, aber das hatte nur einen Sinn, wenn er genau gewusst hatte, dass Andriejus Medanauskas immer den 9511 benutzte. Möglicherweise hatte Sokolowski den Mörder deshalb nicht zu Gesicht bekommen, weil dieser ihm ausgewichen war, etwa indem er zwischen Unter- und Oberdeck hin und her gewechselt oder sich im

Toilettenraum versteckt hatte. Aber der große Unbekannte, das schien ihnen sehr weit hergeholt.

»Also schauen wir mal, wer nach Schwaan noch im Zug war«, sagte Barbara schließlich. »Wagen eins, Oberdeck: der Geschädigte. Zwischendeck: ein bärtiger Mann um die Vierzig mit langem, ungepflegtem Haar. Er saß dem Opfer am nächsten, also möchte ich spätestens heute Abend wissen, wie er heißt.«

»Wenn das machbar ist«, sagte Uplegger.

»Wat mutt, dat mutt. Sie können ruhig losfahren.« Uplegger startete den Motor, Barbara blätterte weiter in den Notizen. »Wagen zwei, Oberdeck: die angeblichen Motorradrocker. Stiegen in Schwaan zu, sind bis Rostock mitgefahren. Im Unterdeck saßen unser Freund Giehlow und der Mann im blauen Blazer. Im Zwischendeck vor dem Übergang zu Wagen drei hat Sokolowski eine junge Frau gesehen, die in Hückstorf an Bord kam. Junge Frau, das müssen wir wahrscheinlich relativ sehen. An ihre Kleidung kann sich Sokolowski nicht erinnern. Im Oberdeck von Wagen drei: noch eine junge Frau. Elegant, sagt er. Anthrazitfarbenes Kostüm – Uplegger, Anthrazit schreibt man mit th –, beiger Mantel, ähnlich einem Trenchcoat, bis zu den Knien reichende schwarze Stiefel. Die hat er sich genau angeguckt, der alte Schwerenöter! Wagen drei unten: die verhuschte Person. Und noch eine jüngere Frau. Nicht jung, aber jünger, also vermutlich eher älter. Sie trug eine Art Uniform. Eine Art, mein Gott! Trug sie nun Uniform oder nicht?« Barbara schüttelte den Kopf. Von einem Wachmann hatte sie eigentlich erwartet, dass er Menschen so beschreiben konnte wie ein Polizist.

Sie verließen den Konrad-Adenauer-Platz. Uplegger bog in die Rosa-Luxemburg-Straße ein und wiederholte im Stillen:

Anthrazit schreibt man mit th! Jawohl, Hauptkommissarin Barbara Besserwisser! Oder mit Doppelnamen: KHK'in Babara Besserwisser-Dampframme!

»Ah, ich habe Cindy Blond vergessen«, sagte Barbara.

»Cindy Blond habe ich nicht geschrieben!«

»Nein, nein, schon gut! Wo hielt sie sich auf? Ja, hier: Wagen drei, Zwischendeck zum mittleren Waggon. Sie war gekleidet, wie die jungen Leute heute eben so rumlaufen. *Das* haben Sie geschrieben! Außerdem haben Sie ein Strichmännchen an den Galgen gehängt. Ein korpulentes Strichmännchen ...«

»Hm!« Uplegger brachte den Wagen vor einer roten Ampel am Leibnizplatz zum Stehen.

»Alles in allem wissen wir noch nicht viel.« Barbara stopfte die Niederschrift in die Handtasche und schaute ihren Kollegen von der Seite an. Trotz seiner 37 Jahre sah er im Profil wie ein Junge aus.

»Übrigens beschäftigt mich noch eine Person, die in Schwaan ausstieg und daher als Täterin eher nicht in Frage kommt«, sagte sie mit sanfter Stimme. »Wissen Sie, wen ich meine?«

»Hm?«

»Die Frau im Flickenmantel und mit Barett, von der Sokolowski meinte, sie sei Künstlerin.«

»Hm.«

»Sie hatten Ihre Gefühle nicht unter Kontrolle, Jonas. Als Sokolowski diese Dame erwähnte, haben Sie ein Geräusch von sich gegeben.«

»Ich? Ein Geräusch?«

»Eine Art Stöhnen. Kennen Sie diese Frau?«

Uplegger fuhr an. »Ich vermute, es ist Penelope Pastor.«

»Wer?«

»Penelope Pastor. Und Kennen wäre zuviel gesagt. Im letzten Sommer war ich mit Marvin in Schwaan. Wir sind mit dem Rad gefahren; der Radweg beginnt beim Puschkinplatz, also praktisch vor unserer Haustür. Ich wollte mit ihm in der Kunstmühle die Bilder der Künstlerkolonie anschauen, die sich Ende des … ja, wahrhaftig, des 19. Jahrhunderts gebildet hatte. So eine Art mecklenburgisches Worpswede oder Barbizon, wissen Sie?«

»Also Landschaften«, sagte Barbara, die natürlich wusste. Aber Uplegger hielt sie für eine Barbarin.

»Wunderschöne Sachen. Sie haben so etwas … Harmonisches und Beruhigendes.«

»Also nicht gerade den Kick, den ein Dreizehnjähriger sucht.«

»Nein«, gab Uplegger zu. »Ich meine, Bilder treten zwar in Interaktion mit unserer Seele, aber nach Marvins Verständnis waren sie überhaupt nicht interaktiv. Kurzum, er hat sich gelangweilt.«

»Ah, ja.«

»Aber da war dann diese Frau. Penelope Pastor. Die sprach mich an: Sie sei entzückt, dass ich als Vater mein Kind an die bildenden Künste heranführen würde, was in der Schule kaum noch geschähe … Dabei gibt es an Marvins Gymnasium eine ziemlich gute Kunstlehrerin.«

»Nach Ihrem Geschmack«, konnte sich Barbara nicht enthalten zu sagen.

»Sie hat Leonardo da Vinci jedenfalls so mitreißend erklärt, dass sich Marvin ein Buch aus der Bibliothek ausgeliehen hat. Na ja, vor allem wegen dessen aberwitziger technischer Konstrukte. Und der Geheimschrift.«

Sie hatten das wuchtige Gebäude der ehemaligen Polizeidirektion in der Blücherstraße erreicht, das seit langem dem Verfall preisgegeben war und von Barbara Polizeiruine genannt wurde. Noch hatte hier die Kriminalpolizeiinspektion ihren Sitz. Uplegger lenkte den Wagen auf den Hof der Dienststelle.

»Diese Penelope Pastor hat mich fast besoffen geredet«, fuhr er fort. »Sie hat mich und Marvin in ihr Atelier eingeladen, ein großes Bauernhaus in Neu Wiendorf ... Für eine alleinlebende Person ein ziemlicher Luxus. Und auch die Einrichtung ... Ich denke, die Frau hat Geld.«

»Bei ein paar Künstlern soll das ja vorkommen.« Barbara öffnete den Schlag. »Außerdem, wer sagt Ihnen, dass sie allein lebt?«

»Sie selbst. Sie mag Männer im Bett, will sie aber nicht den ganzen Tag in ihrer Nähe haben.«

»Das war deutlich.« Barbara wuchtete ihre Beine auf den Betonboden und schob ihren Leib hinterher.

»An mich hat sie sicher nicht gedacht«, sagte Uplegger, der mit viel mehr Schwung aus dem Wagen kam. »Marvin war ja dabei. Wir tranken ein Glas Wein, sie redete und redete ... Ich hab ein Bild gekauft. Für tausendfünfhundert Euro.«

»Also darauf lief es hinaus.« Barbara unterdrückte ein Grinsen. »Hübscher Preis. Auch ein hübsches Bild?«

»Tja. Es heißt *Ohne Ausweg*. Vier senkrechte und sechs vertikale Streifen, Acrylfarbe, rot, blau und orange. Marvin nennt es *Bunter Knastausblick*.«

»Na, ein bisschen Farbe kann Ihrem cleanen Ambiente ... Oh, Verzeihung!« Barbara hätte sich die Zunge abbeißen können. Die Einrichtung von Upleggers Wohnung war ein Werk seiner verstorbenen Frau. Er hatte in der Wohnung nichts verändert, so wie er noch immer den teuren Wagen fuhr, den sie angeschafft hatte.

»Das war taktlos«, sagte er.

»Ich weiß, ich weiß. Entschuldigen Sie bitte! Es ist nach zwei, ich kann nicht denken.«

»Im Kühlschrank steht noch ein Sixpack«, sagte Uplegger, der manchmal Gedanken lesen konnte.

Sie sprachen wieder viel zu laut.

Als er gestern Nacht nach Hause kam, war er durchgefroren und dermaßen erschöpft gewesen, dass er sich nur noch einen Grog gebraut hatte und ins Bett gegangen war. Offenbar war er sofort eingeschlafen. Er schauderte. Im Schlafzimmer war es finster und kalt. Weil er am frühen Morgen das Haus verließ und oft erst spät heimkehrte, heizte er kaum.

Unruhig sprang er hoch, unruhig schritt er nun im Zimmer auf und ab, schritt wie der Tiger im Käfig, von der Tür zum Fenster, vom Fenster zur Tür, hin und her und her und hin. Die Stimmen von nebenan mussten ihn geweckt haben. Manchmal war es nur ein Wispern, das durch die Wände drang, aber immer häufiger lärmendes Gerede und schrilles Gelächter, wie es bei Betrunkenen zu sein pflegte, die kein Gefühl für Lautstärke mehr hatten. Hin und her und her und hin.

Wie üblich entstand sein Schmerz hinter Schläfen und Stirn. Er trübte sein Erinnerungsvermögen. Er hatte etwas gesehen. Etwas Schreckliches.

Hin und her, her und hin. Manchmal hatte er das Gefühl, dass seine Nachbarn sich über ihn lustig machten, über seine Schwäche kicherten.

Er hieb mit der Faust gegen die Wand. Rigips – ein Zeichen von Sparsamkeit. Von Geiz. Dieser Dreck hieß nicht umsonst auch Gipskarton. Dünn und durchlässig für das geringste Geräusch.

Blut. Blut hatte er gesehen. Viel Blut.

Der Schmerz erreichte seinen Nacken, der sich augenblicklich versteifte. Er biss die Zähne zusammen, presste so stark, dass bald auch der Kiefer wehtat. Sein Zahnarzt …

Er würde nicht mehr zu Ärzten gehen. Wozu? Gegen das Kopfweh hatten sie nichts als schöne Worte.

Entspannen Sie sich! Machen Sie Yoga! Gehen Sie viel an die frische Luft! Massieren Sie das Kiefergelenk!

Guter Rat war nicht teuer und an jeder Ecke zu bekommen. Tilidin nicht. Das hatte ihm geholfen. Nur das. Aber er bekam es nicht mehr. Zu hohes Suchtpotential. Da sollte er lieber Schmerzen leiden.

Uplegger gab sein Passwort in den Computer ein, das wenig originell und damit wohl auch leicht zu knacken war, aber in der Dienststelle gab es niemanden, der daran Interesse hatte. SENI22MA lautete es: Ines, von hinten nach vorn buchstabiert, der Geburtstag seines Sohnes, der 22. November, und die ersten Buchstaben von dessen Namen. Während das Programm startete, schaute er über die Schreibtische zu Barbara, die sich am Kühlschrank zu schaffen machte. Obwohl er sich immer wieder ärgerte, dass seine unbelehrbare Kollegin während der Arbeit trank, musste er nun doch unwillkürlich in Gedanken an die Debatte grinsen, die der Kühlschrank ausgelöst hatte.

Seine Existenz verdankten sie der Polizeistrukturreform, die just in vollem Gange war. Uplegger war wie viele seiner

Kollegen davon überzeugt, dass im Innenministerium Bürokraten hockten, die sich mit Vorliebe Reformen ausdachten, weil sie nichts zu tun hatten. Um diese zumeist kostspieligen Verschlimmbesserungen anpreisen zu können, gaben sie Gefälligkeitsgutachten in Auftrag, die aus der Luft gegriffene Zahlen mit schönen Begriffen garnierten, wie Effizienz und Effektivität, Synergie und Verschlankung – Barbara wurde nicht müde zu betonen, dass ihr dieses Wort besonders gut gefiel. Vor einiger Zeit hatte man in Schwerin offenbar damit begonnen, das Ideal von der polizistenlosen Polizei zu verwirklichen. Als ersten Schritt dazu hatte man die PD Rostock und alle anderen Polizeidirektionen aufgelöst, ein Polizeipräsidium West geschaffen und die höheren Führungskräfte mitsamt ihren Stäben aufs Land geschickt, in einen millionenschweren Neubau nach Waldeck; von der Polizeiruine in die Pampa, wie Barbara gern sagte. Während des Umzugs hatte Barbara den Kühlschrank ergattert, der einst das Büro eines Polizeioberrats geziert hatte. Er war zwar schon ein wenig abgestoßen, verfügte aber über ein separates Gefrierfach, was jene Debatte ausgelöst hatte, an die Uplegger sich amüsiert erinnerte. Barbara hatte die Vermutung geäußert, es habe dem Oberrat dazu gedient, Flaschen zu kühlen, worauf Uplegger erwidert hatte, so etwas mache nur ein Dummkopf, denn Schnaps würde im Gefrierfach explodieren. Das wollte Barbara nicht auf sich beruhen lassen, also hatte sie gesagt, es sei ja wohl nicht sicher, was eigentlich explodiere, der Schnaps oder die Flasche.

Barbaras Hang zu Sophistereien fiel Uplegger gelegentlich auf den Wecker, aber manchmal genoss er es auch, mit ihr die absurdesten Gegenstände zu erörtern. So hatte sie einst die Diskussion auf die Frage vom Huhn und dem Ei gelenkt, weil sie gerade einen Artikel in der *Ostsee-Zeitung* gelesen hatte. Wissenschaftler der Universität von Warwick und Sheffield hatten mittels Computersimulation bewiesen: Am Anfang war das Huhn. Uplegger hatte ihr diesen Triumph keineswegs gegönnt, sondern hatte ein paar Mutmaßungen über die Bedeutung der Universität von Warwick und Sheffield angestellt und sie Hühner-Uni getauft. Die Debatte war dann irgendwie im Sande verlaufen …

Barbara hatte die Kühlschranktür geöffnet und schob ihre Tarnung, die Kartons mit Upleggers Sojadrinks beiseite, um an ihren Schatz zu gelangen. Uplegger loggte sich derweil in die Datenbank des Einwohnermeldeamtes ein. In seinem Nacken spürte er Zugluft, denn in der Polizeiruine zog es durch fast alle Fenster.

»Me-da-naus-kas«, sagte er, während er tippte.

»Von der Sorte wird es nicht allzu viele geben«, meinte Barbara, stellte eine braune Plastikflasche auf den Tisch und beugte sich zum Startknopf ihres PCs. Uplegger nickte. Das Bier hieß irgendetwas mit Gold, was dafür sprach, dass es nichts taugte. Barbara hatte es Prekariatsbier getauft, weil sie es in einem jener Discounter genannten Ausbeuterläden kaufte.

Vor Upleggers Auge erschien ein Eintrag, den er mit einem »Aha!« quittierte.

»Haben Sie schon etwas, Jonas?«, fragte Barbara, die es übernommen hatte, sich mit dem Bundeszentralregister zu befassen.

»Ja. Die Behörde, die Medanauskas' Pass ausgestellt hat, ist die lettische Botschaft in Berlin.«

»Sehr gut.«

»Der Geschädigte wohnte offenbar noch bei seinen Eltern. In Diedrichshagen. Jedenfalls haben ein Perviltas und eine

Lukrecija Medanauskas dieselbe Meldeanschrift, sind aber erheblich älter.«

»Wie heißt die mutmaßliche Mutter?«

»Lukrecija.«

»Ist das nicht der Name einer antiken Selbstmörderin?«

»Ich glaub schon. Sie leben schon lange in Rostock, seit fast 15 Jahren. Es gibt auch Geschwister, wie ich annehme: einen Manfredas, eine Celerina und einen Riccardo. Celerina und Riccardo sind ebenfalls in Diedrichshagen gemeldet, unter derselben Adresse im Stolteraer Weg. Dieser Manfredas nicht. Er wohnt ... Sekunde! Ja, hier: Alter Markt 18.«

»Schöne Gegend«, bemerkte Barbara, »bei der Petrikirche ... Obwohl, den Turm hat man ja wieder aufgebaut, wie steht es da mit Glocken? Bei einer Kirche mit Glocken möchte ich nicht wohnen.«

»Keine Ahnung.« Uplegger warf einen skeptischen Blick zum Drucker, der bereits ein launisches Alter erreicht hatte. Um eine Debatte über Kirchenglocken zu vermeiden, fügte er schnell hinzu: »Gesetzt den Fall, es sind wirklich Geschwister: Manfredas und Celerina sind älter als unser Opfer, Riccardo ist jünger. 23. Manfredas bringt es auf 32 Lenze, Celerina auf 30.«

»Auch wenn es keine Geschwister wären, wären sie trotzdem älter beziehungsweise jünger«, belehrte Barbara.

Uplegger fuhr auf. Am liebsten hätte er mit einer spitzen Bemerkung gekontert, aber es fiel ihm keine ein. Außerdem begann der Drucker zu knarren und zu quietschen, was zu der Hoffnung Anlass gab, er wolle arbeiten.

»Celerina und Riccardo klingen ganz und gar nicht lettisch«, murmelte Barbara, während sie auf ihren Bildschirm starrte.

»Als alter *toscano* sage ich Ihnen, Riccardo ist italienisch.«
Uplegger gab einen weiteren Namen ein.

»Sie haben ja auch zwei italienische Restaurants. Jedenfalls hat sie dieser Per…?«

»Perviltas.«

»Genau.« Barbara nahm einen Schluck. »Andriejus hat keinen Registereintrag.«

»Also keine Vorstrafen.«

»Jedenfalls keine, die eingetragen werden müssen. Geben Sie mir mal die anderen Namen. Vielleicht finde ich da was.«

»Werden grad ausgedruckt.«

»Werden sie?«

»Äh … nein.«

»Diktieren Sie mir.«

Uplegger war folgsam, Barbara tippte. Es dauerte nicht lange, dann rief sie: »Nichts.« Und Uplegger rief: »Sokolowski wohnt auch in der Altstadt.« Der Drucker spuckte eine Seite mit Steuerzeichen aus.

»Sind wir nicht ein perfektes Team?«, fragte Barbara.

Barbara stand zu Recht im Ruf altmodisch zu sein, und sie war stolz darauf. Selbstverständlich benutzte sie Computer, E-Mail und Internet, sie hatte auch ein Handy, weil sie es für die Arbeit brauchte; die Raffinessen der angeblich intelligenten Technik blieben ihr jedoch verborgen. Wenn sie sich den Wohnort eines Menschen vergegenwärtigen wollte, benutzte sie den Stadtplan an der Wand. Sie brauchte diese Wahrnehmung, die man wohl haptisch nannte. Oder, wie ihre Mutter früher gesagt hatte, als sie noch ein Kind gewesen war: ›Du musst alles angrabbeln!‹

Genau das musste sie, denn damals hatte sie befürchtet, dass Dinge, die man nicht berühren konnte, vielleicht gar nicht existierten. Sie hatte dann zwar in der Schule gelernt, dass die Materie außerhalb und unabhängig von ihrem Bewusstsein bestünde, aber die Lust am Betasten war geblieben. Außerdem, wer glaubte schon Definitionen?

Bevor Uplegger eine seiner virtuellen Karten aufrufen konnte, hatte sie die Pferdestraße schon gefunden. Obwohl sie sich einbildete, sich in der Rostocker Altstadt gut auszukennen, von dieser Straße hatte sie noch nie gehört. Dort also wohnte Wachmann Sokolowski; wenn es hochkam, 300 Meter vom Alten Markt entfernt.

»Kennen Sie die *Feuchte Geige*?«, fragte sie.

»Die Kneipe?«

Sie nickte. »Früher bin ich da gern hingegangen. War ein Geheimtipp, jedenfalls zu DDR-Zeiten. Wie's heute ist, weiß ich nicht.«

»Wie kommen Sie darauf?«

»Wenn man die Pferdestraße entlang geht in Richtung Am Strande, gelangt man in die Faule Straße. Dort ist sie. *Zur Gemütlichkeit*. Aber so nennt sie kein Mensch. Obwohl sie gemütlich ist … oder war. Ganz viel alter Kram, wie beim Trödler. Und Schlüssel! Hunderte von Schlüsseln!« Barbara seufzte.

»Ich kenne nur das *Hemingway*. Also ich weiß, dass es die *Feuchte Geige* gibt, aber ich war nie dort.«

»Aber im *Hemingway*? Das passt auch besser zu Ihnen.« Barbara setzte sich wieder an ihren Schreibtisch. »Die Restaurants der Familie Medanauskas, wo befinden die sich eigentlich?«

»Das *Al Faro* wird in Warnemünde sein«, sagte Uplegger. »Augenblick! Bin grad bei OpenStreetMap. *Al Faro* – direkt am Leuchtturm. Genuine Italian cuisine, steht hier. Haben die Medanauskas vielleicht selbst eingetragen, OpenStreetMap wird nämlich von den Usern gestaltet. *Piano nobile* ... Nee! So viele Zufälle gibt es doch gar nicht! Alter Markt 18!«

»Dann wohnt dieser Manfredas vielleicht über der Gaststätte. Oder das ganze Haus gehört der Familie. Kommen Sie, wir fahren los! Es ist halb fünf, jetzt müssen wir die Angehörigen verständigen.«

»Noch ein paar Minuten.« Eigentlich war Uplegger gar nicht so anders als sein Sohn. Er tat zwar immer, als würde ihm Marvins stundenlanges Herumhängen im Netz nicht gefallen, aber wenn er auf den Geschmack gekommen war, bekam man ihn nur schlecht vom Computer weg. »Ich schau nur noch kurz in unserem System nach.«

»Tun Sie das. Ich hab ja meinen Kühlschrank.«

»Unseren Kühlschrank«, berichtigte Uplegger. Barbara schwieg. Sie holte sich noch ein Bier, kam aber nicht dazu, den Verschluss zu lösen. Was er in einem der Datenspeicher der Ermittlungsbehörden entdeckt hatte, ließ sie innehalten: »Zwei Anzeigen. Wegen Sachbeschädigung. Halt, sogar drei! Im letzten Sommer wurden zwei Mal die Scheiben des *Al Faro* eingeschlagen. Genauer gesagt, mit Steinen eingeworfen. Immer nachts, logischerweise. Ja, und einmal wurde sogar geschossen.«

»Geschossen?« Barbara stellte die Flasche zurück. »Auf das Lokal?«

»Nein, auf das Leuchtschild. Mit Flachkopf-Diabolos. Den Fenstern hätte man damit zwar keinen Schaden zufügen können, jedenfalls keinen ernsthaften. Das Schild aber ging zu Bruch.«

»Also dann!« Barbara schnappte sich ihren Mantel. »Let's go Wild East.«

Ihnen stand eine schwere Aufgabe bevor. Ein solcher Auftritt war stets eine Qual. Die Reaktionen der Angehörigen waren nie abzuschätzen und reichten von lautem Schreien zu vollständigem Verstummen, ja zur Erstarrung. Einmal hatte Uplegger sogar einen Notarzt rufen müssen.

Kaum hatten sie den Gang betreten, da steckte Gunnar Wendel den Kopf aus seiner Tür und winkte sie zu sich.

»Wollt ihr die Angehörigen verständigen?«, fragte er. Barbara nickte. »Dann kommt noch einen Augenblick zu mir. Manfred will euch etwas zeigen.«

Barbara und Uplegger betraten das Büro ihres Chefs. Es war erheblich größer als ihr eigenes, und nur ein unkundiger oder ein besonders gutwilliger Mensch hätte die Einrichtung als Retro-Look bezeichnet. Anbauwand, Panzerschrank, der große Besprechungstisch und die Stühle stammten aus DDR-Zeiten, und wer genau hinsah, konnte erkennen, dass die Inventarnummern der Deutschen Volkspolizei nur überklebt worden waren. PD Rostock stand auf den neuen Schildern, aber auch sie waren nicht mehr aktuell und würden wohl demnächst durch PP West ersetzt werden.

Manfred Pentzien, nun im Sakko, stand hinter dem mit Plastikfolie abgedeckten Besprechungstisch, auf dem er den Rucksack des Opfers, den *Hansa*-Schal, den Regenknirps und die beiden Ordner ausgebreitet hatte. Außer diesen schon bekannten Gegenständen hatte sich in Andriejus' Rucksack eine durchsichtige Plastiktüte mit einem Apfelrest befunden, überdies ein kleiner Terminkalender, dessen Deckel das Foto einer weißen und blauäugigen Katze enthielt, eine Tablettenpackung und ein Medizinflakon. Barbara beugte sich vor und las die Aufschriften.

»Lexotanil, MCP-AL-Tropfen.« Sie hob den Kopf. »Wie ich dich kenne, Manfred, weißt du schon, was das ist?«

»Die Spurensicherung ist die Feuerwehr der Kriminalpolizei«, sagte Pentzien mit einem breiten Lächeln. »Der Wirkstoff des Lexotanil heißt Bromazepam und gehört zur Gruppe der Benzodiazepine.«

»Ein Beruhigungsmittel?«

»Ja, auch. Und ein Angstlöser.« Pentzien klaubte einen winzigen Zettel aus seiner Jackentasche. » Lexotanil wird angewendet zur symptomatischen Behandlung von akuten und chronischen Spannungs-, Erregungs- und Angstzuständen. Ist rezeptpflichtig und, auf Deutsch gesagt, ein ziemlicher Hammer.«

»Medanauskas«, sagte Uplegger, und der Name kam ihm mittlerweile ohne Schwierigkeiten über die Lippen, »stand also unter Strom, war nervös und erregt – oder hatte Angst? Oder alles zusammen?«

»Vielleicht war er auch abhängig. Bei Benzodiazepinen geht das schnell.«

»Und das andere?« Barbara deutete auf den Flakon.

»Hier heißt der Wirkstoff Metoclopramid, und das Anwendungsgebiet sind die sogenannten gastrointestinalen Motilitätsstörungen.«

»Wenn man Worte in Peitschen verwandeln könnte, würden alle Mediziner mit blutigem Rücken herumlaufen«, sagte Barbara. »Gastro...?«

»Gastrointestinale Motilitätsstörungen. Ähnliche Begriffe kennst du doch von den Leichentranchierern. Es geht, kurz gesagt, um die unwillkürlichen Bewegungen des Verdauungstraktes, die eben gestört sind. Symptome sind Schluckbeschwerden, Sodbrennen, Übelkeit, Brechreiz, Darmkrämpfe, Verstopfung oder das Gegenteil.«

»Und dieses MCP«, wollte Uplegger wissen, »ist das rezeptfrei?«

»Nein.«

»Dann sind unserem Opfer wohl die Spannungs-, Erregungs- und Angstzustände auf den Magen geschlagen«, überlegte Barbara.

»Oder das Lexotanil«, sagte Pentzien. »Zu dessen Nebenwirkungen gehören nämlich Übelkeit und Durchfall. Aber du könntest recht haben. In dem einen Ordner befinden sich ein paar Aufträge und Rechnungen der *Inselseedruckerei Güstrow*. Meine Vermutung, bei den Flyern könnte es sich um Andrucke handeln, scheint richtig zu sein. Interessanter ist der dickere Ordner. Andriejus hat einen Kampf gegen seinen Arbeitgeber geführt, der mich ein wenig an Michael Kohlhaas erinnert.«

»Ach?« Barbara streckte ihre Hand aus, aber Pentzien schüttelte den Kopf; die Papiere waren also noch nicht auf Fingerspuren untersucht. »War er ein notorischer Querulant?«

»Ich konnte die Unterlagen nur durchblättern. In der Kaviarfabrik liegt offenbar Einiges im Argen. Seit etwa einem Jahr erhalten die Mitarbeiter nur sporadisch ihren Lohn. Andriejus wollte einen Betriebsrat gründen, der Chef, ein gewisser Simon Rauch, hat das hintertrieben. Daraufhin hat sich der Geschädigte an die Gewerkschaft gewandt, in diesem Fall an

Nahrung-Genuss-Gaststätten. Tja, und der ganze Schriftkram, der steckt in dem Ordner.«

»So etwas kann einen schon aufregen«, meinte Uplegger. »Oder Angst machen. Womöglich wurde er eingeschüchtert, unter Druck gesetzt.«

»Das müsst ihr herausfinden.« Pentzien beförderte eine Packung mit Gummihandschuhen aus dem Jackett und riss sie auf. »Was die Tatwaffe betrifft: bisher Fehlanzeige. Aber im mittleren Wagen lagen im Oberstock fünf Zigarettenkippen auf dem Boden. Selbstgedrehte.«

»Das ist gut!« Barbara stieß Uplegger sanft in die Seite. »Mit den Kippen haben wir DNA-fähiges Material!«

Obwohl die Stadtautobahn nach Warnemünde so gut wie leer war, hielt sich Uplegger penibel an die Höchstgeschwindigkeit. Nicht immer war er ein so disziplinierter Fahrer gewesen, aber nach dem Tod seiner Frau hatte er seine Gewohnheiten geändert.

Neben der Erinnerung an sie gab es noch einen weiteren Grund für seine Fahrweise. Er wusste, dass Barbara sich jedes Mal ärgerte, wenn er nach ihrer Ansicht dahinschlich, obwohl es gar nicht nötig war. Sie hatte es zwar aufgegeben, ihn darauf anzusprechen, aber er spürte, wie es in ihr arbeitete. Das war seine kleine Strafe dafür, dass sie manchmal mit Alkohol im Blut Auto fuhr.

Linker Hand tauchten die Fünfgeschosser von Evershagen auf, überragt von einigen Hochhäusern, rechts befand sich ein namenloses Gehölz, das sich bis zu den Gleisen der S-Bahn erstreckte. Barbara starrte scheinbar konzentriert auf die Fahrbahn und schwieg. Uplegger wusste, was in ihr vorging:

Vor etlichen Jahren war auf der Fußgängerbrücke zwischen Evershagen und Schmarl ein 15-jähriges Mädchen so brutal ermordet worden, dass selbst die ansonsten wenig zimperliche Presse nie über Details berichtet hatte. Barbara war nicht von Anfang an in die Ermittlungen involviert gewesen, die sich über ein Jahrzehnt hingezogen hatten, und sie litt noch immer unter dem Pfusch, der dafür gesorgt hatte, dass der Mord lange unaufgeklärt blieb. Die Spurensicherung hatte nach ihren Worten am Tatort nicht mit Pinsel und Pinzette gearbeitet, sondern mit der Kettensäge. Noch heute ließ ihr die Frage keine Ruhe, warum einer der beiden Mörder dem Opfer eine Gabel in den Hals gerammt hatte. War das die letzte Demütigung der Sterbenden gewesen?

Nachdem die Ermittlungen damals in der Sackgasse gelandet waren, hatte Rostock endlich eine ständige Mordkommission bekommen. Barbara war seit neun Jahren dabei, Uplegger seit sieben. Das verflixte siebente Jahr, dachte er und warf einen raschen Blick auf Barbaras verkrampft in ihrem Schoß liegende Hände.

An der nächsten Abzweigung verließ er die Stadtautobahn Richtung Lütten Klein. Barbara atmete tief ein und aus.

»Wie fahren Sie denn?«, wollte sie wissen.

»Na, über Lichtenhagen. Von dort gibt es einen Schleichweg nach Warnemünde, und der Stolteraer Weg zweigt ab.«

»Was Sie alles wissen!«

»Wenn ich mit Marvin zum Strand radle, nehmen wir immer diesen Weg.« Uplegger bog beim *WarnowPark*, einem dieser Einkaufscenter, die nach der Wende überall aus dem Boden gestampft worden waren, nach rechts in die St. Petersburger Straße. »Wir baden lieber abseits von den Touristen. Sie wissen doch, wir Mecklenburger neigen zum Fremdeln.« Er lächelte seine Kollegin an.

»Ja, ja, wir brauchen 50 Jahre, um einen Menschen ins Herz zu schließen, aber dann wird er uns nicht mehr los. Wir brauchen überhaupt für alles 50 Jahre länger – haben wir eigentlich schon überall elektrisches Licht? Aber apropos Marvin: Wie geht es ihm?«

»Gut, nehme ich an.«

»Nehmen Sie an?« Uplegger spürte Barbaras kritischen Seitenblick. »Sprechen Sie denn mit ihm nicht über seine Gefühle?«

»Äh … kaum.«

»Das sollten Sie aber. Und auch über Ihre Gefühle – das wird Ihnen beiden gut tun. Ich habe gelesen …«

»In der *Ostsee-Zeitung*?«

»Vielleicht …« Barbara kratzte sich nachdenklich am Kinn. »Nein, eher in unserem Fachblatt *Der Kriminalist*. Wissenschaftler der Universität Cardiff, also nicht die der Hühner-Uni, haben herausgefunden, dass Gespräche mit dem Vater der beste Schutz vor Nikotinsucht bei Jugendlichen sind.«

»Jetzt psychologisieren Sie«, sagte Uplegger, den dieses Thema peinlich berührte. »Sie wissen doch, dass ich Psychologie für eine Pseudo-Wissenschaft halte.«

Barbara blickte aus dem Fenster. Was sie zu sehen bekam, nannte man Großwohnsiedlung in Plattenbauweise, aber die Platte war unter Dämmstoffen und Farbschichten verschwunden und sah jetzt einigermaßen wohnlich aus. Trotzdem würden sie keine zehn Pferde in ein solches Neubaugebiet bekommen. Das Abgezirkelte der Straßen und das Schachtelartige der Häuser störten sie.

Die Schneeschicht, die den Stolteraer Weg bedeckte, war noch unberührt. In den Einfamilienhäusern, die den Weg säumten, waren jedoch schon hier und da Fenster erleuchtet. Bald würden sich die ersten auf den Weg zur Arbeit machen und dem Schnee seine Jungfräulichkeit nehmen.

Das Haus der Familie Medanauskas befand sich einige Meter von einem Hotel namens *Warnemünder Hof* entfernt. Das weißgestrichene Eigenheim wirkte ziemlich neu, und wenn man die Mansarde mitzählte, hatte es vier Geschosse. An der östlichen Wand erstreckte sich über drei Etagen ein Wintergarten beziehungsweise verglaste Balkons.

Uplegger hielt in einer Ausweichbucht schräg gegenüber dem Haus. Sie waren hier so nah am Meer, dass die Luft intensiv nach Salz roch.

Ein eisiger Nordwest biss in Wangen und Nase. Trotzdem gingen sie ein paar Schritte, um sich die Umgebung anzuschauen.

Das Nachbarhaus war schlichter. Es stand mit der Giebelseite zur Straße und war grau verputzt. Eine Feldsteinmauer umgab das Grundstück, und neben dem Gartentor stand ein von innen beleuchtetes Firmenschild; man hatte vergessen, die Lampen auszuschalten, denn es war absurd anzunehmen, dass um halb sechs jemand das Bedürfnis hatte, sich bei *Tina's Nails & More* die Nägel feilen oder die Füße massieren zu lassen. Der Spruch, mit dem Tina um Kunden warb, gefiel Barbara: Himmlische Schönheit hat eine irdische Adresse. Sie hob den Blick und betrachtete die westliche Seite des Hauses, das Perviltas Medanauskas für sich und seine Familie hatte bauen lassen. Im Fenster des Mansardenzimmers, aus dem ein seltsamer grünlicher Lichtschein drang, hing eine Fahne. Der breite blaue Streifen und die Hansekogge in dem Medaillon in der Mitte verrieten sofort, dass es sich um die Fahne des *FC Hansa* handelte. Um im diffusen Licht der Straßenlaternen auch die Beschriftung zu erkennen, musste Barbara die Augen zusammenkneifen. Plötzlich schüttelte sie ein lautloses Lachen, und sie winkte Uplegger herbei.

»Können Sie lesen, was auf der Fahne da oben steht?«

»Bisschen dunkel«, sagte er und streckte das Kinn vor. »Über dem Streifen steht *F. C. Hansa Rostock*. Darunter: Unsinkbar seit 1965.«

»Unsinkbar wie die *Titanic*, oder?«

»Tja. Wollen wir hineingehen?«

»Wollen? Nein. Müssen? Ja.«

Im Haus der Medanauskas' brannte noch kein Licht. Der große Carport beherbergte einen schwarzen Mercedes und einen dunkelblauen Audi, aber es war noch Platz für einen dritten Wagen, was Barbara vermuten ließ, dass der Gastronom Perviltas bereits unterwegs war, um im Großmarkt einzukaufen. Dann musste er aber sehr früh aufgebrochen sein, womöglich nach Hamburg, und der Schnee hatte die Reifenspuren längst überdeckt.

Uplegger läutete an der Gartenpforte. Im Haus erklang eine unbekannte Melodie.

Es dauerte eine Weile, doch schließlich ging in der zweiten Etage hinter einer Gardine Licht an. Die Gardine wurde ein Stück zur Seite geschoben, und der Kopf eines Mannes erschien. Barbara hielt ihren Dienstausweis in die Höhe. Der Mann konnte natürlich nicht erkennen, dass es ein Polizeiausweis war, aber er wusste nun, dass ihn amtlicher Besuch erwartete.

Zwei Minuten später öffnete er die Haustür.

»Sehr früh«, sagte er. »Was ist?«

»Riedbiester, von der Kriminalpolizei«, stellte Barbara sich vor.

»Nicht schon wieder!« Der Mann schüttelte verzweifelt den Kopf. Er war nicht sehr groß, vielleicht einen Meter siebzig, hatte schütteres Haar, tiefe Furchen in der Stirn und einen Bauch, wie ihn sich Männer spätestens um die 50 zulegten. Über den gestreiften Pyjama hatte er einen schwarzen Anzug gezogen.

»Sie meinen …?«, begann Uplegger.

»Wieder die Fenster kaputtgemacht in Gasthaus? Ist dann viertes Mal.«

»Leider nicht.«

»Leider? Was …?« Der Mann blickte zum Carport, schwankte plötzlich und hielt sich mit der rechten Hand am Türrahmen fest. »Andrea?«

»Welche Andrea?«, flüsterte Barbara Uplegger zu. Der hob die Schultern. Laut sagte sie: »Dürfen wir eintreten?«

Der Mann nickte. Er griff mit der Linken hinter sich und betätigte offenbar einen Schalter, denn die Gartenpforte sprang auf.

Barbara ging voran. Auf den Betonplatten zur Haustür lag der Schnee wohl schon zwei Zentimeter hoch. Klugerweise hatte sie Stiefel angezogen, sodass ihr auch zwanzig Zentimeter nichts ausgemacht hätten.

»Guten Morgen, Herr Medanauskas«, sagte sie.

»Guten Morgen, Frau …?«

»Riedbiester«, wiederholte sie. »Und mein Kollege, Herr Uplegger.«

Medanauskas trat zur Seite. »Was ist mit Andrea?«

»Verzeihen Sie, aber wer ist Andrea?«

»Mein Sohn.«

»Ihr Sohn heißt Andrea?« Barbara schaute mit gerunzelter Stirn zu Uplegger. »Ist das denn kein Mädchenname?«

»Nein, nicht in Italien«, erklärte Medanauskas. »Eigentlich heißt er Andriejus … Unsere Kinder haben alle einen italienischen … wie sagt man das in Deutsch?«

»Spitznamen?«

»Ja, ich glaube.«

»Riccardo nicht«, stellte Uplegger fest. »Der heißt wirklich so.«

»Woher wissen Sie … über meine Familie?«

»Herr Medanauskas, bitte, können wir uns irgendwo setzen?«

»Natürlich.« Er nickte. »Entschuldigung.«

Sie durchquerten eine nicht sehr große, mit braunroten Terrakottafliesen ausgelegte Diele, von der eine schmale Treppe ins Obergeschoss führte. Auf dieser Treppe erschien nun eine Frau, die verschlafen wirkte. Sie war noch kleiner als Perviltas und sehr schlank, und sie hatte sich ein wenig zurechtgemacht, indem sie ein einfach geschnittenes, eierschalenfarbenes Kleid angelegt hatte und darüber eine etwas dunklere Strickjacke aus Schurwolle. Ihr schwarzes, leicht gelocktes Haar hatte sie nicht frisiert, aber wenigstens mit den Händen in Form gebracht. Langsam kam sie die Stufen herunter und wechselte auf Lettisch ein paar Worte mit ihrem Mann. Als sie den Fliesenboden erreicht hatte, sah Barbara, dass sie blass geworden war.

Das Wohnzimmer hatte enorme Ausmaße. Auch hier war der Boden mit Fliesen ausgelegt. Mitten im Raum standen auf einem persisch oder türkisch anmutenden Teppich eine wuchtige

Couch und drei riesige Sessel, in denen man versinken konnte. Auch der Glastisch, der den Mittelpunkt der Sitzgruppe bildete, war gigantisch – und bis auf eine Kristallschale mit Äpfeln und einen Stapel auf Kante gelegter Zeitschriften vollkommen leer.

Der gesamte Raum machte nicht nur einen überaus ordentlichen, sondern auch einen sterilen Eindruck, und alles war etwas zu groß: die Schrankwand, der Fernseher, die Glasvitrine für das Sonntagsporzellan, der Esstisch vor dem Übergang zum Wintergarten, der mit seinen Rattanmöbeln nicht nur Gäste, sondern auch Vorbeigehende zu beeindrucken vermochte. Die Familie Medanauskas war vielleicht nicht reich, aber auf jeden Fall sehr wohlhabend.

Barbara und Uplegger setzten sich jeder in einen Sessel, Medanauskas nahm auf dem Sofa Platz. Die Frau blieb in der Nähe des Esstisches stehen, und als Barbara sie mit einer Handbewegung aufforderte, sich zu ihrem Mann zu setzen, schüttelte sie den Kopf.

»Sagen Sie, Herr Medanauskas, wieso haben Sie uns gefragt, ob wir wegen Andriejus gekommen sind?«, begann Barbara. »Machen Sie sich Sorgen um ihn?«

»Als wir gestern im Bett sind … ins Bett sind, da war er noch nicht hier.«

»Wann war das?«

»Ja, so elf?«

»Haben Sie sich da schon Sorgen gemacht?«

Medanauskas schüttelte den Kopf. Seine Frau stand bewegungslos beim Esstisch.

»Wir haben gedacht, er ist vielleicht bei Freund. Treffen sich manchmal in Stadt. Aber … eben habe ich gesehen, dass sein Auto nicht da.«

»Ja, fährt er denn mit dem Auto zur Arbeit?«, fragte Uplegger überrascht.

»Früher ja. Jetzt nur bis Bahnhof Warnemünde. Kann er Zug nehmen nach Güstrow.«

»Aus welchem Grund benutzt er den Zug?«

Medanauskas sah hilfesuchend zu seiner Frau. Da sie noch immer nicht reagierte, sagte er leise: »Er ist ein bisschen krank.«

»Er nimmt Medikamente, die die Fahrtüchtigkeit beeinträchtigen«, ergänzte Barbara im Ton einer Feststellung. Frau Medanauskas gab einen Laut von sich, ein unterdrücktes Schluchzen vielleicht. Als Barbara sie anschaute, zeigte sie aber nur ein starres Gesicht.

»Woher Sie wissen?«, fragte Medanauskas.

»Er nimmt Lexotanil.«

Medanauskas' Hände kneteten ein kleines, mit geometrischen Ornamenten besticktes Kissen. »Woher Sie wissen?«

Plötzlich schrie die Frau.

Ihr schmächtiger Körper war zusammengesunken, aber noch immer stand sie. Schweißperlen hatten sich auf ihrer Stirn gebildet, ihre Augen waren feucht, das Kinn zitterte.

»Was ist mit meinem Sohn?«

»Er ist tot.«

Ein Notarzt war nicht erforderlich. Der Entsetzensschrei der Mutter hatte zuerst Riccardo auf den Plan gerufen, der in Trainingsanzug und Badeschuhen herbeigeeilt kam, und wenig später erschien auch seine Schwester Celerina. Sie hatte sich nur eine Jacke über einen rosa Schlafanzug geworfen, auf dessen Brust eine Mickey Mouse prangte, und verlegen schloss sie die Jacke, als sie die Fremden gewahr wurde.

Frau Medanauskas hatte sich von ihrem Mann zum Sofa führen lassen, wo sie nun mehr lag als saß. Auf dem Tisch stand ein Glas mit einer klaren Flüssigkeit, die aus der Hausbar stammte und die sie nicht anrührte. Der Mann, der sein Glas in der Hand hielt, hatte hingegen schon einen großen Schluck genommen. Barbara bekam sofort Appetit, aber natürlich würde sie hier nicht einmal nach Wasser fragen.

Riccardo und Celerina standen hinter der Mutter, die junge Frau völlig niedergeschlagen, während der Jüngling – das war er aus Barbaras Sicht noch – seine Gefühle zu unterdrücken schien. Der Vater ging mit großen Schritten auf und ab, was unter anderen Umständen fast albern gewirkt hätte. Unvermittelt blieb er stehen.

»Wer?«, fragte er. Sein Brustkorb hob und senkte sich heftig.

»Sie meinen, wer Ihren Sohn getötet hat?«, sagte Barbara.

»Ja.«

»Das wissen wir noch nicht. Der Täter hat den Tatort unerkannt verlassen.«

»Ich … ich … ich …«, stammelte Perviltas. Er brachte nur dieses eine Wort heraus, aber Barbara ahnte, dass er sagen wollte, was er mit dem Täter machen würde, wenn er ihn in die Finger bekäme.

Uplegger richtete sich in seinem Sessel auf und legte die Hände im Schoß zusammen.

»Frau Medanauskas«, er bedachte sie mit einem mitfühlenden Blick, dann richtete er die Augen auf den Mann, »Herr Medanauskas, es tut uns sehr leid, dass wir Ihnen diese schreckliche Nachricht überbringen mussten. Wenn es Ihnen irgend möglich ist, würden wir Ihnen gern ein paar Fragen stellen.

Wir akzeptieren aber auch, wenn Sie jetzt allein sein möchten. Dann kommen wir eben noch einmal wieder.«

»Ja«, sagte die Frau, und es war nur ein Hauch. »Bitte, später. Bitte! Ein paar Minuten nur.«

Es war Riccardo, der Barbara und Uplegger in die Küche brachte, die ebenso aufgeräumt war wie das Wohnzimmer. Man setzte sich an den polierten Küchentisch, Riccardo füllte ein Glas mit Wasser. Er deutete auf den Wasserhahn, doch sowohl Barbara als auch Uplegger schüttelten den Kopf.

»Wie heißt der Freund, mit dem sich Ihr Bruder manchmal traf?«, wollte Uplegger wissen.

»Morten. Sie kennen sich von der Schule. Ostsee-Gymnasium. Das ist in Evershagen.«

»Wissen Sie seinen Nachnamen?«

»Kröner.« Riccardo nahm einen Schluck. »Morten Kröner.«

»Wissen Sie auch, wo er wohnt?«

»In Lichtenhagen-Dorf. Oder war es Elmenhorst? Seine Eltern haben dort irgendwo ein Grundstück.«

»Er lebt noch bei seinen Eltern?«

»Glaub schon.« Riccardo leerte das Glas und füllte es erneut.

Vor Uplegger stand ein geflochtener Korb mit ein paar Briefen sowie einem Autoschlüssel. Das zuoberst liegende Kuvert stammte von einer Haus & Grund Gebäudeversicherungs-AG mit Sitz in Hannover. Uplegger tippte mit dem Zeigefinger darauf und fragte: »Bezahlt die Versicherung Ihnen die Vandalismusschäden am *Al Faro*?«

Riccardo hob die Brauen. »Sie wissen davon?«

»Ihr Vater hat Anzeige erstattet.«

»Natürlich. Nein, die Versicherung zahlt nicht mehr. Sie haben gekündigt. Nach dem dritten Mal dürfen sie das.« Der junge Mann schlug voll Wut mit der flachen Hand auf den Tisch, sodass Barbara vor Schreck zusammenfuhr. »Jetzt stehen wir auf einer schwarzen Liste. Mein Vater sucht eine neue Versicherung, aber entweder lehnt man ab oder verlangt den vier-, fünf-, ja zehnfachen Beitrag. Das sind doch alles Betrüger!«

»Sie sprechen sehr gut Deutsch«, bemerkte Barbara.

»Ich bin seit meinem dreizehnten Lebensjahr in Deutschland und bin hier noch vier Jahre zur Schule gegangen. Deutsch kann ich jetzt fast besser als Lettisch.« Er erhob sich, ging zur Tür. »Ich guck mal nach Mutter.«

»Einen Moment noch, bitte! Wissen Sie, wer Andriejus das Lexotanil verordnet hat?«

»Ein Doktor im Ärztehaus Paulstraße. Irgendwas mit Zimmer. Zimmermann oder so.«

Kaum war er draußen und hatte die Tür geschlossen, als Barbara nach dem Korb langte und die Post durchsah. Das war nicht korrekt, und Uplegger bedachte sie mit einem bösen Blick. Barbara zuckte mit den Schultern.

»Alles geschäftlich, wie es aussieht«, sagte sie und hob den Autoschlüssel in die Höhe. Der schwarze Anhänger enthielt als silberfarbene Applikation das Zeichen von VW.

Lukrecija Medanauskas hatte sich etwas beruhigt; ihr ging es, wie man bei Schwerverletzten und Todkranken gern sagte, den Umständen entsprechend gut. Die klare Flüssigkeit hatte sie immer noch nicht angerührt, und mittlerweile saß sie sehr aufrecht auf der Couch, jedenfalls soweit die weichen Polster das zuließen.

Barbara und Uplegger nahmen ihre alten Plätze in den Sesseln ein, Medanauskas setzte sich neben seine Frau, während sich Celerina und Riccardo zum Esstisch begaben.

»Können wir beginnen?«, fragte Barbara mit sanfter Stimme. Herr und Frau Medanauskas nickten unisono.

»Ihr Sohn Andriejus arbeitete bei … Moment …«

»*Golden World Caviar Production*«, kam es wie aus der Pistole geschossen von Riccardo.

»Danke.« Barbara blickte zu dem jungen Mann, der nach wie vor vollkommen gefasst wirkte. »Was machte er dort?«

»Er war Produktionsleiter«, antwortete die Mutter, nicht ohne Stolz.

»Das heißt, er verstand etwas von Fischzucht?«

»Wenn Sie sein Zimmer sehen würden …«, sagte Medanauskas senior, »… er hat sich schon als Kind sehr für Fische und für – wie heißt das? Ja, für Aquaristik interessiert. Zum Schulabschluss bekam er sein achtes Aquarium.« Ein trauriges Lächeln huschte über sein Gesicht. »Jetzt hat er noch fünf. Ja … fünf.« Er beschwor diese Zahl so, als wäre sie magisch.

»Hat er studiert?«, wollte Uplegger wissen.

Der Vater nickte.

»Fischereibiologie«, sagte die Mutter.

»Gut.« Barbara öffnete ihre Handtasche und nahm einen Schreibblock heraus. »Rekapitulieren wir. Er fuhr jeden Tag zur Arbeit, nehme ich an. Wann verließ er gewöhnlich das Haus?«

»Um sechs«, sagte der Vater.

»Er nahm seinen Wagen … was für ein Modell?«

»VW Passat«, sagte Riccardo.

»Farbe?«

»Rot.«

»Kennzeichen?«

»HRO WY 17-03.«

»Danke.« Barbara notierte. »Kennen Sie alle Kennzeichen der Fahrzeuge Ihrer Familie?«

»Natürlich.«

»Toll. Ich kenne nicht mal mein eigenes. Andriejus benutzte also sein Auto, um zum Bahnhof Warnemünde zu gelangen. In Warnemünde nahm er die S-Bahn nach Güstrow. Ich finde, Ihr Sohn hat sich sehr gut verhalten, denn er stand ja unter Medikamenten.«

»Er wollte nicht gefährden andere Menschen«, sagte die Mutter.

»Wollte nicht Autobahn fahren. Nur bis Warnemünde, hat er gesagt, ist nicht so weit.«

»Warum nahm er das Lexotanil?«

»Ja …« Frau Medanauskas schaute ihren Mann an.

»Zuviel Stress«, sagte Riccardo.

»Auf der Störfarm?«

»Produktionsleiter ist ein harter Job.«

»Aha.« Barbara nickte vor sich hin. »Ich kann mir vorstellen, dass jemand, der Fischereibiologie studiert hat … Ich meine, kann der nicht mehr, als auf einer Störfarm zu arbeiten?«

»Er war froh, dass er überhaupt dieses Arbeit … diese Arbeit hatte«, sagte die Mutter. »Ist schwer mit Arbeit hier.«

»Nach Studium er war arbeitslos«, ergänzte ihr Mann. »Wollte unbedingt bei diesem Institut … Riccardo?«

»Institut für Ostseeforschung.«

»Ja. In Warnemünde. Das wäre schön gewesen für ihn. Forschungsreisen auf der Ostsee. Aber hat nicht geklappt. Gutes Studium, ja? Aber kein Job.«

»Verstehe«, sagte Barbara.

»Er hat sich dann also in Güstrow beworben?«, erkundigte sich Uplegger.

Perviltas Medanauskas schüttelte den Kopf.

»Er hat gekriegt Job so. Durch Angebot. Der Chef, Herr Rauch, war in *Al Faro*. Ein paar Mal, er mochte das. Gute Küche. Schöne At… Wie sagt man das?«

»Atmosphäre, Papa«, half Celerina.

»Ja. Kam allein oder mit Geschäftsfreunde. Wir haben gesprochen. So das und das. Ich habe erzählt von Sohn, er gesagt: Was? Andrea versteht was von Fische? Kann er anfangen bei mir.«

»Das ist ja interessant«, bemerkte Barbara. »Dieser Herr Rauch hat ihm den Job also angeboten? Dann muss Andriejus ihm doch dankbar gewesen sein?«

»War sehr dankbar«, bestätigte der Vater.

»Wissen Sie, dass Ihr Sohn arbeitsrechtliche Schritte gegen den Geschäftsführer der Störfarm eingeleitet hat? Mit Hilfe der Gewerkschaft?«

»Wir wissen«, sagte Medanauskas. »Und wir haben nie verstanden.«

Das Mansardenzimmer mit der Fahne im Fenster gehörte dem Toten. Die fünf Aquarien erklärten den grünlichen Lichtschimmer, den man von der Straße hatte sehen können. Barbara hatte gebeten, einen Blick hineinwerfen zu dürfen. Unten telefonierte Uplegger mit der Spusi. Für die Eltern würde es einen neuerlichen Schock bedeuten, wenn Männer und Frauen in weißen Overalls das Zimmer ihres Sohnes durchstöberten und alles abtransportierten, was von Bedeutung sein konnte, aber das war nicht zu ändern.

Barbara blieb im Türrahmen stehen, um sich einen ersten Eindruck zu verschaffen. Sie konnte vielleicht gerade einmal eine Scholle von einer Makrele unterscheiden, aber der Faszination der künstlichen Unterwasserwelt mit den gemächlich durchs Wasser gleitenden oder gelegentlich hektisch hin und her schwirrenden Tieren konnte sie sich nicht entziehen. Aquaristik, dachte sie, ist ein wunderbares Hobby, das zweifellos auch ihrem Kater gefallen würde.

Andriejus' Zimmer war nicht sehr groß und fast quadratisch. Barbara nahm den Anblick auf kriminalistische Weise, also im Uhrzeigersinn, in sich auf. Links von der Tür befand sich ein kleiner Schreibtisch mit Drehstuhl, darauf ein Flachbildschirm mit Tastatur und optischer Mouse, unter dem Tisch ein PC. Papiere und Bücherstapel bedeckten die Tischplatte, außerdem gab es an die Wand gereihte Aktenordner, eine Federschale mit Kugelschreibern und Bleistiften sowie einen Locher. Über dem Schreibtisch hing ein Regal mit drei Reihen von Büchern, an die insgesamt vier Ansichtskarten gelehnt waren.

Ebenfalls links, aber näher zum Fenster stand eine Couch mit Bettkasten, auf der eine rote Acryldecke lag, während Andriejus das Bettzeug vermutlich im Kasten verstaut hatte. Eine rote Schlummerrolle und ein beiges Kissen mit einer Abbildung des Warnemünder Leuchtturms vervollständigten das Bild. Auf dem Kissen hockte ein Teddy, dessen Fell abgerieben war, wohl eine Folge kindlicher Liebe.

Über der Couch hing ein Plakat. Es war ziemlich groß und zeigte die Mannschaft des *FC Hansa*, die mit einer Mischung aus Scheu und Selbstbewusstsein in die Kamera geschaut hatte. Wir kommen wieder, stand fast wie eine Drohung über den Köpfen. Andriejus war Fußballfan gewesen, und sein Herz hatte für den Verein geschlagen, dessen Schicksal jeden anständigen Rostocker, ja jeden Mecklenburger bewegte – nur Barbara nicht. Das Einzige, was sie am Fußball interessierte, waren die Männer, und die meisten davon fand sie hässlich.

Ein weiteres Regal unter dem Fenster war ebenfalls mit Büchern gefüllt sowie mit Dingen, die wie Andenken aussahen, Souvenirs von Reisen und vom Leben: zwei Fernsehtürme aus Plastik, von denen Barbara nur den Berliner erkannte, ein Elch, eine kleine Sammlung von Matchbox-Autos, ein Bierhumpen mit Deckel, zwei Plastikfische, eine Puppe in Gestalt eines Clowns, Streichholzschachteln, Flintsteine und große Muscheln sowie die gerahmte Fotografie eines Mädchens oder einer jungen Frau; von der Tür aus ließ sich das nicht genau erkennen. Das Glas vor dem Foto hatte einen Sprung, der fast diagonal verlief.

An der rechten Wand stand ein Kleiderschrank, auf dem die Verpackung des PCs verstaut worden war, und daneben noch ein Regal, das ungefähr die Höhe des Schrankes hatte. Es war mit Büchern vollgestopft, die untere Reihe wurde von Ordnern eingenommen: Andriejus war zweifellos ein Bücherwurm gewesen, aber auch ein penibler Mensch, der gern etwas abheftete.

Auf dem grauen Teppichboden vor dem Regal lagen ein paar Zeitungen, Illustrierte und Fachzeitschriften sowie eine Schere. Unter einer aufgeschlagenen Zeitung lugte ein Laptop hervor.

Barbara streckte den Kopf weit vor, um die Wand sehen zu können, die sich unmittelbar rechts von ihr befand. Diese Wand war leer, kein Bild, kein Plakat, nichts. Vor ihr stand ein geflochtener Wäschekorb, aus dem es nach verschwitzter Wäsche roch. Auf dem Korb lagen ein Paar Turnschuhe, die ebenfalls einen gewissen Geruch verbreiteten, sowie ein elektronisches Pulsmessgerät, das man am Handgelenk befestigte.

Das geheimnislose Zimmer eines gewöhnlichen Menschen – Barbara wusste, dass es solche Zimmer nicht gab. Gewöhnliche Menschen existierten wohl, jedoch keine Menschen ohne Geheimnisse.

Eine Minute nach sieben traf die Spurensicherung ein.

II Acryl

Die Ostsee war außer Rand und Band. Barbara und Uplegger standen vor dem *Al Faro* am Fuße des Leuchtturms und konnten die Brecher am nahegelegenen Strand und an der Mole hören. Die Luft war feucht und voll winziger salziger Tröpfchen, auch schneite es wieder. Barbara hielt sich den Mantelkragen zu.

»Das Überbringen von Todesbotschaften kann ich immer weniger verknusen«, sagte sie. »Das wird keine Routine. Wie schaffen das bloß die Ärzte und Pfaffen?«

»Für die ist es alltäglicher.« Uplegger betrachtete das Schild über dem Restaurant, das sich in einem alten Haus von Hand tuchbreite eingezwängt zwischen einem Kartoffelhaus und einer Bodega befand. *Ristorante Al Faro* stand dort in einer altertümlichen Schrift. Ein weiteres, lotrecht zur Fassade angebrachtes Schild wies darauf hin, dass hier *Rostocker* das Hausbier war. »Es wird nun mal weit häufiger auf natürliche Weise gestorben als durch Mord.«

»Man braucht aber auch ein dickes Fell.« Barbara klopfte Schneeflocken von ihrem Mantel. »Mag sein, dass der Glaube hilft. Wer überzeugt ist, dass nach dem Tod das eigentliche Leben winkt, der kann immer behaupten, der Verstorbene habe sich verbessert.«

Upleggers Entgegnung war kaum zu verstehen: »Ich hoffe, dass der Glaube auch meiner Frau während ihrer letzten Sekunden geholfen hat.«

Barbara nickte. Gern hätte sie ihrem Kollegen eine Hand auf die Schulter gelegt, aber das wagte sie nicht.

»Dass die Familie so gar keine Ahnung hat, wer ihnen die Scheiben eingeschmissen haben könnte, will mir nicht in den Sinn.« Die Spuren der Attacken waren nicht mehr sichtbar. Perviltas Medanauskas hatte die Scheiben und auch das Ladenschild in Ordnung bringen lassen.

»In Evershagen hat doch mal jemand auf die Straßenbahn geschossen, wissen Sie noch? Ebenfalls mit Diabolos. Auch Busse sind ein beliebtes Ziel für Steinwürfe oder Schüsse. Meistens ist Langeweile das Motiv. Oder die Fahrpreise. Oder sie haben schlicht und einfach ein Rad ab.«

»Na Sie sind ja süß!« Barbara musste lachen. »Klar, es könnte das sein, was man gern sinnlosen Vandalismus nennt, wobei ich mich immer frage, was denn sinnvoller Vandalismus ist. Oder Rache?«

»Rache? Wofür?«

Barbara hob die Schultern und trat näher an die Fenster. Vergeblich versuchte sie, einen Blick in das dunkle Lokal zu werfen.

»Sie betreiben zwei Restaurants, Jonas«, sagte sie nach einer Weile, »und die Mutter hat eine Boutique am Alten Strom. Offenbar sind das alles wahre Goldgruben, denn sie haben im Stolteraer Weg ein Haus, das fast so groß wie ein Palast ist, und das Haus Am Markt 18 gehört ihnen ebenfalls. Wer so viel Geld hat, ruft unweigerlich Neider auf den Plan. Inhaber von Kartoffelhäusern oder Bodegas beispielsweise ...«

»Okay!« Uplegger scharrte mit dem Schuh ein abstraktes Muster in den Schnee. »Scheiben einwerfen – ja! Aber ein Mord am Sohn?«

»Daran habe ich eben gar nicht gedacht. Aber wer weiß?«

»Es könnte sein, dass die Familie bei diesen Investitionen eher Schulden hat als etwas auf der hohen Kante«, gab Uplegger zu bedenken.

»Ja, das müssen wir überprüfen.« In Barbaras Handtasche meldete sich das Handy. Nach einem kurzen Telefonat sagte sie: »Ein Spusi-Team hat auf dem Parkplatz am Bahnhof Andriejus' Wagen gefunden. Gehen wir zu Fuß?«

Der Alte Strom lag zu dieser Stunde ebenso verlassen da wie der Platz unterhalb des Leuchtturmes, und auch hier war die dünne Schneedecke noch unberührt. Winterfest gemachte Ausflugsdampfer, Fischkutter und ein Seenotrettungskreuzer dümpelten am Kai vor sich hin. Auf den Relings der Schiffe, auf den Befestigungspfählen und Zäunen hockten Möwen und sogar Kormorane, die im Schlaf gestört, die beiden Kommissare anblinzelten. Die Möwen waren notorische Straftäter, die den Touristen die Fischbrötchen stahlen, weshalb es seit einigen Jahren verboten war, sie zu füttern. Die Möwen lachten darüber, die Lachmöwen jedenfalls, und stolzierten nach wie vor wie Nutten auf ihren hochhackigen Schuhen über Straßen und Strand, Ausschau haltend nach Fischbrötchen verzehrenden Touristen.

Zwischen einem Eiscafé und einer bereits hell erleuchteten Bäckerei entdeckte Barbara die Boutique *La Moda* von Lukrecija Medanauskas. Deren Schaufenster wurden von herabgedimmten Strahlern erhellt. »La Moda«, sagte Barbara zu Uplegger, »das ist sicher auch italienisch. Nein, sagen Sie nichts – das heißt bestimmt *Die Mode*.«

»Bingo!«

Tatsächlich war *La Moda* jedoch kein reines Modegeschäft, sondern es wurde auch der übliche touristische Schnickschnack offeriert, Plastikleuchttürme, aus Muscheln gefertigte Reliefs vom Leuchtturm und dem Restaurant *Teepott*, Buddelschiffe, Postkarten, Kugelschreiber mit dem Leuchtturm, Schlüsselanhänger, auch mit dem Leuchtturm …

Plötzlich schoss Barbara ein Gedanke durch den Kopf: »Andriejus hatte den Ersatzschlüssel seines Wagens in diesem Flechtkorb in der Küche deponiert.«

»Weil nur er einen VW fährt, meinen Sie?«

»Ja.«

»Und was ist daran ungewöhnlich?«

»Nichts. Ist bloß eine Feststellung.« Barbaras Aufmerksamkeit wurde von einer Damenhandtasche gefesselt, die aus einem Krokodillederimitat hergestellt worden war, einen goldfarbenen Verschluss aufwies und auch über die Schulter gehängt werden konnte, wie sie es liebte. Nicht dass ihre zehn Jahre alte Handtasche es nicht noch ein weiteres Jahrzehnt machen würde – Barbara pflegte Kleider und Accessoires erst dann auszurangieren, wenn sie in Auflösung übergingen. Aber chic war diese Tasche schon, allerdings über hundert Euro chic.

»Das sind ja Preise!« Sie schüttelte den Kopf. »Ich wusste gar nicht, dass auch Letten vom Italienvirus befallen sind.«

»Na ja, sie betreiben immerhin zwei italienische Restaurants.«

»Glauben Sie denn, die sturen Mecklenburger würden in lettische Lokale gehen? Wat de Buer nich kennt, dat frett hei nich.

Während man irgendwas Italienisches mittlerweile in jedem Supermarkt hinterhergeworfen bekommt – daran konnte der Bauer sich 20 Jahre lang gewöhnen. In meinem gibt's sogar ein Antipasti-Regal.« Barbara betrachtete noch einmal die Tasche und verwarf sie als zu mondän.

»Da wir grade bei Italien sind …«

»Schon wieder.«

»Da wir schon wieder bei Italien sind: Mir ist noch eine berühmte Lucrezia eingefallen. Lucrezia Borgia, die Giftmischerin.«

»Mein lieber Kollege Uplegger!« Barbara machte sich ein paar Zentimeter größer. »Das ist wieder eines von diesen typisch männlichen Klischees. Lucrezia Borgia hat nie – ich betone: nie – auch nur einen einzigen Giftmord begangen.«

»Schreibt das die Ostsee-Zeitung?« Uplegger unterdrückte ein Schmunzeln. Barbara würdigte ihn keiner Antwort. Schon als Schülerin hatte sie sich für Geschichte interessiert und fast wahllos alles gelesen, was mit der Vergangenheit zu tun hatte. Mittlerweile beschränkte sie sich auf die Lektüre von Biografien, und hier wiederum galt ihr Interesse den Biografien unglücklicher Frauen.

Schweigend setzten sie ihren Weg fort. Sie überquerten die Brücke über den Strom, von deren Balustrade Möwen kreischend davonflogen. In den Bahnhof Warnemünde rollte gerade ein Zug aus drei roten Doppelstockwagen ein. Barbara kniff die Augen zusammen, um die Leuchtanzeige am Steuerwagen erkennen zu können; schon seit langem befürchtete sie, eine Brille zu benötigen, aber sie zögerte den Besuch beim Augenarzt immer wieder hinaus.

Bei dem Zug handelte es sich um die S 3, eine frühe Stadtbahn aus Güstrow, vielleicht sogar die erste des Tages.

Nach Andriejus' Passat mussten Uplegger und Barbara nicht lange suchen. Er fiel auf dem Parkplatz Mittelmole nicht weit von der Einfahrt entfernt sofort ins Auge, weil zwei Männer von der Spurensicherung an ihm arbeiteten. Sie trugen keine Overalls, sondern nur Gummihandschuhe, weil es sich um eine erste Inaugenscheinnahme handelte; das Auto würde in der Werkstatt der Spusi gründlich untersucht werden. Der Abschleppwagen war bereits da.

Alle Türen standen offen, auch der Kofferraum war geöffnet. Mit routinierten Bewegungen und ebensolchem Blick durchforsteten die Kriminaltechniker den Passat. Sie betasteten den Boden, hoben die Fußmatten an, schauten in den Aschenbecher und das Handschuhfach. Als sie die Neuankömmlinge bemerkten, nickten sie. Einer der beiden steckte den Kopf sofort wieder auf der Fahrerseite in den Innenraum, der andere kam auf sie zu.

»Moin, moin!«, sagte er. »Wenn wir uns nicht täuschen, haben wir hier eine BTM-Sache.«

Barbara zog die Brauen hoch, Uplegger fragte: »Also habt ihr Drogen entdeckt?«

»Nichts Weltbewegendes. Ein paar zerkleinerte Blätter und Stängel auf der rechten Fußmatte vorn, dort, wo der Beifahrer sitzt. Oder eine Beifahrerin.« Der Kriminaltechniker nickte in Barbaras Richtung. »Der Fahrzeughalter war ja ein junger Mann, der wird schon das eine oder andere Mädel mitgenommen haben. Vielleicht das aus dem Handschuhfach.«

»Muss ja ein sehr kleines Mädel sein«, erwiderte Barbara.

»Wir haben da eine Adresse gefunden.« Der Techniker fuhr mit der Hand in seine Manteltasche und reichte Barbara einen gefalzten Zettel. »Wie gesagt, ist nicht viel, sieht mir aber nach

Marihuana aus. Ich hab es dokumentiert und dann ein bisschen was mit der Pinzette abgehoben. Und nicht nur mit der Lupe angeschaut. Ehrlich gesagt, hab ich dran gerochen. Also ich bin sicher ...«

»Ganz sicher?«

»Achtzig, neunzig Prozent. Bin ja kein Drogenspürhund.«

»Dann hieß eine der Beifahrerinnen also vermutlich K. Nabis.« Barbara faltete den Zettel auf. »Und im Handschuhfach reiste Claudia.« Sie gab das Blatt weiter an Uplegger. *Claudia umgez. Barnsdorferweg 12*, las er, was nicht ganz korrekt geschrieben war, aber selbst mancher Einheimische mochte diesen Fehler machen. Uplegger rief bei Medanauskas an. Der Kriminaltechniker ging zurück zum Passat.

Das Telefonat war kurz. Nachdem Uplegger das Handy wieder eingesteckt hatte, schaute Barbara ihn erwartungsvoll an. Und er sie – aber es kam nicht, womit er gerechnet hatte.

»Und?«, fragte Barbara.

»Das ist eine schwer zu beantwortende Frage ...«

»Mein Gott, seit wann kacken Sie denn Krümel? Das ist meine Aufgabe.«

»Die Sie gerade vernachlässigt haben. Barnstorf schreibt man ...«

»Mit T. Und Barnstorfer Weg getrennt. Zufrieden?«

»Sehr.« Uplegger griente. »Also, Andriejus hatte seit Jahren eine Freundin – Lebensgefährtin, Lebensabschnittsbegleiterin oder wie man sonst sagen mag. Claudia Brinkmann, nach Einschätzung seines Vaters eine sehr nette junge Frau. Sie ist Deutsch- und Englischlehrerin an der Borwinschule.«

»Puh!« Barbara schüttelte sich demonstrativ. »Uns bleibt nichts erspart. Erst ein Diplom-Sozialpädagoge, nun noch eine Pädagogin ohne etwas davor. Was soll's. Gehen wir zurück zum Wagen. Oder wie sagt man: Andiamo?«

»Sì«, erwiderte Uplegger. »Andiamo – è corretto.«

Am Alten Strom herrschte nun etwas mehr Betrieb. Ein älteres Ehepaar, vielleicht Winterurlauber, absolvierte untergehakt einen Morgenspaziergang. Ein Mann mit Aktentasche war so eilig unterwegs, wie es bei Männern mit Aktentaschen häufig der Fall war, zwei Schulbuben, erkennbar an ihren Ranzen, trödelten an den Schaufenstern vorbei, ein Herr in verbeultem Trainingsanzug fegte Schnee. In der Bäckerei unterhielt sich die Verkäuferin mit einer Kundin, während eine zweite Frau den Laden gerade betrat. Warnemünde war erwacht.

»Sieht so aus, als hätte das Lexotanil Andriejus nicht gereicht«, sagte Uplegger. »Manchmal musste es wohl auch zusätzlich noch ein Joint sein.«

»Wenn das Zeug nur dem Eigenbedarf gedient hat. Vielleicht hat unser Gerechtigkeitsapostel auch gedealt.«

»Und ist jemandem ins Gehege gekommen?«

»Möglich wäre das. Aber wir spekulieren. Fahren wir lieber in unser lauwarmes Büro und schauen, welche Überraschungen uns dort erwarten.«

Und dann reichte doch der Gang zum Leuchtturm schon aus, um abermals überrascht zu werden: Im *Al Faro* brannte Licht.

Er hatte Angst. Angst, die ihn kaum atmen ließ. Angst, die ihm die Kehle und den Brustkorb zuschnürte. Todesangst. Was er gesehen hatte, hätte er besser nie gesehen.

Seit Stunden hetzte er in seinem Schlafzimmer auf und ab. Manchmal öffnete er das Fenster, schaute hinaus und schloss es wieder. Zuerst hatte er dabei nichts gesehen außer den nächtlichen Silhouetten der Bäume. Dann war hinter einigen Fenstern des Nachbarhauses Licht angegangen, zuerst in der Küche, dann im Bad, schließlich im Esszimmer. Die Helligkeit am Himmel hatte zugenommen, die Nachbarin war zu ihrem Wagen gegangen, begleitet von ihrer kleinen Tochter. Er hatte nicht zurückgegrüßt, sondern sich schnell zurückgezogen.

Allmählich kehrte die Erinnerung zurück. Zuerst war da ein Wort gewesen, nach dem er fast verzweifelt gesucht hatte, in seinem von Kopfschmerz vernebelten Gehirn. Das Wort für Gedächtnisverlust. Amnesie.

Kaum gefunden, war das Wort durch seinen Kopf gekreist, immer schneller und schneller, so als handle es sich um etwas Magisches, mit dem man die Erinnerung beschwören konnte. Nach langer Zeit – nach Stunden? – hatte es ihn verlassen, doch das war kein Grund zum Aufatmen gewesen, denn es war durch die dünne Wand gekrochen und von den Stimmen aufgenommen worden, die es nun brüllten, sich die Mäuler über das Wort zerrissen, darüber lachten und es manchmal sogar sangen, nur um sich über ihn lustig zu machen: »Amnesie, Amnesie, er hat sie, er hat sie!«

Der Mann ballte die Hände zu Fäusten. Er musste die Erinnerungen festhalten. Nach Güstrow war er nicht aus freien Stücken gefahren, man hatte ihn geschickt. Mit einem Auftrag. Wegen seines Auftrages. Er hatte dort … Was? Was hatte er? Dort? Was denn nur?

»Amnesie, Amnesie, er hat sie, er hat sie!«

»Lasst mich in Ruhe!«, rief er und schlug gegen die Wand.

Der Mann riss das Fenster auf, knallte es zu, riss es auf, knallte es zu …

Er war so verzweifelt. Er hatte solche Angst. Er musste etwas tun.

Am liebsten würde er die Einrichtung seiner Wohnung zerschlagen, Stück für Stück. Aber das konnte er nicht.

Er hatte es schon getan.

Im *Al Faro* war die Tresenbeleuchtung eingeschaltet, sodass man durch die Fenster den schmalen, schlauchartigen Gastraum sehen konnte, der acht Tischen Platz bot. Mit einem Wandgemälde, das den Blick von einer Terrasse auf das weite blaue Meer darstellte, mit antiken Säulchen, Skulpturen und Putti aus Gips war ein quasi germanisiertes italienisches Ambiente geschaffen worden. Auf den Tischen standen neben Blumengestecken silberfarbene Menagerien, die jeweils eine kleine Trikolore in den Farben Italiens schmückte. Wer immer Licht gemacht hatte, zu sehen war er nicht. Barbara stellte sich auf die Zehenspitzen, entdeckte aber nur einige Papiere auf dem Tresen sowie gleich zwei Autoschlüssel.

Uplegger hatte sich zur Tür begeben. Da sie verschlossen war, klopfte er ein paar Mal, und schließlich erschien aus einem Nebenraum, vielleicht der Küche oder dem Lager, Riccardo. Er trug nun Jeans und Turnschuhe sowie ein Kapuzenshirt, auf dem unter dem Schriftzug *Firenze* die beiden Engel von Raphaels Sixtinischer Madonna abgebildet waren. Riccardo sah in dieser Kluft aus wie ein Halbwüchsiger, und Barbara verbot sich, ihn hübsch zu finden.

Er schloss die Tür auf und ließ die beiden Kriminalisten ein, wenngleich ihr Besuch ihn nicht zu freuen schien. Vom Tresen drang das Gurgeln einer Kaffeemaschine. Riccardo deutete auf einen der Tische.

»Kaffee?«, fragte er knapp. Barbara bejahte. Mit schnellen, federnden Schritten begab sich der junge Mann an die Theke, nahm die Papiere und steckte die Autoschlüssel in die Tasche.

»Sie öffnen doch erst am Abend?«, sagte Uplegger.

»18 Uhr.« Riccardo umrundete den Tresen und nahm drei Kaffeetassen aus einem Klappschrank. »Sie haben vermutlich falsche Vorstellungen von der Arbeit eines Gastronomen. Wir haben zwar um elf Küchenschluss, aber ansonsten Open End. Gestern habe ich schon um zwölf zugemacht – es ist Winter, verstehen Sie? Aber dann kann ich noch lange nicht gehen; es muss abgewaschen, gespült und poliert werden, gefegt und gewischt, na, und die Abrechnung. Halb zwei hab ich abgeschlossen.« Er gähnte und füllte die Tassen.

»Haben Sie kein Personal?«, erkundigte sich Barbara.

»Doch. Pauschalkräfte. Gestern waren zwei da, eine Studentin und ein arbeitsloser Knabe, der manchmal modelt und manchmal kellnert.«

»Also gutaussehend.«

»Sie können keinen Quasimodo auf die Gäste losschicken.« Riccardo stellte die Tassen auf ein Tablett. »Man darf die Pauschalkräfte nicht aus den Augen lassen. Auf der Mittelmole gab es mal einen Pub, der brummte ziemlich, aber wenn der Betrieb abends so richtig losging, ist der Inhaber zu seiner Familie gefahren. Der war schneller pleite, als man gucken kann.« Er öffnete einen Kühlschrank, nahm ein Sahnekännchen heraus, platzierte es ebenfalls auf dem Tablett und kam dann zu Barbara und Uplegger an den Tisch.

»Und jetzt sind Sie schon wieder hier«, bemerkte Uplegger.

Riccardo verteilte die Tassen. »Ich erwarte um neun eine Lieferung. Fisch. Kommt aus Hamburg.«

»Aber Sie haben Fischer direkt vor der Nase ...«

»Die Fangsaison ist vorbei. Außerdem passt Ostseehering nicht unbedingt zur italienischen Küche.« Ein flüchtiges Lächeln huschte über sein Gesicht, und er setzte sich. »Wir bieten nur Edelfisch an, meistens aus der Mittelmeerregion.«

»Leiten Sie das Restaurant?«

»Nein, der Chef ist Papa. Er sagt immer, ich sei sein Teilhaber, aber eigentlich bin ich nur ein besserer Angestellter.« Riccardo hatte ein Pokerface aufgesetzt, sodass nicht zu erkennen war, wie er mit seiner Rolle zurechtkam. »Papa kocht und schnauzt die Leute an, ich stehe hinterm Tresen und mache vor allem das Finanzielle. Auch fürs *Piano nobile*. Papa nennt mich den Finanzminister der Familie.« Darauf schien er nun doch stolz zu sein.

»Haben Sie etwas in dieser Richtung studiert?«

»Drei Semester Betriebswirtschaft. Das ging aber nicht zusammen, Studium und Arbeit. Außerdem sind Papas Erfahrungen in der Gastronomie mehr wert als alle Wirtschaftslehren zusammen.«

»Wo hat er diese Erfahrungen denn gesammelt?«

»Zuerst in Riga, dann in Rom, Florenz und Neapel. Nach Neapel hat er uns nachgeholt, also die ganze Familie. Mann, was für eine Wahnsinnsstadt! Kaputt, dreckig, übervölkert ... aber total lebendig. Daneben ist Rostock tot.«

»Sie müssen damals noch sehr klein gewesen sein«, sagte Barbara.

»Ich war ein Baby. Ich bin sogar in Neapel getauft worden, was gar nicht so einfach war, weil wir Protestanten sind. Mein Vater wollte, dass ich Gennaro heiße, nach dem dortigen Stadtheiligen. Das wollte meine Mutter aber nicht. Mit einem italienischen Namen war sie ja einverstanden, aber Gennaro war ihr zu katholisch, also haben sie sich auf Riccardo geeinigt.« Seine Züge wurden weich, fast zärtlich. »Tja, ich bin der Einzige von uns mit einem originalen Spaghettinamen. In der Schule habe ich dafür sogar aufs Maul gekriegt. Irgendein Arsch dachte nämlich, ich bin wirklich Italiener. Wenn er gewusst hätte, dass ich Lette bin …«

»Hätten Sie auch aufs Maul gekriegt?«

»Die doppelte Ladung, nehme ich an.«

»Celerina ist kein italienischer Name?«, fragte Uplegger.

»Vielleicht auch. Aber er ist lettisch … Jedenfalls gibt es ihn auch in Lettland. Celerina, Celerinas, Celesta, Celestas, Celestina, Celestinas – mag sein, dass diese Namen italienischen Ursprungs sind. Keine Ahnung! Aber jetzt möchte ich einmal etwas fragen.«

»Bitte.«

»Sind Sie aus einem bestimmten Grund hier?«

»Mehrere Gründe«, sagte Uplegger. »Zuvor aber noch eine Frage zu den Restaurants. Ich nehme an, das *Piano nobile* leitet ihr Bruder Manfredas?«

»Ja. Er hat eine Fachschule für Hotel- und Gaststättengewerbe besucht. So heißt das in Deutschland: Hotel- und Gaststättengewerbe. Manchmal kann man nur den Kopf schütteln über die deutsche Sprache. Wie finden Sie zum Beispiel das Wort Nichtveranlagungsbescheinigung?«

Barbara reagierte schnell: »Ungefähr so bescheuert wie Betäubungsmittel-Verschreibungsverordnung.«

»Was?« Riccardo kniff die Augen zusammen.

»Betäubungsmittel-Verschreibungsverordnung. Die BTMVV regelt die Verschreibung, die Abgabe und den Nachweis des Verbleibs von Betäubungsmitteln. Ich weiß nicht, ob Lexotanil dazugehört, aber ich weiß, dass Marihuana nicht erfasst wird, weil es weder verschrieben noch in Apotheken abgegeben werden kann.«

»Marihuana?« Der junge Mann schaute sie an, als habe sie von einer Mondreise berichtet.

»Kennen Sie nicht?«

»Klar kenne ich es.«

»Schon mal probiert?«

»Ich bin 23.«

»Verstehe. Wo sind Sie an den Stoff geraten?«

»Na, in der Disko natürlich. Da kreist doch immer mal eine Tüte. Marihuana, Cannabis … gibt es überall.«

»Überall? Bei der Polizei vielleicht nicht unbedingt.« Barbara lächelte nun ihrerseits. »Welche Diskos?«

»Aber das weiß ich doch jetzt nicht mehr!«

»Wieso jetzt nicht mehr? Sie sind immer noch 23.«

Riccardo seufzte. »In den Klubs, wo man eben so hingeht, wenn man jung ist, mit Kumpels abhängen oder tanzen möchte, oder ein Mädchen kennenlernen … *Speicher, MAU, LT, Meli* … Da wird überall gekifft. Das ist normal!«

»Und illegal«, ergänzte Uplegger.

»Bei Eigenbedarf nicht.«

Er kennt sich aus, dachte Barbara und fragte: »Gibt es dort, wo man hingeht, auch andere Drogen?«

»Alk.«

»Nicht mal 'ne schnelle Line Koks auf dem Klo?«

»Kann schon sein. Ich weiß es nicht. So etwas nehme ich nicht.« Das klang sehr überzeugt und überzeugend, und Barbara ließ es vorerst damit bewenden. Mit einem Blick warf sie

Uplegger den Ball zu, der wie aus der Pistole geschossen sagte: »Wir haben Spuren von Marihuana im Wagen Ihres Bruders gefunden.«

Riccardo schnellte zurück, presste den Rücken an die Stuhllehne. »Quatsch!«

»Wenn wir es sagen, wird es kaum Quatsch sein. Hat Andriejus konsumiert?«

»Kann ich mir nicht vorstellen. Und wenn, dann auch nur so wie ich, wenn er mal ausging. Das kam aber selten vor. Er war ein Stubenhocker. Also er ist paar Mal die Woche joggen gegangen und dauernd zu *Hansa*, aber in Klubs? Ich weiß nicht … zwei-, dreimal im Jahr vielleicht.«

»Er musste ja auch keine Mädchen kennenlernen.«

»Sie meinen wegen Claudia?«

Uplegger nickte.

»Ihr Vater sagte mir am Telefon, dass Claudia Brinkmann seine feste Freundin war.«

»Seine Ex.« Riccardo beugte sich wieder vor, nahm einen Löffel und rührte im Kaffee. Er wirkte nun ziemlich angespannt. »Sie sind seit über einem Jahr nicht mehr zusammen.«

»Ach? Und Ihre Eltern wissen nichts davon?«

»Andriejus hat es nicht geschafft, es ihnen zu sagen. Papa und Mama hatten so viele Hoffnungen, sie haben schon Zukunftspläne geschmiedet und was weiß ich. Schon an Hochzeit gedacht und an ein oder mehrere Enkelchen. Andriejus hatte keinen Mut.«

»Das widerspricht aber seinem Kampf im Betrieb.«

»Das ist etwas anderes. Es ist nicht leicht, sich gegen unsere Eltern zu behaupten. Die sind so unglaublich stark, und Andriejus ist es gar nicht. War es …« In Riccardos Augenwinkeln zeigten sich unvermutet Tränen, die Barbaras mütterliche Saite zum Klingen brachten, also wandte sie rasch den Blick ab und betrachtete die Trikolore. Vor dem Lokal hörte man das Geräusch eines vorfahrenden Kleinlasters.

»Da kommt der Fisch«, sagte Riccardo gepresst – und zugleich erleichtert.

»Dann wollen wir Sie nicht von der Arbeit abhalten«, sagte Barbara und schaute ihn wieder an. Die Tränen blieben dort, wo sie waren. »Eines müssen Sie uns aber noch sagen: Wie sind Sie gestern, nein, heute früh nach Hause gekommen?«

»Mit dem Mercedes.«

»Ihr Wagen?«

»Papas.«

»Und der Audi?«

»Gehört Mama. Ich nehme mal den einen, mal den anderen. Im Sommer kaufe ich mir aber einen eigenen.«

»Was haben Sie gedacht, als sie so gegen zwei Uhr daheim ankamen, und Andriejus' Passat war noch nicht da?«

»Was auch Papa und Mama dachten: Er wird bei seinem Freund Morten sein. Da hat er manchmal übernachtet, wenn es spät wurde.«

»Also haben Sie sich keine Sorgen gemacht? Normalerweise ruft man doch an, wenn man über Nacht wegbleibt.«

»Ich habe angenommen, dass er es getan hat. Papa und Mama waren schon im Bett.«

»Okay. Wir danken Ihnen.« Barbara erhob sich, reichte ihm die Hand. Seine Handfläche war feucht. Auch Uplegger verabschiedete sich und fragte, was sie schuldig wären. Als Riccardo den Kopf schüttelte, legte er einen Fünf-Euro-Schein auf den Tisch.

Seite an Seite verließen sie das Lokal. Draußen begegneten sie einem Mann, der mit einem Lieferschein in der Hand das *Al Faro* ansteuerte.

»Er sagt noch Papa und Mama«, stellte Barbara auf dem Weg zum Auto fest. »Und immer zuerst Papa. Mit 23!«

»Wann haben Sie aufgehört, Ihre Eltern so zu nennen?«

»Ich musste damit nicht aufhören«, sagte Barbara und drehte sich noch einmal um. Riccardo half dem Fahrer beim Abladen der Kisten. In ihrer Handtasche klingelte das Handy. Das Gespräch war kurz, ihre Antworten nur ein zustimmendes Hm-hm.

»Der Fürst ruft zur Dienstbesprechung«, erklärte sie und stopfte das Telefon zurück.

»Na dann, fahren wir al principe.«

»So könnten Sie Ihr Restaurant nennen, wenn Sie mal eines aufmachen sollten.«

»Das habe ich nicht vor.«

»Schade.« Barbara öffnete die Beifahrertür. »Ich habe schon auf Rabatt spekuliert.«

Uplegger warf einen Blick in den Rückspiegel. Barbara war ihm dicht auf den Fersen. Träfen sie auf eine Streife der Autobahnpolizei, würde diese ihr signalisieren, umgehend einen ausreichenden Sicherheitsabstand herzustellen; vielleicht würde man sie sogar an einer geeigneten Stelle herauswinken und ihr eine Strafe aufbrummen. Wenn Uplegger scharf bremste, würde sie garantiert auffahren. Das tat er natürlich nicht, aber er feixte innerlich, wenn er sich vorstellte, wie gereizt sie war.

Gemeinsam befanden sie sich nach der fast zweistündigen Beratung beim Chef auf dem Weg, um der Störfabrik *Golden*

World einen Besuch abzustatten. Danach wollten sie sich trennen, denn Uplegger hatte sich strikt geweigert, Penelope Pastor aufzusuchen. Er würde Cindy Blond übernehmen, die gar nicht Cindy hieß.

Uplegger pfiff laut und falsch vor sich hin. Beim Starten des Motors war sofort auch das Radio angegangen, und von den Kollegen, die den Wagen zuvor benutzt hatten, war *Küstenradio MV* eingestellt worden, ein Sender, den Barbara zweifellos Äther Geistfrei oder ähnlich nennen würde. Stündlich liefen dieselben Titel, die man anscheinend en masse zu einer Art Großhandelspreis einkaufte, unterbrochen nur von in hysterischem Ton vorgetragenen Nachrichten und dümmlichem Moderatorengeschwätz. Uplegger störte das nicht. Dem Gerede hörte er nicht zu, manchen Titel pfiff er mit. Er fühlte sich trotz der durchwachten Nacht fit und optimistisch. Das Einzige, was ihm Sorgen bereitete, war Marvin. Er hatte ihn angerufen und informiert, dass es kein gemeinsames Frühstück geben würde, was nichts Neues war. Was mochte sein Sohn bei dem Telefonat empfunden haben? Bedauern oder Erleichterung? Marvin war sehr selbstständig. Zu selbstständig? Barbaras Aufforderung, mit seinem Kind doch einmal über Gefühle zu reden, hatte Uplegger ganz unruhig gemacht.

Bei der Dienstberatung waren erste Ermittlungsergebnisse auf den Tisch gekommen, die Upleggers leisen Optimismus begründeten. Beamte von Bundespolizei und Kripo hatten am frühen Morgen alle Bahnhöfe an der Strecke nach Güstrow aufgesucht und waren durch mehrere S-Bahn-Züge gegangen, um die Reisenden zu befragen. Auf diese Weise war es ihnen gelungen, einige der Personen zu identifizieren, die den 9511 am Abend zuvor benutzt hatten.

Die Namen der drei Jungen, die von Güstrow bis Mistorf gefahren waren, standen zuerst fest: Sie hießen Mike Arndt, Kevin Petermann und Lars Rutkowski und waren 16 und 17 Jahre alt. Arndt und Petermann besuchten das Güstrower John-Brinckman-Gymnasium, Rutkowski war Zimmermannslehrling bei der Firma *Baukontor*. Alle drei hatte Uplegger zu einer Vernehmung vorgeladen.

Kurz hinter Laage hielt es Barbara nicht mehr aus und betätigte die Lichthupe. Uplegger reagierte nicht. Er hatte auf ihren Wunsch hin die Führung übernommen, weil sein Mobiltelefon über GPS verfügte. Wenn ihr sein Fahrstil nicht passte, sollte sie ihre Ablehnung bestimmter technischer Errungenschaften aufgeben. Dann würde er ihr folgen. Damit hatte er keine Probleme. Allerdings würde sie ihn vermutlich so schnell abhängen, dass man bei ihr von Führung nicht würde sprechen können.

Den dritten Zug des Tages hatte dann in Lüssow ein gewisser Martin Lindow bestiegen, ein 46 Jahre alter Mann, der auf der Störfarm arbeitete. Im 9511 hatte er im Unterstock des mittleren Waggons gesessen, logischerweise nur bis Lüssow, wo er wohnte, sodass ihn der später an Bord gekommene Giehlow nicht hatte bemerken können.

Durch Lindow hatte man auch den Mann im blauen Blazer, dessen Alter Wachmann Sokolowski gut geschätzt hatte; er war 51, hieß Heiner Konwitschny und war ebenfalls bei *Golden World* beschäftigt. Die beiden Männer waren zusammen in Güstrow eingestiegen und hatten sich vor Lüssow voneinander verabschiedet.

Uplegger riskierte einen Seitenblick aus dem Fenster. Das Land links und rechts der Autobahn war keineswegs platt wie ein Tisch, wie sich die unwissenden Südländer Mecklenburg gern vorstellten, sondern erstreckte sich in leichten Wellen bis zu Wäldern, die den Horizont verdeckten. Die brachliegenden Äcker waren unter einer dünnen Schneedecke verschwunden, Heerscharen von Nebelkrähen hatte es sich auf ihnen gemütlich gemacht. Ein fasriger Dunst lag über allem, die Wolken hingen tief und schienen die Kronen der weit entfernten Bäume zu berühren, es sah nach Schnee aus, aber momentan schneite es nicht.

Auch Cindy hatte eine der frühen Bahnen benutzt. Sie war in Pölchow zugestiegen – und da war Uplegger aufgegangen, dass sie Giehlow zu fragen vergessen hatten, ob er am Abend jemanden auf dem Bahnhof gesehen hatte, ein peinlicher, aber leicht zu korrigierender Fehler. Sokolowski hatte den Namen nicht richtig verstanden, aber das war kein Wunder: Cindy hieß Sandy. Sandy Ball war 25 und hatte im September in Güstrow eine Lehre als Bürofachgehilfin bei der Arbeitsagentur begonnen.

An Barbaras Einschätzung hatte das nichts geändert. ›Wer blond ist und erst mit 25 eine Ausbildung anfängt, hat zumindest die Seele einer Frisörin‹, hatte sie Uplegger zugeraunt. Der hatte die Augen verdreht. Er wusste manchmal nicht, ob sie ihre vielen Vorurteile bloß ironisch meinte, denn für Ironie besaß er nur eine schwache Antenne.

Ein krankhaft gutgelaunter Moderator blökte im Autoradio gerade die Verkehrsnachrichten in den Äther, die vor allem daraus bestanden, die Aufstellungsorte von Blitzern mitzuteilen, als sich das Handy mit den ersten Takten der *Eroica* meldete. Uplegger hatte es in die Freisprecheinrichtung eingespannt und erkannte sogleich Barbaras Nummer. Die Abfahrt Glasewitz kam in Sicht.

»Oh, bitte, Signore Uplegger …«, begann Barbara.

»Vor Namen wird Signor ohne E verwendet.«

»Grazie, Signor.«

»Jetzt mit E.«

»Himmel, Arsch und Zwirn! Äh, pardon! Wie sagt man? Ah, ja! Mi scusi, dottore! Könnten Sie vielleicht die übergroße Freundlichkeit besitzen, zehn Kilometerchen pro Stunde zuzulegen?« Barbara sprach mit einer bemüht süßlichen Stimme.

»Wir sind sowieso gleich da.« Uplegger drehte dem Moderator den Saft ab.

»Ja, dann ...« Sie räusperte sich. »Wissen Sie, was ich gerade denke?«

»Um das zu wissen, müsste ich in Ihrem Kopf hocken.«

»Da sei Gott vor. Also, ich dachte eben, dass Fördermittelbetrug in Meck-Pomm ein regelrechter Volkssport geworden ist. Denken Sie nicht nur an die *Gesellschaft für psychosoziale Betreuung*, sondern erinnern Sie sich an das DVD-Werk in Dassow, an die *Yachthafenresidenz Hohe Düne*, an dieses Winterdings in Wittenburg ...«

»Der *Snow Funpark*«, sagte Uplegger.

»Natürlich, als Vater eines 13-Jährigen wissen Sie das. *Snow Funpark*, bäh! Dann diese Spaßbäder an allen Ecken und Enden des Landes, am besten direkt in der baltischen Pfütze, weil da ja nicht genug Wasser drin ist. Und neuerdings war doch auch etwas mit einem Altenpflegeheim in Schwerin? Ein Geschäftsführer auf der Flucht vor seinen Gläubigern? Also wenn ich etwas zu sagen hätte, würde ich das Landesförderinstitut in Schwerin mal polizeilich unter die Lupe nehmen. Da müssen doch Bestechungsgelder ohne Ende fließen ...«

»Sie würden doch am liebsten ganz Schwerin mit Ermittlungsverfahren überziehen.«

»Das genügt nicht. Ich würde die Stadt planieren und einen Großflughafen bauen. Denn mit dem Flugplatz Parchim stimmt doch auch etwas nicht?«

»Dem Investor wurde ein Teil der Kaufsumme erlassen.«

»Ja, genau! Ich sehe, dass Sie ebenfalls Zeitung lesen. Erst werden große Töne gespuckt, dann wird klammheimlich getürkt, was man nur türken kann. Und diese Kaviarschmiede ist anscheinend auch so ein Fall.«

»Da vorn ist Güstrow!«, rief Uplegger.

»Dann verrate ich Ihnen mal etwas.«

»Ich höre.«

»Wenn wir bei Glasewitz abgefahren wären auf die L 14, wären wir fast schon am Ziel.«

Uplegger stöhnte auf. »Und warum sagen Sie das erst jetzt?«

»Weil man Jungs beim Spielen nicht stören soll.«

Barbara hatte nicht ohne Grund über den Fördermittelbetrug nachgedacht: Über Simon Rauch, den Geschäftsführer der *Golden World Caviar Production*, gab es bei der Rostocker Kriminalpolizei neun Aktenbände, und in München existierte ein ganzes Archiv. Vor zwölf Jahren hatte er in Oberbayern eine Firma aus dem Boden gestampft, die sich mit der ökologisch korrekten Nutzholzproduktion befasste, und er hatte auch gleich eine Bank und eine Baugesellschaft an die Holzfirma geklebt. Die Bank warb Anleger ein und emittierte Anteilsscheine, die Baugesellschaft steckte das Holz in atmungsaktive Reihenhäuser, und Fördergelder der EU flossen auch.

In der Nähe von Priemerburg bekam die B 103 / 104 den klangvollen Namen Verbindungschaussee, was Barbara mit einem Kopfschütteln quittierte. In der Dienststelle hatte sie noch rasch die Akten durchgeblättert, um einigermaßen über Rauch im Bilde zu sein. Dabei war sie darauf gestoßen, dass der Unternehmer seinerzeit gar keine Lizenz für das Bankgeschäft besessen hatte, und so hatte das zuständige Bundesaufsichtsamt den Betrieb rasch wieder geschlossen. Davon abgesehen, war der Kapitalstock der Bank dünner gewesen als Alufolie, und da alle Welt auf Öko machte, kam alsbald die Pleite. 17 Millionen Mark Anlegergeld hatten sich im wahrsten Sinne des Wortes in Rauch aufgelöst, und auch die Fördermillionen waren verschwunden, ohne dass irgendjemand zu sagen vermochte, wohin. Aber so sollte das ja auch bei der *Gesellschaft für Psychosoziale Betreuung* gewesen sein, so war das immer und immer wieder: Geldscheine aus Fördertöpfen bekamen Flügel und flatterten auf und davon. Wirklich seltsam, dachte Barbara, als sie in die Neukruger Straße bog. Allerdings sah sie das Geld sich nicht in Nichts auflösen, sondern sich verwandeln: in Villen, Limousinen, Segelyachten … in ein Dolce vita auf Kosten der Allgemeinheit.

Sie seufzte. Uplegger fuhr 40! Aber, o Wunder, auch im Schneckentempo gelangten sie nach ein paar Schlenkern zu den Bahngleisen, die es zu queren galt. Barbara warf einen Blick zum Bahnhof, wo gestern Abend der 9511 seine Fahrt begonnen hatte. Mehrere Bundespolizisten waren unterwegs, einer von ihnen führte einen Hund.

Vor dem Landgericht München I hatte es einen Prozess gegen Rauch und seine Helfershelfer wegen Anlage- und Fördermittelbetrugs, Bilanzfälschung und Insolvenzverschleppung gegeben, aber dagegen hatten die Angeklagten eine Phalanx von Staranwälten aufgeboten, die das Gericht mit Befangenheits- und Beweisanträgen ermüdeten. Außerdem hatte Rauch als gebildeter Mann aus guter Familie eine günstige Sozialprognose. Er würde zwar immer wieder betrügen, aber er kam nicht aus der Gosse und trug Krawatte. Beste Voraussetzungen, um mit einer väterlichen Ermahnung und einer Geldstrafe davonzukommen, dachte Barbara verbittert.

Vor sechs Jahren dann war Rauch in Güstrow angekommen. Mecklenburger Kaviar für den Weltmarkt zu produzieren, das erschien nicht nur ihm, sondern auch der Stadtverwaltung, den Parteien und dem Wirtschaftsministerium eine glänzende Idee zu sein. Der Kaviar brauchte Arbeitskräfte, Fördermittel und viel privates Kapital. Rauch war rausgeworfen worden und auf Start zurückgegangen, er hatte eine Sechs gewürfelt, und das Spiel begann von Neuem.

Vor der Arbeitsagentur, in der Sandy Ball ihre verspätete Ausbildung absolvierte, lenkte Uplegger vom Bahnhofsplatz in die Speicherstraße zum Gewerbegebiet gleichen Namens. Barbara folgte ihm. Hier war sie noch nie gewesen. Es schneite, aber es war nicht so stürmisch wie in Warnemünde, und die Flocken schwebten sacht zur Erde herab, wo sie schmolzen. Links entdeckte sie einen *Club Gleis 5*, dem ein Stück weiter eine schöne Villa folgte, in der man die Musikschule untergebracht hatte. Eine weitere Villa, mit Turm und frisch saniert, beherbergte eine Anwalts- und Steuerberatungskanzlei. Ihr schloss sich ein großes Gelände an, auf dem ein Unternehmen namens *Qualitätsprüfungs- und Dienstleistungsgesellschaft Mecklenburg-Vorpommern GmbH MQD* angesiedelt war. Barbara liebte solche Bezeichnungen. Zu der beschränkt haftenden Gesellschaft gehörte nicht nur ein Institut für Milch- und Lebensmittelanalytik, sondern auch eine Regionalstelle Rind, Schwein. Barbara war entzückt. Sie ließ einfach das Komma weg: Regionalstelle Rindschwein, dachte sie und stellte sich vor, dass hier unter Einsatz von Dioxin monströse Nutztiere geklont wurden, in deren Leibern nicht nur Wurst und Schinken heranwuchsen, sondern auch das Verpackungsmaterial.

Die rechte Seite der Speicherstraße sah aus wie nach einer Naturkatastrophe. Mit rotem Klinker versehene Werkhallen gammelten vor sich hin, und ein Verwaltungsgebäude aus der DDR-Zeit ragte mit leeren Fensterhöhlen nutzlos in den grauen Tag. Hier hatte man, der Aufschrift *GÜPOL – Polstermöbel aus Güstrow* zufolge, einst Couchgarnituren und dergleichen verfertigt, aber der alles verschlingende Markt schien keinen Appetit mehr auf Güstrower Möbel zu haben.

Die *Golden World Caviar Production* hatte ihre Betriebshalle beim Zuckerberg auf der grünen Wiese errichtet, eine langgestreckte Riesenschachtel aus grauem Blech, ohne Fenster, aber mit einem roten Streifen unterhalb des Daches. Neben der Halle befand sich das Verwaltungsgebäude, ein hellgelb gestrichener Putzbau, der mit vielleicht vier, fünf Jahre alt war. Eine Vorhalle aus Glas und mit roten Stahlträgern lud den Besucher in ihrer Hässlichkeit ein, sofort umzukehren. Zwischen den beiden Gebäuden erstreckte sich ein Parkplatz. Damit sich niemand an den Stören vergriff, wurde das Firmengelände mit Videokameras überwacht.

Weil Barbara auf den letzten Metern getrödelt hatte, stand Uplegger schon vor dem Eingang und tippte auf seine Armbanduhr.

»Wo bleiben Sie denn?« Nun war er der Ungeduldige. »Der Geschäftsführer erwartet uns um elf.«

»Wie spät ist es denn?«

»Vier Minuten nach.«

»Na, dann hatte er etwas mehr Zeit, um seinen dreckigen Stecken zu verbergen.«

Sie betraten das Bürogebäude und landeten vor einem Tresen, an dem kein Bier ausgeschenkt wurde. Ein junger Mann mit Pickelgesicht und in Wachschutz-Uniform, dem die Selbstunsicherheit deutlich anzusehen war, erkundigte sich mit aufgesetzt forscher Stimme nach ihrem Begehr. Uplegger wies sich aus. Der Wachschützer griff nach einem Telefonhörer, wechselte ein paar Worte mit wem auch immer und deutete dann auf einen Fahrstuhl: »Vierter Stock.«

»Mir ist eingefallen, dass man vor ein paar Jahren öfter etwas von diesem Kaviarladen gelesen hat«, sagte Barbara, während sie auf den Aufzug warteten.

»In der ...?«

»Ja, natürlich! Im Lokalteil wurde Rauch von den Verantwortlichen in Güstrow und Schwerin lange Zeit als Heilsbringer gefeiert. Als Arbeitsplatzbeschaffer, Sie wissen schon. Aber dann ist es still um ihn und die Störfarm geworden.«

»Die werden begriffen haben, mit wem sie es zu tun haben«, meinte Uplegger. Ein Glockenton verkündete, dass der Lift angekommen war.

»Um so was zu kapieren, brauchen die Herrschaften mit der rosaroten Lügenbrille doch ewig!« Barbara ließ ihrem Kollegen den Vortritt. Als sie den Fahrkorb betrat, schwankte er leicht. »Das Bewahren oder Schaffen von Arbeitsplätzen ist ein ähnliches Killerargument wie die Globalisierung. Alle tun so, als sei das etwas vollkommen Neues und Unbekanntes, dabei hat die Globalisierung im 19. Jahrhundert angefangen.«

»Viel früher.« Uplegger drückte den Knopf mit der Ziffer 4. »Spätestens in der Renaissance.«

»Möglicherweise.« Barbara betrachtete das Display, das die Etagen anzeigte. »Aber als Killerphrase hat man sie erst in den letzten Jahrzehnten ausgegraben.«

»Die Globalisierung soll ja auch eine Chance sein«, sagte Uplegger auf Stockwerk zwei.

»Aber nur, wenn die Bevölkerung stillhält und jede bittere Pille schluckt. Und von wem wird uns diese Medizin verordnet?« Etage drei. »Von Politikern, die dermaßen globalisiert sind, dass sie nicht eine Fremdsprache beherrschen.« Etage vier – und der Glockenton.

Draußen war es so hell geworden, wie es an einem wolkenverhangenen Novembertag werden konnte. Nebelfetzen hingen zwischen den Ästen der entlaubten Bäume, von denen es tropfte. Die Luft war feucht, und es roch nach Schnee.

Der Mann sah das alles jetzt nicht nur klar, sondern überdeutlich, wie mit dem scharfen Blick eines Raubtieres, und wie ein Raubtier in der Falle fühlte er sich auch. Die Stimmen waren zur Ruhe gekommen. Der Druck im Kopf hatte sich in den Brustkorb verlagert, wo er die Rippen zu zersprengen drohte.

Der Mann lehnte an der Wand, schaute ängstlich zum Fenster hinaus und atmete flach. Die Frau aus dem Nebenhaus war zurückgekehrt und beobachtete ihn. Auf der Straße stand ein Auto, das er noch nie gesehen hatte. Der Wagen war leer, aber er spürte den Fahrer und seine Komplizen in unmittelbarer Nähe. Wahrscheinlich waren sie schon auf dem Grundstück und hatten sich irgendwo versteckt, im Geräteschuppen oder hinter dem Gewächshaus, in dem seit langem nichts mehr wuchs.

Er musste raus hier! Sofort! Also stürzte er in die Diele, riss die Daunenjacke von der Garderobe – und erstarrte.

Auf der Jacke war Blut. Viel Blut. Und er erinnerte sich: an diesen jungen Mann. Daran, wie er sich über ihn beugte. Er hatte auf dem Boden gelegen, hatte geblutet, Gott, ja! Stark geblutet.

Hatte er ihm helfen wollen? Früher war er ein hilfsbereiter Mensch gewesen. Bevor ihn die Menschen – die Menschheit! – enttäuscht hatte. Bevor er das Vertrauen verloren hatte.

Die Kollegen, die Freunde, sie hatten immer zu ihm gesagt: »Auf dich kann man sich verlassen.«

Er hatte den Eindruck, als mache sich jemand an der Tür zu schaffen. Entsetzt prallte er zurück. Sie waren also gekommen. Jetzt war er dran. Weil er ein Zeuge war. Weil er es gesehen hatte. Er kannte alle ihre Untaten, ihre Verbrechen, ihre unzählbaren Opfer. Der junge Mann war nur einer in einer endlosen Kette von …

Raus! Sofort!

Aber wie? Vor den Türen standen sie. Und sie waren bestimmt auch schon im Haus. Sie gingen ja praktisch längst ein und aus. Warum kamen sie heute durch die Tür?

Der Mann schnappte sich eine andere, eine saubere Jacke, hetzte ins Schlafzimmer zurück und sprang aus dem Fenster. Er lief ein paar Schritte über den aufgeweichten Boden und merkte erst jetzt, dass er keine Schuhe trug. Das machte nichts, im Schuppen standen noch alte Filzstiefel.

Er hatte wieder diesen entsetzlichen Druck im Kopf. Druck in der Brust, im Kopf, auch im Bauch. Druck überall.

Er brauchte dringend ein Radio.

Simon Rauch empfing sie in einem riesigen Arbeitszimmer mit zwei von der Decke bis zum Parkett reichenden Glasfronten, die den Blick auf die Fabrikhalle freigaben. Aus Glas und Chrom bestanden auch sein Schreib- und der Besprechungstisch. Die beiden fensterlosen Wände waren bis auf einen schmalen weißen Streifen unterhalb der Decke zartgelb gestrichen. Die dritte Wand nahm ein hohes Regal ein, ebenfalls aus Chromstahl, in dem Aktenordner, ein paar Bücher sowie ein Tablett mit Cognacschwenkern aufbewahrt wurden, an der vierten Wand hing ein überdimensionales Gemälde, auf dem in schreienden, metallisch glänzenden Farben eine Sphinx dargestellt war, vor der sich ein junger, antik gewandeter Mann auf einen Stab stützte. Barbaras Erinnerung an ihr Abitur reichten aus, in ihm Ödipus zu vermuten.

Rauch hatte sich von seinem Schreibtisch erhoben und kam auf seine Besucher zu. Er bot eine stattliche Erscheinung, fast ein Zweimetermann mit breiten, aber nicht zu breiten Schultern und vermutlich mit einem Waschbrettbauch. Er ging auf die Vierzig zu, wie Barbara wusste, und er trug einen schwarzen Anzug, ein bordeauxrotes Hemd und eine farbenfrohe Seidenkrawatte, die mit einer goldenen Nadel am Hemd befestigt war. Die aschblonden Locken und der Dreitagebart verliehen ihm das Aussehen eines Titelbildmodells.

Sein Händedruck war kräftig und wirkte willensstark. Barbara schaute ihm bei der Begrüßung in die Augen, deren geweiteten Pupillen ihr sofort auffielen. Sein Lächeln hatte etwas Starres und Maskenhaftes.

»Ich habe meine Sekretärin gebeten, uns Kaffee zu kochen«, sagte er und machte eine einladende Geste hin zum Besprechungstisch.

»Danke.« Barbara und Uplegger nahmen Platz. Rauch blieb stehen.

»Ich muss sagen, dass ich Ihren Anruf noch immer nicht verdaut habe«, behauptete er. »Es will mir nicht in den Kopf, dass Herr Medanauskas …« Er brach ab. Seine Miene zeigte die erforderliche Bestürzung. »In der S-Bahn! Wie schrecklich! Ich muss gestehen, dass ich sofort an gewalttätige Jugendliche gedacht habe.«

»Nach unserem bisherigen Erkenntnisstand scheiden die berühmten männlichen Jugendlichen mit niedriger Hemmschwelle und mangelnder Impulskontrolle aus«, sagte Barbara. Uplegger gab einen grunzenden Laut von sich.

»Ich verstehe.« Rauch setzte sich nun auch. »Deutlicher konnten Sie mich auf mein Vorurteil nicht hinweisen.«

»Herr Rauch …«, begann Barbara, wurde aber von der Sekretärin unterbrochen. Die Frau, schon weit in den Fünfzigern und mit der üblichen Vorzimmerkaltwelle, brachte den Kaffee.

»Danke, Frau Wiese«, sagte Rauch. Die Sekretärin zog sich zurück. Rauch verteilte die Tassen und schenkte ein.

»Man hört, dass es Spannungen zwischen Ihnen und Ihrem Produktionsleiter gab«, sagte Barbara.

»So, hört man das? Das pfeifen wohl schon die Spatzen von den Dächern?« Rauch gab Milch in seine Tasse. »Sie haben recht, es gab Auseinandersetzungen. Es fällt mir schwer, über einen Toten etwas Schlechtes zu sagen, aber Medanauskas war ein Querulant. Es gab beinahe nichts im Betrieb, das er nicht in Frage stellte.«

»Dabei hätte er Ihnen doch dankbar sein müssen«, warf Uplegger ein.

»Dankbar? Wieso? Ach, Sie meinen … Nein, ich habe ihn eingestellt, weil ich einen erstklassigen Fachmann brauchte, nicht aus Mitleid oder weil ich ein guter Mensch bin. Der bin ich natürlich auch.« Wieder lächelte er. »Für mich ist das Geld-verdienen kein Selbstzweck. Vielleicht wissen Sie es schon, dass *Golden World* nicht nur den Güstrower Kanusport finanziell unterstützt, sondern auch soziale Projekte wie das TZKT, das *Therapiezentrum für Kinder mit Teilleistungsstörungen*, und das Frauenhaus in Güstrow. Wir bezahlen dem John-Brinckman-Gymnasium einen Sozialarbeiter, und wenn für eine Ausstellung in der Städtischen Galerie *Wollhalle* Geld benötigt wird, lasse ich mich nicht lange bitten. Aber verzeihen Sie, ich will keine Selbstdarstellung betreiben.«

»Worum ging es denn bei den Auseinandersetzungen mit Medanauskas?«

»Zum Beispiel um die artgerechte Haltung der Störe. Wir betreiben keine Teichwirtschaft, sondern halten die Tiere in großen Becken. Auf unserem Firmengelände fehlt es an Platz für eine Aquakultur unter freiem Himmel. Wir erfüllen aber sämtliche Auflagen und sind sogar vom TÜV zertifiziert. Das hat uns eine hübsche Stange Geld gekostet.«

»Ich möchte auf Ihr Sponsoring zurückkommen«, sagte Barbara.

»Unsere Spendentätigkeit«, berichtigte Rauch.

»Besteht da ein Unterschied?«, fragte sie irritiert.

»Ein gewaltiger. Ein Sponsor erwartet eine Gegenleistung, ein Spender nicht. Unser Sponsoring beschränkt sich auf die *Wollhalle*. Nur dort erscheinen wir auf den Werbemitteln und dem Ausstellungsplakat.«

»Sie verzichten auf Publicity?«

»Die stellt sich von selbst ein. Gerade weil wir unsere Aktivitäten nicht an die große Glocke hängen, haben wir eine gute Presse.«

Barbara griff nach ihrer Tasse und trank einen Schluck. Der Kaffee war stark wie Mokka.

»Ihr Engagement in allen Ehren«, sagte sie, »aber sollten Sie das Geld nicht lieber für die Belegschaft verwenden? In Form regelmäßiger Lohnzahlungen?«

»Ach, daher weht der Wind.« Rauch schüttelte betrübt den Kopf. »Wir zahlen ja, wenn wir können. Im Moment haben wir einige Probleme mit dem Absatz. Lösbare Probleme, möchte ich betonen. Sobald wir wieder Fuß gefasst haben, erhalten die Mitarbeiter nicht nur den ausstehenden Lohn, sondern sogar eine Gratifikation.«

»Andriejus reichten diese Vertröstungen offenbar nicht. Er wollten einen Betriebsrat gründen, und Sie haben sich quergestellt.«

»Falsch.« Rauch blickte Barbara fest in die Augen. »Die Belegschaft will keinen Betriebsrat. Sie wollte auch nicht, dass sich Medanauskas zu ihrem Fürsprecher aufschwingt. Er konnte das aber nicht einsehen und meinte, ich würde die Kollegen gegen ihn aufwiegeln. Fragen Sie mich nicht, welche Motive ihn angetrieben haben. Er hat sein Gehalt immer bekommen. Anstatt nach der Tür zu suchen, wollte er mit dem Kopf durch die Wand. Ich sah mich schon gezwungen, ihn wegen Störung des Betriebsfriedens zu entlassen.«

»Aber?«

»Das Schicksal kam mir zuvor.«

»Das Schicksal«, wiederholte Barbara und schaute zu Uplegger, der sich Notizen machte. Als er ihren Blick spürte, legte er den Kugelschreiber neben den Block.

»Ihre Firma ist solide?«, wollte er wissen.

»Absolut.«

»Warum ermittelt dann die Rostocker Staatsanwaltschaft gegen Sie?«

Rauch machte eine wegwerfende Handbewegung. »Nichts als eine Neidkampagne.«

»Wie? Die Rostocker Staatsanwälte beneiden Sie?«

»Die natürlich nicht. Es gibt aber genug Leute hier im Osten, die einem Westler den Erfolg neiden. Weil sie auch 20 Jahre nach der Wende keinen Fuß auf den Boden gekriegt haben.« Rauch entwickelte Leidenschaft, seine Hände zitterten vor Erregung. »Da sie nie die offene Konfrontation gelernt haben, machen sie es eben hintenrum. Wenden sich an die Behörden, schreiben Beschwerden, erstatten Anzeige ... eine Mischung aus Blockwartmentalität und Denunziantentum.«

»Herr Rauch!« Uplegger wurde ebenfalls wütend. »Ich kenne den glorreichen Westen zwar nicht so wie Sie, aber ich nehme doch an, dass es dort auch genügend Blockwarte und Denunzianten gibt. Gerade in Oberbayern.«

Rauch schwieg. An Oberbayern wurde er anscheinend nicht gern erinnert.

»Wie auch immer«, sagte Barbara in begütigendem Ton, »es liegen jedenfalls mehrere Anzeigen gegen Sie vor. Und dass Sie vorbestraft sind, können Sie nicht vom Tisch wischen.«

»Jugendsünden«, sagte Rauch, nun wieder ruhiger. »Ich habe falschen Beratern vertraut. Glücklicherweise leben wir in einem Land, das einem den Neuanfang nicht verwehrt. Und ich sagen Ihnen, *Golden World* ist gut aufgestellt. Ich bin fest davon überzeugt, dass wir vom wirtschaftlichen Aufschwung profitieren werden. Vorübergehende Engpässe können wir verkraften. Lassen Sie sich von niemandem etwas anderes einreden – es ist nicht wahr! Und schauen Sie sich Ihre Akten gründlich an!

Drei Hausdurchsuchungen habe ich hinter mir, hier in den Geschäftsräumen und auch in meinem Haus. Fragen Sie Frau Wiese, wie lange wir gebraucht haben, um wieder Ordnung zu schaffen. Und wozu das alles? Es gibt keinen einzigen Beweis für irgendwelche Manipulationen, weil es keine Manipulationen gibt.«

Rauchs Worte gaben Barbara eine Idee ein.

»Hatte Medanauskas Zugang zu Geschäftsunterlagen?«, wollte sie wissen.

Rauch war sofort auf der Hut. »Wie meinen Sie das?«

»Konnte er wissen, wie es um das Unternehmen bestellt ist?«

»Das habe ich Ihnen doch gerade gesagt: Es geht aufwärts. Wir wollten schon vor zwei Jahren an die Börse, aber Sie wissen, was passiert ist: Die Finanzmärkte crashten. Nun aber bereiten wir erneut einen Börsengang vor.« Er lehnte sich zurück und verschränkte die Arme vor der Brust.

»Wir würden gern mit jemandem von der Belegschaft sprechen.«

»Kein Problem. Ich lasse Herrn Konwitschny holen. Er ist für die Brut zuständig und arbeitet … arbeitete eng mit Medanauskas zusammen.«

»Wir können auch zu ihm gehen«, sagte Barbara. Mit Konwitschny, dem Mann aus dem Zug mit dem blauen Blazer, hatte sie ohnehin sprechen wollen.

»Nicht nötig. Sie können hier in meinem Büro bleiben.« Rauch sprang auf und ging zur Tür. »Keine Sorge, es wird nicht abgehört.« Er trat hinaus ins Vorzimmer und schloss die Tür. Barbara beugte sich zu Uplegger.

»Der Herr Rauch ist ja ein toller Hecht«, sagte sie. »Oder eher ein toller Stör? Was halten Sie von dem, was er uns erzählt hat?«

»Ich würde gern mit einem Spruch antworten, der Giordano Bruno zugeschrieben wird: Se non è vero, è ben trovato.«

»Hätten Sie die Gnade, ihn für eine Einfalt vom Lande zu übersetzen?«

»Wenn es nicht wahr ist, ist es doch gut erfunden.«

Heiner Konwitschny, ein untersetzter Mann mit überraschend rosigem Teint, der aussah, als würde er viel Zeit im Freien verbringen, betrat das Büro in weißem Kittel, weißen Hosen und weißen Schlappen. Ebenfalls weiß war die transparente Kappe, die er in der Hand hielt. Sein Haar war grau und wegen tiefer Geheimratsecken kurz geschnitten, eine steile Falte markierte seine Stirn. Das Auffälligste in seinem Gesicht war die fleischige Nase.

Barbara und Uplegger begrüßten ihn mit einem Händedruck und baten ihn, Platz zu nehmen. Mit unsicherer Miene und linkisch wirkenden Bewegungen setzte er sich; anscheinend machte ihn die Begegnung mit der Kripo nervös.

»Sie wissen, warum wir mit Ihnen sprechen möchten?«, erkundigte sich Uplegger.

»Tja …«, sagte Konwitschny gedehnt und betrachtete die gläserne Tischplatte. Rauch, der hinter seinem Schreibtisch Platz genommen hatte, nickte ihm aufmunternd zu.

»Also?«

Konwitschny schaute zu seinem Chef. »Na ja …« Er zog den Vokal nicht nur in die Länge, sondern verwandelte ihn in Richtung auf ein O, sodass es fast wie »No jo …« klang. Als geborener Rostocker war Uplegger selbst ein Norddeutscher, aber manchmal ging ihm dieses Auseinanderziehen der Worte mächtig auf den Geist. »Hat sich schon rumgesprochen, das mit Medanauskas.«

»Dann wissen Sie auch, in welchem Zug das Verbrechen geschehen ist?«

Konwitschny nickte. Abermals blickte er zu Rauch, und Uplegger wurde bewusst, dass ihn weniger seine Mentalität als die Anwesenheit seines Arbeitgebers so wortkarg machte. Uplegger straffte seinen Oberkörper.

»Herr Rauch«, sagte er, »wäre es wohl möglich, uns allein zu lassen?«

»Wenn Sie es wünschen.« Der Geschäftsführer erhob sich, wirkte aber beleidigt.

»Es ist so üblich, mit Zeugen allein zu sprechen. Es hat also rein gar nichts mit Misstrauen zu tun …«

»Nein?« Rauch musterte zuerst Uplegger, dann Barbara, schüttelte leicht den Kopf und ging hinaus.

»Gott sei Dank«, stieß Barbara hervor. Konwitschny sah sie verwirrt an.

»Sie mögen den Chef nicht?«

»Sympathien spielen bei unserer Arbeit keine Rolle«, entgegnete Barbara. Uplegger senkte rasch den Kopf, damit Konwitschny nicht sein Grinsen sah: Ausgerechnet die Dampframme musste das sagen! »Beantworten Sie einfach die Fragen meines Kollegen.«

»Gut.« Heiner Konwitschny kehrte sich wieder Uplegger zu.

»Sie haben den Zug, in dem Medanauskas getötet wurde, ebenfalls benutzt?«

»Hm.« Das war anscheinend ein Ja.

»Berichten Sie uns bitte von der Fahrt.«

»Ja …« Er hob den Blick, schaute jedoch an Uplegger vorbei zum Fenster. »Wir hatten gestern Spätschicht bis 21 Uhr.«

»Wir?«

»Mein Kollege Martin Lindow und ich. Also nicht nur wir beide, aber wir fahren immer zusammen, wenn es geht. Ich kenne Martin schon seit über 20 Jahren und habe dafür gesorgt, dass er hier einen Job bekommt.«

»Sie sind befreundet?«

»Hm. Unsere Familien auch. Wir fahren zusammen in Urlaub und so. Außerdem sind wir beide Jäger.«

»Und gestern haben Sie den Betrieb um 21 Uhr verlassen?«

»Kurz nach. Der Bus fährt 21:17 Uhr vom Zuckerberg.«

»Und Herr Medanauskas? Hatte der auch Spätschicht?«

»Nein, nein.« Konwitschny schüttelte zur Bekräftigung den Kopf. »Er hatte um sechs Schluss und ging meistens pünktlich.«

»Wie bitte? Um sechs?« Uplegger wechselte einen raschen Blick mit Barbara.

»Ja …«

»Sie haben doch gehört, dass er in dem Zug getötet wurde, der Güstrow 21:30 Uhr verlassen hat. Was denken Sie darüber?«

»Ich?« Konwitschny war schon wieder irritiert. »Nichts.«

»Aber es fehlen etwa dreieinhalb Stunden!«

»Na ja … vielleicht hat er sich mit Freunden getroffen.«

»Hatte er Freunde in Güstrow?«

»Das weiß ich nicht.«

»Was wissen Sie überhaupt von ihm?«

»Tja …« Konwitschny zuckte mit den Schultern. »Nicht viel. Dass er ein guter Mann war. Und dass er aus Riga kommt.«

»Was meinen Sie mit guter Mann?«

»Er verstand was von der Arbeit. Von Fischen. Von Zucht und Haltung.«

»Und wie verhielt er sich zu den Leuten?«

»Was soll ich sagen?« Konwitschny rutschte angespannt auf seinem Stuhl hin und her. »Freundlich.«

»Mehr nicht? Er hat sich doch sehr für die Belegschaft eingesetzt, nicht wahr? Er wollte eine Arbeitnehmervertretung schaffen …«

»Ja, aber das will hier keiner. Die Leute sind froh, einen Job zu haben. Die meisten sind Angelernte, und viele haben zehn, zwölf Jahre zu Hause gehockt. Wenn Sie die Speicherstraße hochgekommen sind, haben Sie doch gesehen, was hier los ist. Oder haben Sie die Ruinen nicht bemerkt?«

Barbara sagte: »Die sind unübersehbar.«

»Schrecklich, oder? Alles kaputt. Nee, nee, die Leute wollen ihre Ruhe haben. Arbeit, Geld und ihre Ruhe.«

»Aber das Geld steht doch aus?«, fragte Uplegger.

»Trotzdem. Sie denken, dass sie es bald erhalten. Herr Rauch hat es versprochen.«

»Und das glauben Sie?«

»Es hat schon einmal eine ähnliche Situation gegeben. Ungefähr vor drei Jahren. Damals gab es auch zwei Monate lang kein Geld, aber dann wurde wieder korrekt gezahlt.«

»Und nachgezahlt?«

Konwitschny schwieg.

»Wurden die zwei Monatslöhne nachgezahlt?«, insistierte Uplegger.

»Nein.«

»Mein Gott!« Uplegger sah, wie Barbara das Gesicht verzog, und schlug selbst innerlich die Hände über dem Kopf zusammen. »Lassen wir es damit bewenden. Haben Sie Herrn Medanauskas im Zug gesehen?«

»Nein.«

»Auch auf dem Bahnsteig nicht?«

»Auch da nicht.«

»Hätten Sie sich denn zu ihm gesetzt, wenn Sie ihn gesehen hätten?«

»Ich war ja mit Martin zusammen …«

»Sie hätten sich doch auch mit ihm zu Medanauskas setzen können.«

»Martin konnte ihn nicht leiden. Er sagt, das ist ein Spinner.«

»Und wen haben Sie gesehen?«

»In Güstrow?«

»Während der ganzen Fahrt.«

»Tja …« Die Falte auf Konwitschnys Stirn bekam Gesellschaft, und er rieb sich die großen Nasenflügel. »Eine junge Frau mit Kinderwagen, die bis Pölchow mitfuhr … diese Frau aus Schwaan, die wie eine Obdachlose aussieht.«

»Eine Obdachlose aus Schwaan?«, fragte Barbara überrascht.

»Ich weiß nicht genau. Jetzt im Winter hat die so einen komischen Mantel aus Stofffetzen an. Sieht geschossen aus. Und so abgeschnittene Handschuhe. Aber mit einem Einkaufswagen voller Plastetüten fährt sie nicht rum.«

Uplegger blinzelte Barbara zu, denn Konwitschny beschrieb offenbar Penelope Pastor.

»Wer noch?«

»Eine Rentnerin. Stieg ebenfalls in Güstrow ein. Also die war bestimmt über siebzig. Hatte sich ein bisschen schick gemacht. Wissen Sie, so wie alte Leute vom Dorf, wenn sie in die Stadt zum Doktor fahren.«

»Wo stieg die alte Dame aus?«

»Das weiß ich nicht.« Konwitschny massierte immer noch die Nasenflügel. »Da war noch ein komischer Typ. Wenn ich es recht überlege, sah der noch mehr wie ein Obdachloser aus. Oder wie ein Alki. Lange Haare, die ewig keinen Kamm gesehen haben. Bart, glaube ich.«

»War er schmuddlig?«

»Nee, das nicht. Aber eben komisch. Der ging in Papendorf raus.«

Uplegger schaute wieder zu seiner Kollegin, die sich Notizen machte, und auch er schrieb sich ein paar Stichworte auf. Er kannte Barbara gut genug, um zu wissen, dass sie bald eine erste Tabelle vorlegen würde, in der alle bisher bekannten Fahrgäste sowie ihre Einstiegs- und Ausstiegsorte erfasst waren.

Konwitschny hatte außerdem die beiden Glatzköpfe in Schwaan einsteigen gesehen, und auch Frank Giehlow war ihm nicht entgangen.

Uplegger klappte seinen Block zu. »Eines möchte ich noch wissen.«

»Ja?«

»Hatte Andriejus Medanauskas Feinde im Betrieb?«

Abermals wich Konwitschny seinem Blick aus.

»Nee … wieso? Er war doch ein netter Junge.«

»Mochten Sie ihn?«

»Na ja …«

Mit dieser dürren Antwort mussten sich Barbara und Uplegger begnügen.

Simon Rauch ließ es sich nicht nehmen, seine Besucher persönlich zum Parkplatz zu bringen. Seine Augen glänzten, er wirkte nicht nur aufgeräumt, sondern geradezu euphorisch. Immer wieder schlug er mit der linken Faust auf die rechte Handfläche, und nachdem er sich mehrfach erkundigt hatte, ob »die Herren Ermittler« zufrieden seien, begann er plötzlich, albern zu werden.

»Wie wäre es zum Abschied mit einem Fischwitz?«, fragte er, und ohne eine Antwort abzuwarten, erzählte er einen: »Zwei Beamte sitzen zusammen im Office. Fragt der eine: ›Was hältst Du davon, wenn wir uns ein Aquarium kaufen?‹ Sagt der andere langsam: ›Meinst Du nicht, das bringt zuviel Hektik ins Büro?‹«

Rauch musste dermaßen lachen, dass sich sein Körper krümmte. In seinen Mundwinkeln sammelte sich Speichel, und Barbara, höflich lächelnd, wandte sich rasch ab. Sie verabschiedete sich von dem Geschäftsführer quasi über die Schulter, dann kletterte sie in ihren Wagen und brauste vom Firmengelände. Uplegger folgte ihr. Auf Höhe des Stadions rief sie ihn an und bat ihn, an den Straßenrand zu fahren. Er stieg aus und kam zu ihr in den Wagen.

»Der Mann stand ziemlich unter Strom«, sagte Barbara sofort.

»Denke ich auch. Während wir mit Konwitschny sprachen, hat er sich irgendwas in die Rübe gedreht.«

»Sie reden ja wie Ihr Sohn«, meinte Barbara. »Alkohol? Das hätten wir gerochen …«

»Jedenfalls ich.« Eine kleine Spitze musste sein.

Barbara betrachtete stumm die Kontrollanzeigen hinter dem Lenkrad und ließ dann den Blick zum Sportplatz schweifen, wo ein einsamer Platzwart den nassen, mit Schneeresten bedeckten Rasen in Augenschein nahm.

»Wir sind mitten in einer Komödie«, sagte sie nach einer Weile. »Ein komischer Typ, eine Frau mit komischem Mantel und ein urkomischer Geschäftsführer.«

Uplegger feixte, wurde aber schnell wieder ernst. »Der Frage, ob Medanauskas Zugang zu Geschäftsunterlagen hatte, ist Rauch ausgewichen ...«

»Kann man wohl sagen. Vielleicht ist Andriejus auf Beweise für Manipulationen gestoßen. Dann könnte er seinen Chef erpresst haben.«

»Rauch war allerdings nicht im Zug.«

»Sagen wir vorsichtiger, dass er nicht gesehen wurde. Und sein Angestellter Konwitschny ist bis Rostock mitgefahren ...«

»Giehlow hätte bemerken müssen, wenn er den Waggon verlassen hätte, um zu seinem Opfer zu gehen.«

»Hätte, hätte! Giehlow ist erst in Pölchow an Bord gekommen. Acht Minuten reichen, um einen Menschen abzustechen. Konwitschny ist Jäger.«

»Sie meinen, er folgt atavistischen Trieben?«

»Klar.« Barbara musste lachen. »Während seine Frau daheim Nüsse und Kräuter sammelt, zieht er auf die Jagd. Das ist noch tief drin in den Ostdeutschen – so wie die Blockwartmentalität!«

»Das hat Sie auch geärgert, was?«

»Im Gegensatz zu Ihnen hatte ich aber meine Gefühle unter Kontrolle.«

»Wollen Sie darüber reden?«, fragte Uplegger mit verschmitzter Miene. Vielleicht hatte er ja doch einen Sinn für Ironie.

»Worüber?«

»Über Ihre Gefühle.«

»Raus, Uplegger!« Barbara drückte demonstrativ auf den Starter. »Scheren Sie sich an die Front!«

***

Im Güstrower Jobcenter ging es zu wie in einem Taubenschlag. Arbeitssuchende und Leistungsempfänger stapelten sich in den Warteräumen, Neuankömmlinge lauerten auf freie Plätze, Aufgerufene betraten Büros und verließen sie wieder, Fallmanager eilten geschäftig über die Flure. Schaulaufen nannte man diesen Sport, den es in allen Behörden gab, auch bei der Polizei. Uplegger hatte schon viele langsame Beamte erlebt, aber nie auf dem Flur.

Auf dem Weg zum Büro der Auszubildenden Sandy Ball konnte er alle Stufen der Verzweiflung studieren, von einem Herrn im Anzug, der noch hoffte, bis hin zu Männern und Frauen, denen sich die Mutlosigkeit bereits tief ins Gesicht gegraben hatte, nicht selten unterstützt von regelmäßigem Alkoholkonsum. Obwohl er kaum Gefahr lief, jemals zum Fall dieser Institution zu werden, bereitete ihm der Besuch doch Unbehagen. Die Tür zu Zimmer 312 sah aus wie alle anderen. An der Wand neben ihr hing ein kleiner metallener Wechselrahmen: *Frau Schack, Fallmanagerin* und *Frau Ball, Auszubildende*. Um die Machtverhältnisse zu klären, verkündete ein weiteres Schild *Eintritt nur nach Aufruf!*, und das übliche Kryptogramm gab es auch: IV B 1.

Uplegger hob bereits die Hand, um anzuklopfen, als der kleine Nervtöter in seiner Jackentasche zu klingeln begann. Helmich war dran: »Wir sind noch an der Bahnstrecke. Ich habe mich in Schwaan ein bisschen umgehört. Die beiden Glatzen mit der Lederkluft …«

»Ja?« Upleggers Körper spannte sich.

»Bevor die in den Zug gestiegen sind, waren sie in einer Kneipe in Bahnhofsnähe namens *Zwitscherstübchen*. Ungefähr eine bis anderthalb Stunden. Zum Vorglühen.« Helmich lachte.

»Sie haben einen getrunken?«

»Einen ist gut! Die Wirtin hat mitgekriegt, dass sie sich auf eine Party vorbereitet haben. Irgendwo bei einer Kumpeline in der Südstadt. In der Kneipe waren sie zum ersten Mal, und auch ansonsten hat sie die Wirtin noch nie gesehen.«

»Was bedeutet, dass sie womöglich nicht in Schwaan wohnen?«

»Wenn die Wirtin alle Schwaaner kennt, bedeutet es das.«

»Danke.« Uplegger legte auf. Er rückte seine Jacke zurecht, dann klopfte er. Niemand antwortete.

Er klopfte abermals, nun etwas lauter. Wenig später wurde die Tür aufgerissen, und eine nicht sehr große Frau bellte ihn an: »Können Sie nicht lesen?«

Uplegger bedauerte für einen Moment, nicht so schlagfertig zu sein wie Barbara, aber dann fiel ihm doch eine Antwort ein: »Ich entstamme einer bildungsfernen Schicht.«

Die Frau starrte ihn durch ihre hochmodische Brille an wie einen Alien, dann entspannten sich ihre verkniffenen Züge etwas und sie fragte: »Sind Sie neu bei uns?«

»Ja.« Uplegger zeigte seinen Dienstausweis. »Und das möchte ich auch bleiben. Ist Frau Ball da?«

»Kriminalpolizei?« Frau Schack zog die Stirn kraus. »Wieso?«

»Frau Ball?«

»Nein, die ist nicht erschienen.«

»Aber«, Uplegger war etwas überrascht, »sie war heute früh im Zug.«

»Ach, deswegen.« In den Augen der Fallmanagerin blitzte Neugier auf. »Wegen dieser scheußlichen Geschichte kommen Sie. Ich habe im Radio davon gehört. Bitte, treten Sie ein! Aber Frau Ball ist wirklich nicht gekommen.«

»Vom Bahnhof bis hierher sind es nur hundert Meter. Wie kann man da verschüttgehen?«

Frau Schack hob die Schultern, Uplegger betrat das Büro. Vor dem Fenster standen sich zwei Schreibtische gegenüber, von denen der eine aufgeräumt war, der andere von Papieren bedeckt. Die Wände nahmen Registraturschränke mit Hänge-akten ein, es gab einen kleinen Schrank, auf dem eine Kaffee-maschine stand, einen Garderobenständer sowie ein weiteres Schränkchen mit einer halboffenen Schiebetür.

An den Stirnseiten der Schreibtische stand ein einsamer Stuhl. Er war offenbar für die Klienten bestimmt – oder für Verdächtige, die zur Vernehmung vorgeladen worden waren, dachte Uplegger, denn dieses Zimmer unterschied sich kaum von einem Polizeibüro.

Während Frau Schack sich an den mit Akten bedeckten Tisch setzte, trat Uplegger ans Fenster und blickte auf den Bahnhofsplatz.

»Ist Frau Ball zuverlässig?«, erkundigte er sich.

»Eigentlich ja.«

»Nur eigentlich?«

»Sie ist zuverlässig. Manchmal ist eines ihrer Kind krank und sie muss schnell zum Arzt. Dann ruft sie aber an.«

»Heute hat sie nicht angerufen?«

»Nein.«

Uplegger nickte. Am Abend zuvor hatte die junge Frau einen Zug benutzt, in dem ein Mann ermordet worden war. Heute früh war sie im Zug von Polizisten befragt worden. Dann war sie verschwunden.

»Eigenartig«, sagte er mehr zu sich, dann zückte er sein Han-dy. »Sie erlauben?« Frau Schack nickte. Helmich, der an der morgendlichen Aktion teilgenommen hatte, war sich sicher, dass Sandy Ball kurz nach dem Einsteigen in Pölchow befragt worden war und dass sie einen Kinderwagen dabeigehabt hatte. Niemand hatte darauf geachtet, wo sie den Zug verlassen hatte.

»Ist Frau Ball verheiratet?«

»Ja«, antwortete Frau Schack und senkte den Blick.

»Haben Sie Ihre Privatnummer?«

Frau Schack gab etwas in ihren Computer ein, dann diktierte sie ihm die Nummer, die er wiederum in die Tastatur seines Handys tippte. Er ließ es zehn Mal läuten, bevor er aufgab.

»Vielleicht ist der Mann arbeiten«, sagte er.

»Vielleicht«, sagte Frau Schack in einem Ton, der erhebliche Zweifel verriet.

»Stimmt etwas nicht?«

»Inwiefern?« Frau Schack kniff Lider und Lippen zusammen.

»Mit dem Mann?«

»Ich sage so etwas nicht gern, aber für mich ist er ein typischer Verlierer. Ich kenne das Muster von einigen meiner Klienten. Wir vermitteln ihnen eine Maßnahme nach der anderen, aber nach zwei, drei Wochen werfen sie das Handtuch. Immer stimmt irgendwas nicht. Die Kollegen, das Klima, das Wetter ... Für ihr Versagen ist stets jemand oder etwas anderes verantwortlich, nie sie selber.«

»Und so einer ist der Herr Ball?«

»Viel schlimmer.« Frau Schack hatte eine Hand zur Faust geballt und hielt diese in die Höhe. »Sein Versagen macht ihn aggressiv. Er wird gewalttätig gegen die, die er für die Schuldigen hält.«

»Auch gegen seine Frau?«

»Ja«, flüsterte Frau Schack, und statt Neugier standen nun Tränen in ihren Augen.

Barbara hatte den Bahnhof in Augenschein genommen und wollte gerade zum Wagen zurückkehren, als sie auf dem Vorplatz den Kiosk aus roten Ziegeln erblickte. Ein paar Männer standen unter dem vorkragenden Dach und labten sich an Flaschenbier, was bei ihr unwillkürlich einen Pawlowschen Reflex auslöste.

Zwei mit Fettkreide beschriebene Tafeln offerierten ein kalorienreiches vitaminreduziertes Essen, und da ihr der Sinn nicht nach Bock- oder Bratwurst, nicht nach Hamburger, Bratklops, Pommes oder Hotdogs stand, begnügte sie sich mit einem Glühwein, der nach Tetrapack schmeckte. Angelegentlich betrachtete sie die ausgelegten Zeitungen, aber weder die *Ostsee-Zeitung* noch die *Schweriner Volkszeitung* noch das Blatt mit den Schlagzeilen für Seh- und Geistesschwache berichteten über den Mord, weil sich dieser nach Redaktionsschluss ereignet hatte. Dennoch kam sie beim Blättern auf eine gute Idee. Wenn jemand etwas Hintergründiges über Simon Rauch wusste, dann ein ortskundiger Journalist.

Barbara wärmte sich die Finger am Becher und lauschte. Die Männer wussten schon Bescheid, spekulierten über die Täter, tippten auf gewaltbereite Jugendliche. Barbara musste an Upleggers Sohn denken, der so gar nicht in dieses Bild vom Nationalfeind Nummer eins passte. Mit einem Schulterzucken ging sie zu ihrem Wagen, als sich ihr Handy mit den ersten Takten von *Lady Greensleeves* meldete. Auf dem Display erschien das Kürzel *Uplg*, und sie nahm das Gespräch an.

»Ick seh di«, sagte ihr Kollege.

Barbara schaute sich um, aber da war kein Uplegger.

»Wie ist das möglich?«

»Vom Jobcenter aus. Ich bin im dritten Stock.«

Barbara richtete ihren Blick auf den Neubau an der Ecke Speicher- und Eisenbahnstraße, und tatsächlich, hinter einem Fenster winkte er ihr zu.

»Also, was gibt es?«, wollte sie wissen.

»Sandy Ball ist verschwunden.«

»Wie, verschwunden?«

»Sie ist heute nicht zur Arbeit erschienen und hat sich auch nicht abgemeldet.«

Barbara betätigte die Fernverriegelung. »Das ist ja seltsam.«

»Finde ich auch. Sie hatte heute Morgen im Zug übrigens ihr Kind dabei.«

»Sie ist mit ihrem Kind verschwunden? Das gefällt mir nicht. Ganz und gar nicht.« Barbara öffnete die Fahrertür. »Lassen Sie ihr Handy orten. Das geht doch auch, wenn es ausgeschaltet ist.«

»Ist aber ein ganz schöner Aufwand …«

»Für eine Mutter mit Kind?« Barbara stieg ein. Sie hatte sich den größten Mercedes aus dem Fuhrpark der Mordkommission ausgesucht, und trotzdem senkte er sich ein paar Zentimeter. Leider hatte er keinen Laptop an Bord. »Die sollen sich reinhängen. Sagen Sie etwas von Gefahr im Verzuge. Soll ich zu Ihnen kommen?«

»Da Sie schon im Auto sitzen … Nein, ist nicht nötig. Ich leite das Erforderliche in die Wege.«

»Prima. Können Sie mir einen Gefallen tun? Fragen Sie doch mal nach einer Lokalredaktion in Güstrow, und dann bemühen Sie ihr wunderbares GPS, um mir den Weg zu weisen.«

»Die *OZ*?«

»Irgendeine. Notfalls auch eines dieser Käseblätter, die man kostenlos in den Briefkasten gestopft bekommt.«

»Moment.« Barbara hörte einen Wortwechsel im Hintergrund, dann war Uplegger wieder dran: »Der *Mecklenburger Bote* hat ein Büro. Domstraße 9, also mitten in der Altstadt.«

»Und wie komme ich da hin?«

»Am besten zu Fuß.«

»Zu Fuß? Ich?« Barbara konnte nur mit dem Kopf schütteln. Für Upleggers detaillierte Wegbeschreibung bedankte sie sich mit den Worten, nun fände auch ein Kind mit Teilleistungsstörungen das Ziel und startete den Motor. Während der kurzen Fahrt kreisten ihre Gedanken um das Verschwinden der jungen Frau. Vielleicht gab es dafür eine einfache Erklärung. Vielleicht hatte ihre Kollegin bloß vergessen, dass Sandy einen wichtigen Termin hatte. Es war absurd anzunehmen, der Zugmörder würde nun der Reihe nach alle Zeugen auslöschen, schließlich lebte man in Mecklenburg und nicht in Neapel.

Nach dem Überqueren des Flüsschens Nebel entdeckte sie rechter Hand ein *Ristorante Pavarotti*, das womöglich von Vietnamesen betrieben wurde – so wie die meisten Dönerbuden Rostocks. Oder von Letten, Russen, Kroaten, Albanern. Vielleicht sogar von Italienern. Barbara fand eine Parklücke auf dem Domplatz und rangierte den Mercedes in einem Zug hinein. Sofort fiel ihr ein weiß gestrichenes Haus mit runden Gucklöchern unter der Traufe auf, dessen Erdgeschoss das Eiscafé und Ristorante *Villa Italia* beherbergte: Italien gab es auch in Güstrow an jeder Ecke.

In der Lokalredaktion des *Boten* empfing sie eine Frau, die so gar nicht wie eine gestandene Lokalredakteurin wirkte. Ihr blondes, leicht gewelltes Haar trug sie kurz, eine Frisur, die Barbara Kampflesbenschnitt getauft hatte, sie hatte wasserblaue Augen und einen Teint, der vermutlich bei anderen Frauen viel Neid erregte. Miriam Jegorow, so ihr Name, sah in ihren Jeans, dem hellblauen Kapuzenshirt und den Turnschuhen mit den berühmten drei Streifen wie eine Gymnasiastin aus.

»Was für eine seltsame Koinzidenz der Ereignisse, Frau Riedbiester«, sagte sie. Für eine Vertreterin der bildungsunwilligen Jugend drückte sie sich überraschend gewählt aus. »Gerade wollte ich Sie anrufen.«

»Mich?«

»Nein«, Miriam Jegorow setzte ein Lächeln auf, das Männer töten konnte, »die Polizei. Ich habe vor einer Viertelstunde mit dem Vorzimmer des Bürgermeisters telefoniert, weil der heute irgendwo ein Band durchschneidet. Da habe ich es erfahren.«

»Was haben Sie erfahren?« Barbara platzierte sich an den Schreibtisch, der dem der Journalistin gegenüberstand.

»Was gestern Abend in der S-Bahn passiert ist. Ich war auch in dem Zug.«

»Sie waren …?« Barbara starrte ihr Gegenüber mit einem erstaunten Gesichtsausdruck an.

»Ja.«

»In welchem Wagen?«

»Dem letzten.«

Barbara rekapitulierte in Sekundenschnelle Sokolowskis Aussage und kam zu dem Schluss, dass der Wachmann Tomaten auf den Augen gehabt haben musste.

»Der Mann vom Bahnschutz hat Sie gar nicht gesehen«, sagte sie.

»Doch, doch.« Die junge Frau hörte nicht auf zu lächeln. »Er kam schon zwischen Güstrow und Lüssow durch den Wagen. Ich sah nur anders aus. Gestern wurde eine neue Ausstellung in der *Wollhalle* eröffnet, und zu solchen Anlässen gehe ich natürlich nicht in Räuberzivil.«

»Natürlich nicht.« Barbara nickte. »Sie saßen im Oberstock, nicht wahr? Und Sie hatten ein anthrazitfarbenes Kostüm an, eine Art Trenchcoat und schwarze Stiefel.«

»Ja, das war ich. Er hat mich also doch wahrgenommen.«

Du bist ja auch nicht zu übersehen, dachte Barbara.

»Was ist das für eine Ausstellung?«, erkundigte sie sich.

»*Die Große Mutter. Lieben und Verschlingen*, heißt sie. Untertitel: ›Annäherungen an Ernst Barlachs Drama *Der tote Tag*‹.«

»Das sind ja zwei Untertitel«, bemerkte Barbara.

»In gewisser Weise schon. Was meinen Sie, was es für endlose Diskussionen im Kuratorium gegeben hat. Mit Barlach kann man bei den Güstrowern immer punkten. Aber Lieben und Verschlingen? Viele meinten, man würde damit die Leute abschrecken, weil das nach Kannibalismus klingt. Jedenfalls nach sexuellen Perversionen.«

Dass diese Worte einer so jungen Frau umstandslos über die Lippen gingen, wunderte Barbara.

»Na, die dürften die Leute wohl eher anziehen«, sagte sie.

»Aber doch nicht in Güstrow. Hier gibt man sich moralisch.«

»Gerade dann. Die Moral ist ein dünnes Eis. Aber erzählen Sie mir mehr.«

»Schon im Vorfeld gab es einen kleinen Skandal.« Miriam Jegorow öffnete eine Lade ihres Schreibtisches. »Ich habe darüber geschrieben, nur ein paar Zeilen. Mein Chef wollte nicht, dass wir das an die große Glocke hängen. Er sitzt seit über 25

Jahren dort, wo Sie gerade sitzen, kennt in der Stadt Hinz und Kunz und eckt nicht gern an. Alle, die in Güstrow etwas zu sagen haben, packt er in Zuckerwatte. Sanfter statt investigativer Journalismus.« Sie lächelte nicht mehr. »Und ich bin bloß Volontärin. Meine Aufgabe besteht darin, mich ausbeuten zu lassen und ansonsten den Mund zu halten.«

»Dafür reden Sie ziemlich viel.«

»Bitte?«

»Das war überhaupt nicht böse gemeint. Fahren Sie fort! Was für ein Skandal?«

»Es ging um ein Bild von Penelope Pastor.«

Barbaras Körper spannte sich augenblicklich.

»Ich sehe, Sie kennen sie.«

»Kennen wäre zu viel gesagt. Sie war auch …« Barbara biss sich auf die Zunge. »Ich habe von ihr gehört.«

»Das inkriminierte Gemälde war ein Großformat, drei mal vier Meter. Titel: *Vagina dentata römisch Eins.*«

»Pardon, habe ich mich verhört? Latein war an meiner Schule fakultativ … ich hab es nicht besonders ernst genommen. Vagina dentata – ein weibliches Geschlechtsorgan mit Zähnen?«

»Genau. Hat etwas mit der Mythologie der Navajos und Apachen zu tun. Bei denen gibt es viele Legenden über herumwandernde beißende Vaginen. Die schärfste ist wohl die Erfüllte Vagina, die es mit Kakteen treibt.«

»Mein Gott, das ist vielleicht wirklich nichts für eine Kleinstadt«, meinte Barbara, die langsam das Gefühl bekam, ein Irrenhaus zu besuchen. »Wäre vielleicht sogar in Rostock ein Skandal.«

»Penelope Pastor provoziert gern«, fuhr die Journalistin fort. »Im Moment beschäftigt sie sich mit der Angst der Männer vor dem Weiblichen. Sie ist Künstlerin, und die Kunst ist frei – sogar in Güstrow.«

»Und was hat das mit Barlach zu tun? Ich kenne dieses Drama nicht. Wie war der Titel? Die tote Mutter?«

»Der tote Tag. Es kommt eine sehr böse, ihren Sohn beherrschende Mutter darin vor. Frau Pastor hat die Ausstellung selbst angeregt. Gerade um diese männlichen Angstbilder war es ihr zu tun; eben die verschlingende Mutter, aber auch die verschlingende Frau an sich. Man hält das Weibliche immer für das lebensspendende und behütende Prinzip, aber es hat auch einen Todesaspekt. Bitte.« Miriam Jegorow reichte eine Ausgabe der Zeitung über die Schreibtische. »Können Sie mitnehmen.«

»Danke.« Barbara öffnete ihre Handtasche und stopfte die tödlichen Weiber neben ihre Waffe. »Welche Fraktion hat sich denn durchgesetzt? Die Befürworter oder die Gegner zahnbewehrter Genitalien?«

»Lange stand es auf Messers Schneide. Herr Rauch, ein stadtbekannter Unternehmer, hat dann ein Machtwort gesprochen. Bei der gestrigen Eröffnung hing das Bild noch.«

Barbara seufzte. »Wieso kann Herr Rauch ein solches Machtwort sprechen?«

»Na, er sitzt in Güstrow in allen möglichen Gremien. Auch im Kuratorium der *Wollhalle*. Außerdem hat er 20 000 Euro für die Ausstellung gegeben.«

»Und das Werk von Penelope Pastor liegt ihm besonders am Herzen?«

»Nicht nur das Werk.« Miriam Jegorow lächelte wieder. »Die beiden sind ein Paar.«

***

Noch bevor die Handy-Ortung starten konnte, klärte sich das Verschwinden der Zeugin Ball. Sie hatte Frau Schack angerufen und mitgeteilt, dass sie sich beim Arzt befände. Dorthin war Uplegger nun unterwegs.

Die Fahrt war kurz, aber die Zeit reichte für ein Telefonat mit dem Rostocker Chef der DB Sicherheit. Das Ergebnis war mehr als mager. Der Mann schien Sokolowski kaum zu kennen und konnte sich dessen Versagen nicht erklären, da man seine Mitarbeiter ausreichend schule und auf alle Eventualitäten vorbereite. Uplegger strich im Geiste die Worte »ausreichend« und »alle«. Auf einen Mord im Zug war Sokolowski nicht vorbereitet gewesen – oder er hatte irgendeinen Grund für sein Verhalten, für das der Chef die Formulierung Versagen nicht gelten lassen wollte: Seine Wachleute versagten nicht. Es würde Uplegger nichts übrig bleiben, als ihn persönlich zu befragen, denn dann ließ er vielleicht doch etwas verlauten.

Der Allgemeinmediziner Dr. Emmelmann betrieb seine Praxis in der Hageböcker Straße und bot seinen Kunden neben hausärztlicher Versorgung auch Leckerli wie Homöopathie und TCM. Als körperlich kerngesunder Mensch vermutete Uplegger, dass sich hinter dem Kürzel eine aufsehenerregende technische Innovation verbarg, irgendeine schreckliche Maschine, in der man Platzangst bekam.

Die Kranken wussten TCM offenbar zu schätzen, denn das Wartezimmer war voll. Die Schwester am Empfang, die mit einer begriffsstutzigen Patientin telefonierte, nebenbei etwas ausdruckte und gleichzeitig die Post öffnete, zwang Uplegger, sich in Geduld zu fassen, also studierte er die an der Wand angebrachten Urkunden. Dr. Emmelmann stellte sein Licht nicht unter den Scheffel: Er hatte einen Kursus für die Behandlung von AIDS-Patienten besucht, sich für ein onkologisches *Disease Management Programm* ausbilden lassen und auch Feldenkrais nicht ausgelassen. Obendrein erfuhr Uplegger: TCM war das Kürzel für Traditionelle Chinesische Medizin.

Die Schwester beendete ihr Gespräch. Kaum hatte sie aufgelegt, klingelte das Telefon erneut. Sie machte ein verzweifeltes Gesicht, schickte den Anrufer in die Warteschleife und wandte ihre Aufmerksamkeit Uplegger zu.

»Sind Sie bestellt?«, erkundigte sie sich.

»Nein. Ich möchte …«

»Akutpatienten müssen vor neun in der Praxis sein«, verkündete sie in einem harschen und belehrenden Ton. Uplegger bekam sofort einen dicken Hals.

»Wo ist Frau Ball?«, fragte er.

»Wieso …?«

Schon donnerte sein Dienstausweis auf den Tresen. »Darum!«

»Ach, herrje! Polizei?« Die Schwester warf einen Blick ins Wartezimmer. »Die kleine Person am Fenster.«

Die schwesterlichen Worte trafen es genau. Sandy Ball hatte sich auf dem Freischwinger dermaßen zusammengerollt, dass es so aussah, als wolle sie um keinen Preis gesehen werden. Ihre Kleidung wirkte bemerkenswert hausbacken: helle Bluse mit Rüschen, knielanger Rock, Stiefel. Ihre Strickjacke hatte sie auf dem Schoß zusammengeknüllt, und ihre Augen, die ohnehin zu Boden gerichtet waren, verbarg sie zusätzlich hinter einer Sonnenbrille.

Uplegger trat ein und prallte sofort zurück. Alle Augen waren auf ihn gerichtet, die Gespräche verstummten. Doch das irritierte ihn weit weniger als das großformatige Gemälde an der linken Wand. Die Malerei war ungegenständlich, bestand aus geometrischen Formen und war in Acrylfarben gehalten, die Uplegger bekannt vorkamen. Die schwarze Signatur P.P. IX/10 ließ keinen Zweifel aufkommen. Auch den Titel hatte Penelope Pastor mit schwarzer Farbe aufgebracht: *Gesundheit beginnt im Kopf.* Man musste von Glück sagen, dass Dr. Emmelmann kein Psychiater war.

»Frau Ball?« Uplegger beugte sich herunter und machte seine Stimme sanft.

Die Angesprochene hob zaghaft den Blick. Trotz der Sonnenbrille war der blauviolette Fleck zu sehen, der das linke Auge rahmte.

»Ja?«, hauchte sie.

»Jonas Uplegger von der Kripo Rostock«, sagte er. Soweit das in dieser Enge möglich war, rückten die Mitpatienten augenblicklich von ihnen fort.

»Aber ich habe doch schon im Zug …«

»Ich weiß. Trotzdem muss ich noch einmal mit Ihnen sprechen. Gründlicher, als es meine Kollegen konnten.«

Alle im Raum hielten den Atem an. Offenbar hatte sich der S-Bahn-Mord bereits in Güstrow herumgesprochen; für Upleggers Geschmack hatte das Radio viel zu früh darüber berichtet.

»Kommen Sie bitte vor die Tür«, sagte er. »Wir geben der Schwester Bescheid, und wenn Sie aufgerufen werden, soll man Sie holen.«

Aber die Dame vom Empfang hatte Vorsorge getroffen und den Arzt informiert, wofür ihr Uplegger dankbar war. Dr. Emmelmann war bereit, Sandy Ball sofort zu behandeln. Im Warteraum erhob sich ein Murren, jemand sagte: »Wir müssen auch warten!«, worauf eine Frau erwiderte: »So ist das doch immer.«

Uplegger hatte kein Interesse zu erfahren, was immer so war. Stattdessen versuchte er, mit der Schwester ins Gespräch zu kommen: »Sie haben da ein interessantes Bild im Wartezimmer.«

»Finden Sie?« Die Schwester schaute ihn skeptisch an. »Die meisten Patienten mögen es nicht. Zu modern. Aber die Malerin ist so etwas wie ein Star in Güstrow. Kommt aus Schwaan, und der Vater war auch schon Maler. Oder Bildhauer? Ein kleiner Barlach?« Sie feixte. »Ich glaube, der hat sich nach der Wende umgebracht. Keine Aufträge, kein Geld ...« Sie zuckte mit den Schultern. »Wenn sich alle, die kein Geld haben, umbringen würden, wäre es leer in Güstrow.«

»Und in der Praxis«, ergänzte Uplegger trocken.

»Das würde mich nicht stören. Der Doktor hat zehn Minuten für jeden Patienten und muss trotzdem Überstunden machen. Am Mittwochabend dann noch Feldenkrais, Donnerstag Akupunktur ... und der ganze Schreibkram ... Manchmal denke ich, wir behandeln gar keine Patienten, sondern Nummern und Papier. Und dann diese ewigen Reformen! Was hat die neue Regierung verkündet: Einfacher, einfacher, einfacher! Und was ist herausgekommen? Eine Beitragserhöhung. Wie immer.«

»Aber irgendjemand hat diese Regierung gewählt.«

»Wissen Sie, was mein Mann dazu sagt?« Die Schwester senkte die Stimme. »In einer Parteiendemokratie hat man nur die Wahl zwischen Leere und Vakuum. Müssen Sie mich nun einsperren?«

Uplegger lachte. »Aber ja.«

»Muss man im Gefängnis wirklich Tüten kleben? Dann nehmen Sie mich mit. Das ist eine überschaubare Aufgabe.«

***

Miriam Jegorow hatte vor Barbara mehrere Hochglanzbroschüren der *Golden World Caviar Production* ausgebreitet. Barbara blätterte, ohne irgendetwas Besonderes zu bemerken: Das Gedruckte strotzte vor Eigenlob, aber es diente ja auch der Werbung.

»Fällt Ihnen nichts auf?«, fragte die Volontärin.

»Helfen Sie mir auf die Sprünge«, bat Barbara.

»Der eine Prospekt stammt von 2006, der andere vom Frühjahr dieses Jahres. Achten Sie mal auf die geplante Produktmenge.«

»Zehn Tonnen Kaviar.« Barbara verstand immer noch nicht.

»Genau. Der geplante Ausstoß hat sich nicht geändert.«

Langsam fiel der Groschen. »Er wurde nie erreicht?«

»Nie«, bestätigte Miriam. »Im besten Jahr, das war 2008, schaffte man mit Ach und Krach 800 Kilos. Als er in Güstrow antrat, versprach Rauch 170 neue Arbeitsplätze. Derzeit arbeiten bei *Golden World* 50 Leute. Außerdem soll sich Rauch frisches Geld nach dem verbotenen Schneeballprinzip besorgen. Er wirbt neues Kapital ein, um alte Anleger damit zu befriedigen.«

»Können Sie das beweisen?«

»Das mit dem Schneeballprinzip nicht. Über das andere habe ich einen Artikel geschrieben.« Miriam Jegorow tippte etwas in ihren Computer. »Ich war vorsichtig, wollte der Zeitung eine Klage ersparen. Also keine Interna, nur öffentlich zugängliches Material. Mein Chef hat es trotzdem abgewürgt. Hier!« Sie fuhr mit der Mouse über das Pad.

»Woher haben Sie Interna?«, fragte Barbara.

Miriam Jegorow senkte den Blick.

»Ich habe keine«, sagte sie.

»Glaub ich Ihnen nicht. Sie machen auf mich den Eindruck, gründlich zu recherchieren.«

»Oh, danke«, murmelte die Volontärin und wurde rot. »Ich drucke Ihnen den Artikel aus.«

»Also, woher stammen die Interna? Das mit dem Schneeballprinzip können Sie kaum aus einer öffentlichen Quelle haben.«

»Ein Mitarbeiter ...« Miriam erteilte offenbar den Druckbefehl, denn der Laserdrucker auf einem Beistelltisch fuhr hoch. »Im Frühjahr, nachdem die neuen Prospekte erschienen waren ... Er wandte sich an mich. Stand eines Abends vor der Redaktion ...«

»Ach?« Barbara beugte sich weit vor. »Wusste er, dass Sie über die Firma arbeiten?«

»Ich hatte mich kurz vorher durch den Betrieb führen lassen. Natürlich habe ich so getan, also wollte ich nur Positives schreiben. Ich habe da so einen Bonus: Man hält mich für ein kleines Mädchen, das man leicht manipulieren kann.«

»Und das nutzen Sie aus. Nicht ungeschickt.« Barbara setzte eine Verschwörermiene auf, um das kleine Mädchen um den Finger zu wickeln. »Wer hat Sie geführt?«

»Anfangs der Chef selbst. Dann übergab er mich seinem Produktionsleiter. Übergeben, das ist sein Wort.«

»Medanauskas«, sagte Barbara.

Miriam schluckte. Sie wollte ihren Informanten nicht verraten – doch dann brach sie unvermittelt in Tränen aus.

***

Uplegger musste nicht lange warten. Die Konsultation bei Dr. Emmelmann dauerte nicht zehn Minuten, sondern acht. Als Sandy Ball aus dem Ordinationszimmer kam und an den Tresen trat, wich sie Upleggers Blick aus. Die Schwester druckte ein Rezept und den Krankenschein, Sandy dankte, steckte beides ein und schlüpfte in ihre Strickjacke. Dann trat sie nochmals in den Warteraum, nahm ihren Mantel vom Garderobenständer und murmelte einen Abschiedsgruß, der nicht erwidert wurde.

Uplegger hielt ihr die Tür auf.

»Wenn Sie wollen, fahre ich Sie nach Hause«, sagte er.

»Lieber nicht.« Sie sprach so leise, dass er sie kaum hören konnte.

»Warum nicht?«

»Mein Mann macht Stress, wenn Sie mich bringen.«

»Soll ich Ihnen eine Vorladung schicken?«

»Oh Gott, nein! Er denkt dann sonst was.«

»Was denkt er?«

Die junge Frau schwieg. Sie standen vor der Praxis, und durch die Hageböcker Straße fuhr ein kalter Wind.

»Was könnte er denken, Frau Ball?«

»Dass Sie mich seinetwegen sprechen wollen. Er baut manchmal ... Also er ... Er ist ein *Hansa*-Fan.«

»Das ist nicht verboten. Und nun kommen Sie, ich will nicht erfrieren.« Uplegger deutete auf den roten Audi, den er wenige Schritte von der Praxis entfernt geparkt hatte. Sein Dienstwagen war vielleicht weniger nobel als die Kiste der Dampframme, aber dafür war er mit einem Laptop ausgestattet. Sandy Ball folgte ihm mit zögerlichem Schritt. Uplegger spürte, dass eine schreckliche Angst sie niederdrückte. Trotzdem stieg sie ein.

»Wie heißt Ihr Mann?«

»Danilo.«

»Schauen Sie.« Uplegger deutete auf den fest installierten Kleincomputer. »Wenn ich seinen Namen in unser System eingebe …«

»Das müssen Sie nicht. Ich sag es Ihnen so. Er fährt zu den Spielen, um sich zu prügeln.«

»Er ist ein Hooligan?«

»Hm.« Sandy Ball nickte.

»Wurde er schon mal festgenommen?«

Heftiges Nicken.

»Dann wurde er natürlich ED-behandelt«, sagte Uplegger mehr zu sich selbst.

»Was?«

»Erkennungsdienstlich erfasst. Personalien aufgenommen, fotografiert, Fingerabdrücke, die ganze Palette. Soll ich Sie nicht doch nach Hause fahren? Ich könnte Sie schützen.«

»Vor wem? Ich brauche Ihren Schutz nicht.«

»Frau Ball!« Uplegger steckte den Schlüssel ins Zündschloss, startete aber noch nicht. »Was ist mit Ihrem Auge? Erzählen Sie mir bloß nicht das Märchen vom Treppensturz.«

»Wenn es doch aber wahr ist?«

»Bei einem Treppensturz fällt man nicht auf die Augen.«

In der Antwort »Ich habe auch eine Rippenprellung« schien fast ein wenig Stolz mitzuklingen.

»Und was noch?«

»Ein paar blaue Flecke.«

»Wo?«

»Das möchte ich nicht sagen.«

»Dann reden wir jetzt über die gestrige Zugfahrt.«

»Okay.« Sandy entspannte sich etwas. »Vielleicht können Sie mir doch ein bisschen helfen?«

»Gern.«

»Wir könnten Sheila Madonna von der Tagesmutter abholen.«

»Wen?«, fragte Uplegger, fast bestürzt.

»Unsere Jüngste.«

»Sie haben mehrere Kinder?« Uplegger startete und schaute über die Schulter, um auszuparken.

»Drei. Norman Brad ist der Größte. Schon acht.« Sandy taute auf. Dieses Thema war unverfänglich. Uplegger musste nicht viel rechnen: Sie war bei der Geburt 17 gewesen.

»Und das mittlere Kind?«, fragte er.

»Michael Christoffer.« Sie sagte Maikel. »Der ist vier. Ich nenne ihn unser Problemchen.«

»Warum?«

»Da war was bei der Entbindung … mit dem Sauerstoff im Gehirn … Er kann noch nicht mal laufen.«

***

Miriam Jegorow hatte sich rasch wieder im Griff. Doch Barbara wusste nun, dass es Andriejus Medanauskas gewesen war, der mit ihr im Frühjahr über Rauchs Firma gesprochen hatte.

»Warum hat er sich Ihnen anvertraut?«

»Ich glaube, er ist so eine Art Gerechtigkeitsapostel. Na ja, er war es.« Miriam stand auf und nahm drei Blätter aus dem Drucker. »Er betonte jedenfalls, Christ zu sein.«

»Der große Spender und Sponsor Rauch ist bestimmt auch Christ«, sprach Barbara den Gedanken aus, der ihr sofort einkam.

»Megachrist. Er ist sogar im Gemeindekirchenrat.«

»Himmel, hat der denn überall seine Hand im Spiel?«

»Es gehört zu seiner Strategie, sich beliebt und unentbehrlich zu machen. Und unangreifbar. Er wird ja praktisch wie ein Erlöser gefeiert, immer noch.«

»Könnte man sagen, dass er die Stadt im Griff hat?«

»Von der Stadt würde das niemand zugeben. Man ist schließlich demokratisch …«

»Ja, ja.« Barbara winkte ab. »Also, er hat Sitz und Stimme im Kuratorium der *Wollhalle* und im Gemeindekirchenrat. Wo noch?«

»Für die FWG, die *Freie Wählergemeinschaft Güstrow*, sitzt er in der Stadtvertretung. Er ist gar nicht Mitglied, aber wegen seines Einflusses hat man ihn gebeten zu kandidieren. Außerdem ist Rauch Mitglied im Aufsichtsrat der GüVB.«

»Dieser Abkürzungsdschungel macht mich noch ganz wuschig«, sagte Barbara. »Was ist das denn nun wieder?«

»*Güstrower Versorgungsbetriebe AG*. Die basieren auch auf einer Idee von Rauch, die er im Stadtrat und auch beim Bürgermeister vehement vertreten hat. Es gibt sie erst seit drei Jahren.«

»Und worin besteht die Idee?«

»Eigentlich ist sie gar nicht schlecht.« Miriam Jegorow setzte sich wieder. »Unter dem Dach der GüVB wurden das E- und das Gaswerk, der Stadtverkehr und die Müllentsorgung gebündelt. Wegen der Synergieeffekte, verstehen Sie? Güstrow wird jetzt sozusagen mit Strom, Gas, Bussen und Müllautos aus einer Hand versorgt.«

»Hört sich wirklich nicht dumm an«, meinte Barbara.

»Nein. Dumm gelaufen ist etwas anderes. Wissen Sie, was Cross-Border-Leasing ist?«

»Um Himmelswillen!«, rief Barbara aus. »Hat sich Güstrow etwa auf einen solchen windigen Deal eingelassen?«

»Rauch hat seine guten Kontakte zur Finanzwelt aktiviert und für die Versorgungsbetriebe einen Vertrag mit der BPF ausgehandelt. Tut mir leid, noch eine Abkürzung. Steht für *Bank of Public Finance*. Sitz der Bank: Cayman Islands.«

»Klingt wenig vertrauenerweckend«.

»Überhaupt nicht.« Nun lachte die Volontärin schon wieder. »Sie haben natürlich auch einen Briefkasten in Frankfurt. Der Vertrag umfasst 700 Seiten – auf Englisch!«

»Güstrow hat also seine Filetstücke an einen amerikanischen Investor verkauft und für einen Teil der Kaufsumme zurückgemietet«, stellte Barbara ihr ökonomisches Wissen unter Beweis. »Was war es noch mal? Strom, Gas, Busse, Müll?«

»Richtig. Äußerlich hat sich nichts geändert, die Stadt betreibt die Anlagen weiter in Eigenregie. Angeblich erhält der Investor aber enorme Steuervorteile, und von dem Geld bekommt die Kommune ein paar Millionen. Allerdings können diese Verträge frühestens nach 30 Jahren gekündigt werden. Und sie müssen besichert werden. Güstrow bürgte für das über die *Bank of Public Finance* abgewickelte Geschäft mit 32 Millionen.«

»Es gibt aber einen Haken.«

»Einen Riesenhaken. Schon 2008 haben US-Gerichte die Steuerersparnis gekippt. Und dann folgte gleich die Finanzkrise. Es ist noch nicht offiziell, aber hinter vorgehaltener Hand hört man es schon: Güstrow steht mit seinen Bürgschaften im Regen.«

Barbara blies hörbar Luft aus. »Die Millionen sind weg?«

»Wenn es hart auf hart kommt … Die Stadt wäre dann vermutlich dermaßen überschuldet, dass sie unter Notverwaltung gestellt würde. Wissen Sie, es ist auf kommunaler Ebene nicht anders als ganz oben: Wer Macht hat, klebt an ihr. Die Verantwortlichen möchten mit allen Mitteln verhindern, dass ein Staatskommissar die Verwaltung übernimmt.«

»Kannte Medanauskas diese Zusammenhänge?«

»Na ja, ich habe mich mit ihm in der *Villa Italia* getroffen. Er hat mir von den Ereignissen in der Störfarm erzählt, ich ein bisschen von den Geschäften der Stadt. Quid pro quo, so hieß es doch in *Das Schweigen der Lämmer*?«

»War er gestern hier? Nach 18 Uhr?«

Miriam schaute Barbara überrascht an. »Nein. Um sechs war ich schon auf dem Weg zur Vernissage. Genauer gesagt, zur Presseführung. Wieso fragen Sie?«

»Weil er um diese Zeit das Betriebsgelände verlassen, aber erst den Zug 21:30 Uhr genommen hat. Haben Sie eine Ahnung, wo er gewesen sein könnte?«

Miriam schüttelte den Kopf.

»Ich würde gern Ihre persönliche Ansicht erfahren.« Barbara rüstete zum Aufbruch. »Könnte Andriejus Medanauskas etwas gewusst haben, das für Rauch gefährlich ist?«

»Ich weiß nicht.« Miriam erhob sich, brachte Barbara zur Tür. »Aber eins weiß ich gewiss: Wenn Rauch stürzt, dann hinterlässt er in Güstrow verbrannte Erde.«

***

Das winzige Kind auf dem Rücksitz weckte in Uplegger mit Melancholie geladene Erinnerungen: Er sah sich vor fast 14 Jahren, wie er an einem kalten Novembertag einen Sohn aus den Armen seiner Frau entgegennahm. Aus dem Klinikum in der Rostocker Südstadt hatte er sie abgeholt, damals noch mit dem altersschwachen Golf, und war zu ihrer alten Wohnung bei der Hundertmännerbrücke gefahren. Ines war ausgestiegen und hatte ihm den Säugling in den Arm gelegt. ›Trag du ihn hoch‹, hatte sie gesagt. Wie er sich da angestellt hatte! Mehrmals hatte sie ihm sagen müssen, dass Marvin nicht aus Porzellan bestand. Uplegger seufzte. In jenen Tagen war noch nicht abzusehen gewesen, dass Ines mit Kampagnen für Rostocker Großereignisse so viel verdienen würde.

Sandy Ball bestand nach wie vor darauf, nur zum Güstrower Bahnhof gebracht zu werden. Es gab keinen Grund, ihren Wunsch nicht zu erfüllen, denn inzwischen hatte sie bereitwillig erzählt, wen sie am oder im 9511 gesehen hatte: Konwitschny, Lindow und den noch unbekannten Mann mit Bart und wirrem Haar. Sie hatte beobachtet, wie diese Männer am Fenster vorbeigingen. Und sie erinnerte sich an den Wachmann, der selbst auf sie merkwürdig unsicher gewirkt hatte.

Da sie regelmäßig mit dem Zug zur Arbeit fuhr, waren ihr alle vier vom Sehen bekannt. Dem noch Namenlosen allerdings war sie im Sommer zum letzten Mal begegnet. Sie erinnerte sich, dass es ihr vorgekommen wäre, als führe er ein Selbstgespräch. Dann war ihr noch eingefallen, dass sie ihn auch in Rostock einmal vor dem Baumarkt im Industriegebiet Nobelstraße gesehen hatte. Ihr war sogar in Erinnerung geblieben, dass der Unbekannte schwarze Folie gekauft und dann enorme Schwierigkeiten gehabt hatte, dieselbe auf seinem Fahrrad zu befestigen. Sie hatte sich darüber mokiert, wie man so dumm sein konnte, mit dem Rad zum Baumarkt zu fahren, wenn man etwas Unhandliches kaufen wollte. Uplegger hatte ihr schließlich eine Kopie des Fotos aus Medanauskas'

Pass vorgelegt. Auch ihn hatte sie bereits ab und zu ihn in der S-Bahn gesehen, jedoch nicht am Vortag.

Der Kommissar brachte den Wagen auf Höhe des John-Brinckman-Denkmals an einer Ampel zum Stehen. In einigen Minuten würde seine Zeugin aussteigen.

»Nur ein paar Dinge noch«, sagte er. »Wie lange mussten Sie gestern arbeiten?«

»Bis 19 Uhr. Wir hatten verlängerte Sprechzeit.«

»Und dann haben Sie … Sheila Madonna von der Tages-mutter abgeholt?«

»Ja. Sie war das letzte Kind. Das war aber so abgesprochen.«

Die Ampel sprang auf Grün, Uplegger fuhr an. Schneeflo-cken klatschten gegen die Windschutzscheibe.

»Warum haben Sie erst den Zug um 21:30 Uhr genommen?«

»Na ja, wir haben uns irgendwie festgequatscht.« Sandy Balls Stimme wurde wieder dünn. »Kennen Sie das nicht? Man merkt gar nicht, wie die Zeit vergeht. Ich habe Danilo aber angerufen, damit er mich vom Bahnhof abholt.«

»Und? Hat er das gemacht?«

Frau Ball schüttelte den Kopf.

»Auf der Karte sieht es aus, als wäre es ziemlich weit vom Bahnhof Pölchow in den Ort«, sagte Uplegger.

»Mit dem Kinderwagen etwa eine halbe Stunde …«

»Sie waren gestern Abend bei diesem Wetter noch unge-fähr eine halbe Stunde unterwegs?«, fragte Uplegger entsetzt. »Allein?«

»Hm.«

»Wer hat Ihnen eigentlich aus dem Zug geholfen?«

»So ein zugezogener Typ, der vor paar Jahren am Dorfanger gebaut hat. Ich habe keine Ahnung, wie der heißt. Ist ziemlich hochnäsig. Seine Frau auch. Sie halten sich für etwas Besseres.«

Giehlow, dachte Uplegger. Von Sandy Ball hatte der bei der Vernehmung gar nichts gesagt.

Sie hatten die Nebelbrücke erreicht, und der Bahnhofsplatz war bereits zu sehen. Uplegger war noch immer nicht bereit, die junge Frau einfach ziehen zu lassen, denn das würde bedeuten, dass ihr wieder ein halbstündiger Fußmarsch bevorstand.

»Ich mache Ihnen einen Vorschlag«, sagte er daher. »Pölchow und den Bahnhof will ich mir sowieso anschauen. Ich setze Sie so ab, dass Ihr Mann nichts davon mitbekommt.«

»Haben Sie jemals in einem kleinen Dorf gewohnt?«

»Nein. Ich habe immer in Rostock gelebt.«

»Auf dem Dorf beobachtet jeder jeden. Glauben Sie mir, es ist egal, wo Sie mich absetzen. Wenn ich aus dem Auto eines fremden Mannes steige, macht das ganz schnell die Runde.«

»Und dann schlägt Danilo Sie wieder?«

»Vielen Dank für Ihre Hilfe«, sagte die Frau neben ihm, nun auffallend fest. Jonas Uplegger gab auf.

***

Die nächste Station auf Barbaras Agenda war Penelope Pastor. Durch einen Anruf wusste sie bereits, dass ihr Kollege Sandy Ball gefunden hatte. Durch das lange Gespräch mit Miriam Jegorow erschöpft, bedurfte sie neuer Kräfte. Einen kurzen Spaziergang durch die Güstrower Wallanlage verwarf sie nicht nur wegen der Kälte bereits auf dem Weg zum Wagen. Stattdessen stand ihr der Sinn nach etwas Wärmendem.

Am Bahnhofsimbiss kaufte sie sich noch einen Glühwein, dann nahm sie die L 142, die in Güstrow, wenig überraschend, als Schwaaner Straße begann und über die Dörfer Lüssow und Mistorf führte, um schließlich als Güstrower Straße Schwaan zu erreichen. Links und rechts der wenig befahrenen Landstraße erstreckten sich Äcker und Wiesen, auf denen sie hier und da ein baumbestandenes Soll ausmachen konnte. Sie passierte winzige Dörfer mit Namen wie Augustenruh, Goldewin und Rukieten, und einmal entdeckte sie sogar einen Sprung Rehe. Die fünf Tiere starrten sie an, bevor sie sich entschieden, in Richtung von einigen Bäumen davonzusprengen. Es schneite, und über die weite Landschaft wölbte sich ein niedriger Himmel von suizidalem Grau.

Die Kleinstadt Schwaan machte auf Barbara einen anheimelnden Eindruck. Die Menschen versuchten, dem trüben Wetter etwas entgegenzusetzen: In vielen Fenstern leuchteten die elektrischen Kerzen von Schwibbögen, und die ersten Plastikweihnachtsmänner, ebenfalls beleuchtet, kletterten an Fassaden hoch. Auf dem Markt wurde gerade eine Tanne errichtet, die vielleicht auch eine Fichte war; die Natur war für Barbara ein Buch mit sieben Siegeln, und ihr genügte es, eine Blume von einem Baum unterscheiden zu können.

Um die Straße An der Warnow in Neu Wiendorf zu finden, musste Barbara zweimal anhalten und Passanten fragen. Auf diese Weise erreichte sie den Büdnerweg, der über die Bahngleise führte. Ungefähr 200 Meter von dem beschrankten Übergang entfernt standen zwei Polizeiwagen am Rand eines Ackers. Ein Dutzend Uniformierter suchte das Feld ab. Es war kurz vor drei, doch mussten sie schon Taschenlampen benutzen. Barbara hielt und rief Ann-Kathrin Hölzel an. So erfuhr sie nicht nur, dass die Tatwaffe noch nicht gefunden worden war, sondern auch das vorläufige Ergebnis der Autopsie: Auf Andriejus Medanauskas war achtmal eingestochen worden. Mehrere Stiche waren lebensgefährlich gewesen, aber gestorben war er an einer Herztamponade. Der Täter hatte das alles versorgende Organ getroffen, vermutlich eher zufällig.

»Acht mit Wut ausgeführte und anscheinend ungezielte Stiche?« Barbara schaute sich um. An der Einmündung des Büdnerwegs in die Straße An der Warnow stand ein Schaukasten. »Ich kann mir nicht helfen, aber für mich hört sich das nach einer Beziehungstat an. Oder nach einem Hassverbrechen, wie Breitbart es genannt hat. Dumm nur, dass sich scheinbar niemand im Zug befunden hat, der für eine solche Tat in Frage kommt. Keine Freunde, Verwandte, Geliebte oder Ex-Geliebte.«

»Also keiner der Leute, die 90 Prozent aller Morde begehen?«, war von Ann-Kathrin Hölzel zu hören.

»Sind es 90 Prozent?«

»Keine Ahnung. Aber jedenfalls ist es die Mehrheit. Die Leute fürchten sich vor dem Mörder auf dunkler Gasse, dabei haben sie ihn meistens im Haus.«

»Ja, ja, der allgegenwärtige unauffällige und nette Nachbar, dem man es nicht zugetraut hätte. Den liebe ich besonders. Also, bis morgen – wenn nicht noch was Unvorhergesehenes eintritt. Ciao, bella!«

»Ciao, bellissima!«, erwiderte ihre Kollegin und trennte die Verbindung. Barbara wurde schlagartig bewusst, dass Upleggers Italienischkenntnisse die sprachlichen Gewohnheiten ihres Kommissariats geprägt hatten, und sei es auch dadurch, dass man sich über sie lustig machte.

Schaukästen zogen Barbara Riedbiester seit jeher magisch an. Auch den der Gemeinde Neu Wiendorf nahm sie in Augenschein. Seit längerem gab es anscheinend nichts Wichtiges zu verkünden. Neben der Tagesordnung einer Gemeindesitzung vom Juni hing die Bekanntmachung des Amtsgerichts Rostock aus dem gleichen Monat, die Zwangsversteigerung von Grundstücken betreffend, und daneben wiederum das von der Feuchtigkeit gewellte Plakat für das Dorffest im August. Großartig, dachte Barbara, als sie von einer Hüpfburg, von der Tombola mit Kaffee und Kuchen und vom Tanz im Saal mit DJ Bimmel las. Die Jagdhornbläser des Hegeringes Schwaan hatten das Fest eröffnet, es hatte ein Lagerfeuer gegeben, ein Fußballspiel und einen Auftritt des Unterhaltungsstars *Tenor Fischi*. Hornblasende Tiermörder, DJ Bimmel, Tenor Fischi! Barbara schüttelte den Kopf. Das konnte man sich nicht ausdenken, also war es wohl real.

»Frau Riedbiester?«, rief jemand in Barbaras Rücken. »Die Dame von der Kripo?«

Barbara drehte sich um. Am Zaun eines Eckgehöfts stand eine äußerst schlanke Frau von Mitte dreißig, der das kastanienbraune Haar bis auf die Schultern reichte. Sie trug eine randlose Brille und war bekleidet mit einer Trainingshose und einem Fleischerhemd, das über und über mit Farbe bedeckt war. Die hervortretenden Wangenknochen verliehen ihr ein leicht asiatisches Aussehen, dem jedoch die großen Augen widersprachen. Deren Braun wurde erst beim Nähertreten erkennbar. Natürlich hatte Barbara sofort ein Wort für sie: Kuhaugen.

»Riedbiester ist ein ungewöhnlicher Name«, meinte die Malerin, während sie ihre Besucherin von Kopf bis Fuß musterte.

Barbara reagierte empfindlich, wenn man sich über ihren Namen mokierte, der vielleicht nicht schön war, aber immerhin rar.

»Penelope Pastor auch«, sagte sie also. »Oder ist das ein Pseudonym?«

»Nein. Falls Sie es nicht wissen sollten, mein Vater war ebenfalls Künstler und wie Barlach auch ein Poet. Er liebte die Alliteration. Kommen Sie, oder wollen Sie erfrieren? Wir gehen ins Atelier, die Doppeltür ist breit genug.«

Diese Worte trafen Barbara wie Peitschenhiebe. Eine Anspielung auf ihren seltsamen Namen konnte sie noch verkraften, nicht aber eine auf ihre Körpermassen. Trotzdem schwieg sie, folgte der Frau, die Heiner Konwitschny für eine Obdachlose gehalten hatte, und musste in Erinnerung daran wider Willen schmunzeln. Als Geliebte von Simon Rauch und als Güstrower Berühmtheit nagte sie kaum am Hungertuch, und das Anwesen sprach auch für eine ziemlich hohe Kante. Außer dem Bauernhaus, das unlängst eine frische Schicht weißen Putzes und neue Fenster erhalten hatte, gab es eine Remise, vor der ein Heizöltank stand, sowie ein langgestrecktes Gebäude mit Oberlichtern, das vielleicht einmal ein Stall gewesen war. Da Penelope Pastor auf eben diesen Bau zuging, musste er das Atelier beherbergen.

»Ich muss schon sagen, dass ich seit Ihrem Anruf etwas wacklig auf den Beinen bin.« Penelope Pastor öffnete beide Türflügel, obwohl einer gereicht hätte. »Wenn ich mir vorstelle … Ich war ja in diesem Zug und … Nein, bloß nicht!«

Barbara fragte noch auf der Schwelle: »Wissen Sie, wen es erwischt hat?«

»Wie sollte ich?« Die Zeugin bedachte Barbara mit einem misstrauischen Blick.

»Simon hat sie nicht angerufen?«

»Welcher Simon?«

»Rauch.« Barbara war überrascht von der Größe des Ateliers. Wenn es wirklich ein Stall gewesen war, so hatte man alle Trennwände entfernt und einen einzigen Raum geschaffen, der in der Länge etwa 50 und in der Breite etwa 20 Meter maß. Es musste ein Vermögen kosten, ihn im Winter warm zu halten – sehr warm war es im Übrigen nicht.

»Warum sollte ausgerechnet Rauch mich anrufen?«, fragte die Malerin.

»Vielleicht, weil Sie ein Paar sind?«

»Wir sind kein Paar. Das sind Gerüchte.«

Barbara war überzeugt, dass sie log. Eine winzige Abweichung in ihrem Mienenspiel verriet es ihr.

An den Wänden aufgereiht standen, die bemalte Seite verbergend, etliche Gemälde unterschiedlichen Formats. An zwei verschiedenen Stellen befanden sich Staffeleien, vor ihnen je ein Drehstuhl und daneben ein Beistelltisch mit einer Palette, Farbtuben, Sprühdosen, Pinseln, Kaffeetöpfen und überquellenden Aschenbechern. Es gab eine große Werkbank, auf der Zeichenblätter, Kohlestifte, Tapetenmesser und andere Utensilien herumlagen, außerdem ein Berg von Leinwandresten und Dutzende von Büchern. Zwei Weinflaschen und ein Glas verrieten eine weitere Inspirationsquelle.

Im Atelier verteilt gab es sieben Stühle, was Barbara sofort an die sieben Zwerge denken ließ. Die Hausherrin holte einen von ihnen und stellte ihn in die Nähe der rechten Staffelei. Sie fingerte eine Pappschachtel aus der Brusttasche ihres Fleischerhemds, klopfte eine Zigarette heraus, schob sie in den Mund und tastete in der Trainingshose nach dem Feuerzeug.

Mit einer Kopfbewegung bat sie ihre Besucherin, näher zu treten.

»Gerüchte also«, wiederholte Barbara. Auf dem Beistelltisch entdeckte sie zwei weitere, mit Farbe bekleckerte Bücher: C. G. Jungs *Symbole der Wandlung* und eines mit dem Titel *Das Matriarchat. Mythen und Archetypen.* »Ich sehe, dass Sie sich mit Mythologie befassen.«

»Ja.« Penelope Pastor zündete sich die Zigarette an. »Ich habe die abstrakte Phase hinter mir gelassen und widme mich wieder verstärkt der gegenständlichen Malerei. Möchten Sie Wein?«

Barbara schüttelte den Kopf.

»Sie haben doch schon getrunken«, bemerkte die Malerin und trat zur Werkbank. »Ihre Fahne ist mir nicht entgangen.«

»Einen Glühwein zum Durchwärmen«, gab Barbara zu.

»Und dann fahren Sie Auto?« Penelope schenkte sich ein.

»*Ein* Glühwein!« Barbara schaute hinauf zum Dach. Die Oberlichter waren mit einer dünnen Schneeschicht bedeckt, die nur sehr wenig Licht hindurchließ. Auf die Leinwand war daher ein Strahler gerichtet. Nach dem Blick in die Höhe widmete sich Barbara dem, was die Künstlerin unter gegenständlicher Malerei verstand. Eine Vagina dentata blieb ihr zwar erspart, aber irgendetwas Weibliches hatte der Güstrower Malerstar schon auf die Leinwand gebracht: eine Art Meerjungfrau mit Brüsten, an denen zwei Wesen sogen, die wie zusammengewachsene Polypen aussahen. Die in einem orangestichigen Ocker gehaltene Malerei wirkte wie das Werk eines frühreifen Kindes.

»Vielleicht sind Sie trainiert«, sagte Penelope. Aus dem Augenwinkel sah Barbara sie sich mit Glas und Weinflasche nähern.

»Trainiert?«

»Mit Alkohol. Sie sehen so aus.«

Barbara fuhr entrüstet herum. Penelope lächelte.

»Wie sehe ich aus?«

»Wie jemand, der zu viel trinkt. Ich will Ihnen nicht auf den Schlips treten, aber …«

»Hören Sie, es geht hier nicht um mich!« Barbara war drauf und dran, aufzuspringen und dieser Leinwandbeschmiererin mit den Fingernägeln ins Gesicht zu fahren.

»Um Sie ging's wahrscheinlich noch nie.« Penelope stellte die Flasche zwischen Jung und das Matriarchat. »Gefällt Ihnen mein Bild?«

»Sehr.«

»Lügen haben kurze Beine.« Die Malerin nahm einen Schluck. »Das ist Sedna, eine Gestalt der grönländischen Mythologie. Sie wurde auf den Meeresboden verbannt, weil sie die Heirat mit einem von ihren Eltern erwählten Mann verweigerte. Sie machte ihr eigenes Ding, könnte man sagen. Wer sein eigenes Ding macht, verurteilt sich manchmal zur Isolation. Eine Künstlerin kann das ja noch, von ihr wird es sogar erwartet. Aber die meisten schwimmen doch lieber mit dem Strom. Wie eh und je.« Sie seufzte. »Wenn ich ehrlich bin: Das Publikum zu provozieren, gehört heutzutage auch zum Mainstream. Wir alle tragen unsere Haut zu Markte, weil alles Markt ist.«

»Stammt das Gemälde in Rauchs Büro von Ihnen?«

Penelope nickte. »Er hat es mir abgekauft. Bei der letzten Rostocker Kunstnacht. Es ist also kein Liebesgeschenk, wie Sie sicher vermutet haben. Na, nicht doch einen?« Sie setzte sich auf den Drehstuhl und plinkerte mit dem Fingernagel gegen die Flasche. »Ist ein sehr guter apulischer Tropfen.«

Schon wieder Italien, dachte Barbara, während sie sagte: »Sie haben ja kein zweites Glas.«

»Und ob.« Penelope beugte sich vor und zog unter dem Beistelltisch einen Karton hervor. »Von der letzten Atelierfete. Mache ich zweimal im Jahr, zur Kontaktpflege. Sie können auch Networking sagen.« Ein halb spöttisches, halb angewidertes Lächeln grub sich für einen Moment in ihre Züge. Sie öffnete den Karton und zog ein Glas heraus. »Also?«

»Meinetwegen.«

»Gut.« Sie füllte das Glas bis kurz unterhalb des Rands. Barbara fragte: »Kennen Sie einen Andriejus Medanauskas?«

»Ein Künstlerkollege? Klingt irgendwie … nach Baltikum.«

»Der Produktionsleiter der *Golden World Caviar Production*.« Barbara nahm das Glas entgegen. Die Zeugin Pastor rauchte und tat dabei so, als dächte sie nach.

»Nie gehört«, antwortete sie schließlich. »Und den Namen hätte ich mir gemerkt.«

»Hat Herr Rauch mit Ihnen nie darüber gesprochen, dass sein Produktionsleiter ihm Probleme macht?«

»Nein!« Die Künstlerin schaute an Barbara vorbei zum Tor. »Warum sollte er mir so etwas anvertrauen? Ich treffe ihn bei Vernissagen oder auch mal im Restaurant oder im Theater, und ich lade ihn zu meinen Feten ein, weil er ein einflussreicher Mann ist – und weil er Geld hat. Gestern wurde eine Ausstellung in der *Wollhalle* eröffnet, da war er dabei. Immerhin hat er sie mitgesponsert. Außerdem sitzt er im Kuratorium. Ich begegne ihm zwangsläufig immer mal wieder. Güstrow ist schließlich keine Millionenstadt.«

Die letzten Worte konnte Barbara kaum verstehen, weil ein Güterzug vorbeidonnerte. Die Hausherrin verdrehte die

Augen, Barbara probierte den Wein. Er schmeckte ihr, aber einen Unterschied zu den Billigimporten aus dem Supermarkt vermochte ihre alkoholgeschädigte Zunge nicht zu erkennen.

Der offenbar aus schweren Waggons bestehende Zug wollte nicht enden. Er brachte den Boden zum Vibrieren, und Barbara fragte sich, wie man unter solchen Umständen schöpferisch tätig sein konnte. Die andere schien ihre Gedanken zu erraten, denn als endlich wieder ländliche Stille eingekehrt war, sagte sie: »Ich habe Haus und Grundstück von meinem Vater geerbt. Schön ist es hier ja, aber der Lärm! Die Idylle trügt.«

»Wenn es überhaupt so etwas gibt.«

»Wo sich Menschen aufhalten, kann keine Idylle bestehen. – Also, warum haben Sie nach diesem … Mann gefragt?«

»Andriejus Medanauskas. Er ist das Opfer.«

»O je!« Penelope Pastor legte die Stirn in Falten. »Der Produktionsleiter von Rauch?«

Die Kriminalkommissarin öffnete ihre Handtasche und wühlte nach der vergrößerten Passkopie. Die Malerin widmete sich ihrer Zigarettenschachtel. Diese Sucht war Barbara erspart geblieben. 13 oder 14 war sie gewesen, als sie mit zwei Schulfreundinnen auf dem Sportplatz am Rande von Lütten Klein geraucht hatte, heimlich natürlich und in der Dunkelheit. Ihr war davon so schlecht geworden, dass sie es für immer bleiben ließ. Den Alkohol hatte sie erst viel später entdeckt.

»Vielleicht haben Sie ihn schon einmal gesehen.« Sie reichte ihrem Gegenüber den Fotoabzug.

Penelope warf nur einen kurzen Blick darauf und sagte: »Ja, habe ich. Ich fahre öfter nach Güstrow. Er war ein paar Mal im Zug. Oder auf dem Bahnhof. Vom Sehen ist er mir bekannt.«

»Und gestern?«

»Nicht dass ich wüsste. Ich war allerdings ziemlich aufge-
wühlt. So eine Vernissage ist furchtbar anstrengend, Smalltalk
hier und Smalltalk da ... Hatte auch ein paar Gläser Sekt intus.
Ich habe nicht darauf geachtet.« Die Zeugin gab das Bild zurück.

»Wie sind Sie eigentlich vom Bahnhof in Schwaan hierher
gekommen?«

»Zu Fuß.«

Barbara riss die Augen auf. »Zu Fuß?«

»Ja. Immer zwischen Warnow und Bahndamm entlang. Ma-
rienstraße. Sind ungefähr zwei Kilometer, also eine knappe halbe Stunde. Im Sommer nehme ich das Fahrrad.«

»Haben Sie kein Auto?«

»Nicht mal einen Führerschein.« Penelope Pastor lächelte jetzt beinahe wie ein kleines, schamhaftes Mädchen. »Ich
bin viermal durch die Fahrprüfung gerauscht, dann hab ich
es aufgegeben. Es geht auch ohne. So komme ich nie in die
Verlegenheit, mit Alkohol im Blut zu fahren.«

»Höchstens mit dem Fahrrad«, sagte Barbara bissig. Die Anspielung ärgerte sie.

Als Antwort erntete sie ein helles Lachen. »Aber Sie verraten
mich nicht?«

»Ich könnte den Schwaaner Kollegen einen Tipp geben.«

»Na, dann muss ich keine Angst haben. Wenn die mich er-
wischen wollen, müssen Sie Überstunden machen. Noch einen
Schluck?«

Barbara hatte gar nicht bemerkt, dass ihr Glas schon leer
war. Sie nickte.

»Haben Sie gestern irgendetwas Besonderes festgestellt?
Auf einem der Bahnhöfe, im Zug oder während des Fuß-
marsches?«

Penelope Pastor zündete sich die nächste Zigarette an. Barbara dachte frohlockend, dass eine so starke Raucherin aus dem Leim gehen würde, wenn sie irgendwann das Laster aufgab.

»Etwas Besonderes?« Sie blies Rauch in Richtung der Leinwand. »Eigentlich nicht. Abgesehen von diesem widerlichen Schneeregen ...«

»Jemanden gesehen?«

»Der Zug stand schon, als ich auf dem Bahnhof angekommen bin. Ich habe mich beeilt, hineinzukommen. Doch, da war ein Mann auf dem Bahnsteig! Vorn, beim ersten Wagen. Lange Haare. Ich habe noch gedacht: Männer! Sind so eitel, tragen selbst bei Polarkälte keine Mütze!«

»Hatte er denn so schönes Haar?«

»Glaub ich nicht. Nein, nein, eher ungepflegt. Fettige Strähnen.« Penelope Pastor schielte auf Barbaras Kopf. »Aber ich war zu weit weg, vielleicht irre ich mich.«

»Was hatte er an?«

»Gott, was Sie alles wissen wollen?« Sie inhalierte. »Jeans und einen hellen Daunenanorak. Und hohe Schuhe? So eine Art Boots? Nein, tut mir leid ...«

Barbara klappte ihren Notizblock auf, machte ein paar Aufzeichnungen.

»Und im Zug?«, wollte sie wissen.

»Es ist mir peinlich, aber ich habe auf die anderen nicht geachtet. Ich war zu sehr bei der Ausstellung, bei dem lächerlichen Skandal um mein Bild.«

»Vagina dentata«, sagte Barbara.

Die Künstlerin lächelte.

»Sie sind ja gut informiert. Vor nichts haben die Leute so viel Angst als davor, mit ihren Ängsten konfrontiert zu werden.«

»Sind Sie sicher, dass in jedem Mann eine tiefe Angst vor dem Weiblichen steckt?«

»Alle Achtung!« Penelope Pastor hob die Brauen. »Ich frage mich allerdings, warum Sie sich so für mich interessieren.«

»Ich beschäftige mich mit allen, die im Zug waren«, sagte Barbara. »Und Sie sind obendrein die Geliebte des Arbeitgebers des Opfers.«

»Zwei Genitivattribute, das hätte meinen Vater fürchterlich aufgeregt.« Die Malerin blickte auf ihr Glas. »Und wie gesagt, ich unterhalte keine intime Beziehung zu Rauch.«

»Sie hassen Männer?«

»O nein! Sie interpretieren mich falsch. Übrigens nicht nur Sie. Ich bin keineswegs ein männerhassendes Monstrum. Ganz kommt frau ohne sie ja nicht aus; es sei denn, man ist lesbisch.«

Die Beharrlichkeit zählte Barbara zu ihren Tugenden, und so fragte sie noch einmal: »Sind Sie wirklich nicht mit Simon Rauch zusammen?«

Penelope Pastor warf den Kopf in den Nacken.

»Ich bin nie mit Männern zu-sam-men, Frau Riedbiester«, sagte sie mit Vehemenz. »Sex ja, aber ansonsten kann ich sie um mich nicht ertragen. Weder ihre Machoallüren noch ihre Wehleidigkeit. Und vor allem keine herumliegenden Socken. Seien Sie froh, dass Ihnen so etwas erspart bleibt.«

Sofort stieg eine starke Wut, ja sogar Hass in Barbara auf. Wie konnte diese magersüchtige Zicke es wagen, ihr, der Kriminalhauptkommissarin Riedbiester, dergleichen ins Gesicht zu sagen? Himmel und Hölle würde sie in Bewegung setzen, um dieses Insekt zu zerquetschen.

»Sie können gar nicht wissen, was mir erspart bleibt«, sagte sie mühsam beherrscht.

Penelope Pastor deutete auf Barbaras Glas. Es war schon wieder leer.

»Sie trinken, haben schon das erste Stadium der Selbstvernachlässigung erreicht«, diagnostizierte sie. »Außerdem sendet ihre Kleidung an die Männerwelt eine Botschaft: Rühr mich nicht an!«

Zerquetschen, dachte Barbara. Ihr das Maul stopfen und dann so lange auf ihrem schlanken Körper herumspringen, bis er Mus wird.

»Haut Sie die Wahrheit um?«, fragte das Insekt nun mit lauerndem Blick.

Barbara schüttelte den Kopf. Ihr Mund war ganz trocken, und sie hatte entsetzlichen Durst.

»Gegen Rauchs Protektion haben Sie jedenfalls nichts einzuwenden«, sagte sie mit einer krächzenden Stimme, die ihr peinlich war.

»Was kann ich dafür, dass ihm die Stadtverwaltung und alle Parteien aus der Hand fressen? Selbst in Schwerin hat man sich vor ihm verbeugt. Und nicht irgendwer, sondern ein Staatssekretär aus dem Wirtschaftsministerium. In meinen Bildern kann ich träumen, aber ich muss mich doch den Realitäten stellen, wenn ich sie verkaufen will. Ohne Rauchs Einsatz wäre die aktuelle Präsentation in der *Wollhalle* nie zustande gekommen.«

»Sie kuscheln also mit den Mächtigen«, stellte Barbara nicht ohne Häme fest.

Penelope Pastor wurde rot.

»Zum letzten Mal«, sagte sie laut, »es ist eine reine Geschäftsbeziehung.«

Wer's glaubt, wird selig, dachte Barbara. Wie hatte Jonas gesagt? Wenn es nicht wahr ist, so ist es doch gut erfunden.

Nicht einmal das.

»Zurück zu Ihrer gestrigen Zugfahrt. Sie haben auf Mitreisende nicht geachtet?«

Penelope Pastor schüttelte den Kopf. »Nur auf den Schaffner. Komischerweise fühle ich mich immer ertappt, wenn ein Kontrolleur den Waggon betritt. Obwohl ich hundertprozentig sicher bin, frage ich mich jedes Mal, ob ich den Fahrschein entwertet habe. Aber der Schaffner gestern wollte ihn gar nicht sehen.«

»Weil es kein Kontrolleur war, sondern ein Wachmann«, erklärte Barbara. Sie hatte sich beruhigt.

»Ach so.« Die Zeugin drückte ihre Kippe aus und nahm eine neue.

»Sie sind doch in Schwaan ausgestiegen?«

»Natürlich.«

»War dort jemand auf dem Bahnsteig?«

»Ja, ja.« Die Dorfkünstlerin gab sich Feuer. »Zwei Typen in Lederklamotten. Motorradrocker ohne Motorrad.« Sie schmunzelte kurz. »Mit rasierter Glatze. Ich habe bei ihrem Anblick nicht an die Eitelkeit der Männer gedacht, hätte es aber können. Manche Frauen stehen ja auf nackte Köpfe, ich nicht. Außerdem, wenn es wenigstens Charakterköpfe gewesen wären. Aber die beiden waren bloß austauschbare Neandertaler, wissen Sie?«

Barbara wusste. Hätte ihr jemand anderes gegenüber gesessen, hätte sie vielleicht gegrinst, aber dieser Person wollte sie nicht das geringste Zeichen von Einverständnis geben.

»Dann stand da noch eine Frau im Wartehäuschen«, fuhr Penelope Pastor fort. Nachdenklich betrachtete sie die Zigarette zwischen ihren Fingern. »Wie soll ich sie beschreiben?

Ein Mensch, der nicht gesehen werden will. Jemand, den das Schicksal so sehr geprügelt hat, dass er sich ständig für seine Existenz entschuldigt. Können Sie sich ungefähr vorstellen, was ich zum Ausdruck bringen will?«

»Sehr gut sogar«, sagte Barbara. »Ein Zeuge hat diese Frau als verhuschte Erscheinung bezeichnet.«

»Ja, das trifft es genau. Eine verhuschte Erscheinung.« Die Künstlerin hob den Kopf, schaute Barbara in die Augen. »Oder eine kleine graue Maus. Immer auf der Hut vor Fressfeinden.«

»Ihre Kleidung?«, fragte Barbara.

»Ich weiß nicht. Gedeckte Farben? Wahrscheinlich Rentnerbeige, aber so alt war sie nicht.«

»Rentnerbeige!« Nun musste Barbara doch grinsen. »Gut. Ich danke Ihnen.« Sie schloss den Block. »Eines würde ich gern noch wissen. Wenn Sie nachts vom Bahnhof nach Hause laufen, treffen Sie dann Vorsorge, um sich notfalls verteidigen zu können? Pfefferspray, ein Schlagstock, ein Messer vielleicht …?«

»Wozu? Schwaan ist ein friedlicher Ort. Ich bin sicher, dass mir nichts passieren kann.«

Heilige Einfalt, dachte Barbara. Es gab keine friedlichen Orte, das Verbrechen fühlte sich überall zu Hause. Nichts auf der Welt besaß ein so tiefes Heimatgefühl wie das Böse. Und es hatte ein enormes Geschick, sich mit illuminierten Schwibbögen zu tarnen.

Kriminalhauptkommissarin Riedbiester versenkte den Notizblock in ihrer Handtasche, ließ den Verschluss zuschnappen und stand auf. Von dem Wein war ihr etwas schummrig, aber die Kälte würde die Wirkung des Alkohols schon vertreiben. Penelope Pastor brachte sie bis zum Gartenzaun.

»Haben Sie mich jetzt auf dem Kieker?«, wollte sie wissen. Eine feine Ironie schwang in ihrer Frage mit.

»Überschätzen Sie sich nicht.« Barbara überquerte die Straße. Der Asphalt war unter einer dünnen Schneedecke verschwunden.

Im Wagen schaltete sie die Standheizung an, dann blickte sie auf das Eckgrundstück der Künstlerin. Penelope Pastor war zu ihren Mythen und Archetypen zurückgekehrt.

Barbara gelangte nur ein paar Meter vorwärts bis an die geschlossene Schranke. Sie reckte den Hals, aber die Polizeiwagen waren nicht mehr zu sehen.

Plötzlich überflutete sie eine Welle von Hass.

Was hatte sie sich von dieser Göre, die sich einbildete, malen zu können, nicht alles an den Kopf werfen lassen müssen! Dass sie trank, dass sie das erste Stadium der Selbstvernachlässigung erreicht hatte, dass sie den Männern eine abweisende Botschaft sendete. Übersetzt bedeutete dies: Sie war einsam, fett und hässlich. Selbst wenn es stimmte – diese Dilettantin hatte kein Recht, es auch nur zu denken. Sehr sicher musste sie sich fühlen, wenn sie es wagte, einer Ermittlungsbeamtin derartige Frechheiten ins Gesicht zu sagen. Sie genoss Protektion. Na und? Von wem denn? Von einem Kleinstadtganoven!

Als die S-Bahn vorbeirauschte, hatte Barbara nur einen Gedanken: Sie würde alles daransetzen, Penelope Pastor von ihrem hohen Ross zu stürzen. Sie würde dafür sorgen, dass sie tief genug in den Dreck fiel, um sich zu verschlucken.

III Bier

Uplegger war groggy. Da der *Erste Angriff* bei einem Mordfall nicht nur seine ganze Kraft erforderte, sondern vor allem Arbeit fast rund um die Uhr, war es Usus, dass er seinen Sohn in solchen Phasen zu Oma und Opa Südstadt brachte. Schon als Dreikäsehoch hatte Marvin seine Großeltern so genannt; der Name war ein Exzerpt des Satzes ›Wir gehen heute zu Oma und Opa in die Südstadt‹. Oma und Opa Südstadt waren Upleggers Eltern; die seiner Frau hatten zuerst Oma und Opa Graal-Müritz geheißen, wovon der Einfachheit halber Gra-Mü übriggeblieben war. Inzwischen gab es allerdings nur noch Oma Gra-Mü.

Uplegger stellte den Audi in ein Halteverbot und klemmte die amtliche Ausnahmegenchmigung hinter die Windschutzscheibe. Mittlerweile schneite es allerdings so stark, dass dieselbe in Windeseile bedeckt war.

Marvin zu seinen Großeltern zu bringen, bedeutete jedes Mal Kampf. Nicht dass der Junge sie nicht liebte, er hielt es nur für überflüssig. Mit fast 14 glaubte er, keiner Aufsicht mehr zu bedürfen. Uplegger war der gegenteiligen Meinung. Bald strafmündig, sagte der Sohn. Also noch unreif, dachte der Vater.

Uplegger stieg aus. Er hatte eine endlose Debatte, viel Geschrei und Türenschlagen und schließlich einen Sieg hinter sich, der damit begann, dass Marvin grollend und schmollend seinen Rucksack packte. Auf der Fahrt in die Südstadt hatte er kein Wort gesprochen, er hatte sich nicht verabschiedet und war sofort in das Zimmer gestürzt, das für ihn freigehalten wurde. Der Sieg schmeckte bitter. Und er würde noch bitterer schmecken, wenn sein Junge aus dem Oma-und-Opa-erlauben-alles-Wellness-Paradies zurückkam. Dieses Hin und Her, dieses Auf und Ab zerrte mächtig an Upleggers Nerven.

Bevor er nach Hause gefahren war, sich dem unvermeidlichen Erziehungskrieg zu stellen, hatte er den Hauptbahnhof aufgesucht, um den Chef und außerdem zwei Kollegen von Sokolowski zu befragen. Von allen war ihm der Wachmann als einsatzbereit, freundlich und höflich beschrieben worden, Formeln, die so gut wie nichts aussagten. Sokolowski fiel nie aus, war nie krank, rauchte nicht und trank nicht über den Durst, und er hatte keine Macken, außer seiner Vorliebe für Zahlen. Über sein Privatleben wusste niemand etwas. Offenbar war er Junggeselle. Ob es hin und wieder eine Frau gab, wusste man nicht. Manchmal sprach er vom Angeln, daher nahm man allgemein an, dass er angle. Irgendwann hatte er erwähnt, dass er die dienstfreien Tage um die Weihnachtszeit bei seinen Eltern verbringe. Einmal hatte er einen Satz Sondermarken im Wachbuch vergessen und galt daher als Sammler. In der Sprache des Wachschutzes führte er ein Leben ohne Vorkommnisse. Ein Leben ohne Leben.

Auch Barbara hatte eine häusliche Pflicht zu erfüllen gehabt: Zweimal am Tag musste sie ihrem zuckerkranken Kater nach einer Mahlzeit Insulin spritzen, und sie bemühte sich, es möglichst regelmäßig zu tun, wobei ihr der Beruf häufig einen Strich durch die Rechnung machte. Bruno erwartete sie stets mit einem gewaltigen Miauen als Zeichen eines noch gewaltigeren Hungers. Da er jedoch abnehmen musste, sättigte ihn die Mahlzeit nicht, also miaute er, bis Barbara das Herz blutete. The same procedure as every day – und Barbara verließ mit schlechtem Gewissen die Wohnung.

Auf dem Weg zum Wagen erhielt sie einen Anruf von Ann-Kathrin, die sie mit dem üblichen »Ciao, bella!« begrüßte. »Was hat die Abendstund im Mund?«

»Arbeit. Und bei dir?«

»Ich habe mich mit Andriejus' Ex befasst, der Lehrerin.«

»Claudia Brinkmann?«

»Sì, sì, sì! Lass es mich so zusammenfassen: Sie macht ihre Arbeit.«

»Unglaublich! Gut?«

»Keine Ahnung.«

»Also schlecht?«

»Weiß ich nicht. Mein Eindruck ist: So lala. Laviert sich durch. Aber da wäre etwas, das dich vielleicht interessiert …« Ann-Kathrin machte eine Pause, um Barbara auf die Folter zu spannen.

Die legte daher eine künstliche Atemlosigkeit in ihre Frage: »Worum handelt es sich denn?«

»Um ein Drogenereignis während einer Klassenfahrt. Rauschgift hat es in den Akten. Ein Schüler ist im Rausch aus dem Fenster gesprungen.«

»Nein!« Nun war Barbara wirklich außer Atem. »Tot?«

»I wo, bloß ein angeknackster Knöchel. Ich lege dir die Sache auf den Tisch.«

»Danke. Ciao, bellissima!«

»Ciao, ciao, ciao«, sagte Ann-Kathrin und legte auf.

Drogen auch bei der Exfreundin, dachte Barbara und öffnete die Fahrertür. Sie hatte geplant, beide Restaurants der Medanauskas während der Öffnungszeiten in Augenschein zu nehmen. Mit dem *Al Faro* wollte sie beginnen, um sich dann via *Piano nobile* ihrer Wohnung und damit auch ihrem Bett zu nähern. Da die Straßenverkehrsordnung für sie nur empfehlenden Charakter hatte, war sie in Nullkommanichts in Warnemünde. Eine Parklücke fand sie vor einem Geschäft in der Seestraße, das den seltsamen Namen *Spiritofsky* trug und das sie daher für einen Schnapsladen hielt. Sie achtete nicht auf die Auslagen, denn so nah am Meer wehte eine eisige Brise; außerdem war es dunkel, also machte sie, dass sie schnell ins Warme und Helle kam.

Vor dem *Al Faro* zögerte sie jedoch. Durch das Fenster sah sie einen einsamen Gast am Tresen, der zusammengekauert auf dem Barhocker saß und auf Perviltas einredete, der eine Betroffenheitsmiene aufgesetzt hatte. Vermutlich lud der Gast seine Herbstdepression ab, der bald die Winterdepression folgen würde, um dann nahtlos in die Frühlingsdepression überzugehen, und auf Depressionen hatte Barbara keine Lust. Oder aber, und das fand sie noch öder, er erklärte gerade, wie furchtbar alles war. Schlimm ist das alles, schlimmschlimmschlimm! Die Knochen tun weh, die Ärzte sind schlecht – finden nix –, die Politik hat versagt und nichts ist, was es mal war …

Barbara warf einen Blick in die benachbarte Bodega. Sie war vollkommen leer bis auf einen Mann mittleren Alters, über dessen gewaltigem Bauch sich eine Schürze mit dem Namen des Restaurants wölbte und der daher als Inhaber oder Angestellter zu erkennen war. Er studierte seine Fingernägel, als erwarte er von ihnen eine wichtige Offenbarung, und seine Leibesfülle weckte in Barbara ein Gefühl von Solidarität, also trat sie ein.

Der Mann erhob sich schwerfällig, deutete eine Verbeugung an und entbot ihr einen guten Abend. Da sie aus einem ihr unbekannten Grund Lust hatte, sich mit einem Scherz einzuführen, fragte sie, ob er einen freien Platz für sie habe.

»Nein«, er zwinkerte ihr zu, »wir sind auf Monate ausgebucht. Was darf ich Ihnen bringen?«

»Ein Bier.« Barbara nahm am Fenster Platz und legte ihre Tasche auf den Tisch.

»Welche Sorte?«

»Haben Sie was Besonderes?«

»Mexikanisches. *Dos Equis.*«

»Klingt gut.«

Er schob sich hinter die Theke. »Ist aber Flaschenbier.«

»Egal.«

»Was dazu?« Er öffnete einen Kühlschrank. »Tequila? Mezcal? Wärmt und macht fröhlich.«

»Vielleicht später.« Barbara fummelte ihren Dienstausweis aus der Tasche.

»Wir haben einen Mezcal, wo auf dem Grund der Flasche eine kleine Schlange schwimmt.«

Sollte das ein Flirt werden? Zwei Schwergewichte namens Eva und Adam im Paradies namens Warnemünde mit Gottvater als Leuchtturmwärter und der gewissen Schlange am Boden einer Flasche mit Agavenschnaps? Nein, wohl eher eine Empfehlung.

»Ich kenne den Gag«, sagte Barbara.

»Welchen Gag?«

»Die Antwort auf die Frage, ob man die Schlange mittrinken darf.«

»Ach?« Er machte Kulleraugen und stellte die beschlagene Bierflasche sowie ein Glas auf ein Tablett. »Wie lautet die Antwort?«

»Wenn man bei der Schlange angekommen ist, ist es egal.«

Er prustete los, was die Fettmassen an seinem Körper zum Tanzen brachte. Von seinen Dimensionen her fand Barbara ihn sympathisch. Als er das Bier brachte, hielt sie den Ausweis in die Höhe.

Gleichmütig betrachtete er ihn und machte dann seinerseits ein Witzchen: »Damit können Sie nicht bezahlen. Wir haben kein Lesegerät.«

»Setzen Sie sich. Es sieht ja nicht danach aus, als wären Sie überarbeitet, also können Sie mit mir plaudern.«

»Oh ja, ich plaudere gern mit schönen Frauen.« Er goss Bier ein, dann plumpste er auf einen Stuhl. »Den Gag merke ich mir.«

»Glaub ich auf Anhieb.« Barbara ließ offen, ob sie damit das Kompliment oder seine Fähigkeit meinte, sich Gags einzuprägen. Sie nippte. Das Bier war gut – und stark. »Nicht viel los, hm?«

»Außerhalb der Saison an einem Wochentag? Da brummt's nicht gerade. Ich überlege jeden Abend, ob ich überhaupt aufmachen soll.«

»Wenn Sie das entscheiden können, gehört der Laden wohl Ihnen?«

»Right. Kommen Sie wegen des umgebrachten Medauskas?«

»Medanauskas.«

»Ja. Die haben aber auch einen Namen! Kann man schlecht behalten. Und dann heißt er noch Andrea. Wie ein Mädchen.«

Barbara feuchtete sich etwas mehr als die Lippen an und musterte ihr Gegenüber, das sich vollkommen unberührt zeigte von dem, was seinem Nachbarn widerfahren war.

»Sie reden doch sicher auch mal mit ihrem … wie soll ich sagen? Ihrem Mitbewerber?«

»Sagen Sie ruhig Konkurrenten. Das sind wir ja. Ich war alles andere als begeistert, als vor ungefähr fünfzehn Jahren das *Al Faro* eröffnet wurde … An Gastronomie besteht in Warnemünde wahrlich kein Mangel, und das Kartoffelhaus ist mir eigentlich schon zu nahe. Nein, ich rede nicht mit diesen Leuten. Wenn Sie mich fragen: Das *Al Faro* ist eine Geldwaschanlage.«

»Wie kommen Sie darauf?«

»Gucken Sie doch rein! Es ist immer leer, und trotzdem haben die Kohle ohne Ende.«

»Bei Ihnen ist es doch auch leer.«

»Das ist etwas anderes.«

»Aha. Keine Geldwaschanlage?«

»Nee.« Er lachte. »Nicht mal eine Geldverdienmaschine. Ich komme über die Runden, aber Häuser kann ich mir nicht leisten.«

Barbara trank aus. Das Bier war gefährlich, denn nun hatte sie Lust auf mehr.

»Noch eins?«

Sie nickte, schüttelte dann aber gleich den Kopf.

»Augenblick! Für wen wird Ihrer Meinung nach nebenan Geld gewaschen?«

»Was für eine Frage! Für die Mafia natürlich.«

»Welche Mafia?«

»Die lettische, die russische, die italienische …« Er hob die Schultern. »Wie heißen die noch mal? Camorra?«

»Das ist die kampanische Mafia.«

»Ach, so?« Er wirkte enttäuscht. »Ich dachte nur, weil die Me-da-naus-kas früher in Neapel waren.«

»Neapel ist die Hauptstadt Kampaniens«, erklärte Barbara und nahm doch noch ein Bier.

Von der Hartestraße kommend, wo er seinen Wagen abgestellt hatte, bog Uplegger in die Pferdestraße ein, die ihn sofort enttäuschte. Er hatte mit einer anheimelnden Altstadtgasse gerechnet und fand auf der rechten Seite ein- bis zweigeschossige Neubauten vor, deren Reihe unterbrochen wurde von Brachflächen, die ein Hotel als Parkplätze nutzte. Linker Hand befand sich der *Petrikeller*, der sich mittelalterlich nannte, wobei das Mittelalter in der Rostocker Gastronomie gern einmal bis ins 19. Jahrhundert reichte, dann folgte die Firma *Malzeit*: Das Fehlen des H war kein Schreibfehler, sondern verwies darauf, dass es sich um einen Malerbetrieb handelte, der auch Fußböden und Trockenbauarbeiten machte.

Sokolowski wohnte in einem hellgrünen Wohn- und Geschäftshaus mit dunkelgrünen Kunststofffensterrahmen an der Ecke zum Amberg, zugleich das Domizil einer Computerfirma, die »Intelligente Lösungen« anbot. Uplegger fragte sich, was man in intelligenten Lösungen wohl auflösen mochte: reinen Geist in Spiritus? Und kippte man die Lösung dann in den Computer?

Das Klingelschild verriet, dass der Wachmann im Parterre wohnte; Uplegger umrundete das Haus, um es von hinten in

Augenschein zu nehmen. In Sokolowskis Wohnung brannte Licht. Dennoch würde Uplegger nicht dort, sondern bei den Nachbarn klingeln.

Nachdem sich seine Augen an die Dunkelheit gewöhnt hatten, stellte er fest, dass die Wohnungsbesitzer begonnen hatten, sich hinter dem Haus eine kleine Oase zu schaffen. Sie hatten gegraben und gepflanzt, eine winzige Terrasse angelegt und einen Geräteschuppen errichtet. Vielleicht trafen sie sich im Sommer zum Grillen. Das ließ Uplegger hoffen, sie könnten etwas mehr über Sokolowski wissen.

Er kehrte zur Straße zurück, gähnte herzhaft – und blieb auf der Stelle stehen. Er musste zweimal hinschauen, aber dann war er sicher, sich nicht zu irren: Der Mann, der soeben das Haus verlassen hatte und sich zum Amberg wandte, war Sokolowski.

Und zugleich war es ein ganz anderer.

Camorra! Barbara konnte nur den Kopf schütteln. Was die Leute sich ausdachten! Warum nicht gleich die chinesischen Triaden? Die Tschetschenen oder Albaner? Ein italienisches Restaurant und ein lettischer Besitzer – und schon war die Mafialegende in der Welt. Und dann waren die Medanauskas einige Zeit in Neapel gewesen, im Herrschaftsgebiet der Organisation, die sich längst nicht mehr Camorra nannte, sondern das System. Da konnte sie doch nur James Ellroy zitieren, dessen Krimis sie als einzige gern, aber selten las: ›Nähe bedeutet nicht Bezug.‹

Der Gast, der seine Seele ausschüttete, hockte noch immer im *Al Faro*, aber Perviltas' Betroffenheitsmiene war schon etwas verrutscht. Barbara ging die wenigen Schritte weiter zum *Kartoffelhaus*, in dem auch nicht viel los war. Nur ein Pärchen hatte sich an diesem kalten Tag hierher verirrt, das Wein trank und womöglich auf sein Essen wartete. Barbara warf einen Blick auf die Speisekarte, nahm aber nur die Überschriften wahr: *Vorspeisen, Für den kleinen Hunger, Für den Hunger zwischendurch, Ut Mäkelbörger Pott un Pann.* Letzteres ließ fürchten, dass hier nur die Hauptgewürze der Mecklenburger Küche zum Einsatz kamen: Salz, Pfeffer – und Mehl.

Das *Kartoffelhaus* hatte eine Inhaberin, eine ältliche Blondierte, die aussah, als hätte sie in eine Zitrone gebissen. Ein Geruch von Bratkartoffeln lag in der Luft, der Barbara das Wasser im Mund zusammenlaufen ließ. Obwohl sie in der Bodega dann doch drei *Dos Equis* getrunken hatte, nahm sie noch ein Bier, allerdings ein gezapftes.

Die Geschichte von Mafia und Geldwäsche schien unter den Warnemünder Kneipiers die Runde gemacht zu haben, denn auch Rosi Dumke, wie sie laut Karte hieß, käute sie wieder; vielleicht gab es einen Gastronomenstammtisch, an dem die Gerüchte verbreitet wurden.

»Sie kennen doch den Rostocker Rotlichtkönig Artur?«, fragte sie.

Natürlich nicht, denn ich arbeite bloß bei der Kripo, hätte Barbara am liebsten geantwortet, aber sie nickte nur.

»Der vor ein paar Jahren verurteilt wurde? Bloß zu paar Jährchen, weil der Staatsanwalt einen Deal gemacht hat? Und der ganz schnell auf Bewährung freikam? Der soll ja wieder mächtig mitmischen im Milieu. Na ja, und der war doch auch Lette.«

»Litauer.«

»Ist doch fast dasselbe, oder?«

»Ich glaube, dass die Letten das anders sehen.« Barbara wartete, bis die Blume zusammengefallen war, denn sie mochte keinen Schaum an der Oberlippe.

Rosi schaute zu dem Pärchen und senkte die Stimme. »Er soll paar Mal im *Al Faro* gewesen sein«, raunte sie mit der üblichen Verschwörermiene.

»Der Rotlichtkönig?«

»Ja.«

»Woher wissen Sie das?«

»Wird erzählt.«

»Erzählt wird viel.« Barbara nahm einen großen Schluck. »Was sagen Sie dazu, dass man die Scheiben des *Al Faro* eingeworfen und einmal sogar auf das Leuchtschild geschossen hat?«

»Das war bestimmt eine Drohung.«

»Der Mafia?«

»Was denken Sie denn? Natürlich. Da läuft irgendwas mit Schutzgeld, glaube ich.«

Barbara betrachtete ihr Glas. An Schutzgeld hatte sie noch nicht gedacht. Gleichwohl waren die Spekulationen der Wirtin unlogisch.

»Die Mafia wird von einem ihrer Mitglieder kaum Schutzgeld erpressen. Aber Sie haben mir ein Stichwort geliefert. Wie ist es denn bei Ihnen?«

»Bei mir?«

Barbara schaute Rosi ganz schnell ins Gesicht. Das hatte sich entfärbt, und sie schlug die Augen nieder wie eine ertappte Sünderin.

»Zahlen Sie, damit man Ihre Scheiben heil lässt?«

»Nein, wo denken Sie hin!« Rosi gab sich entrüstet.

»Hat man Ihnen Schutz angeboten?«

»Überhaupt nicht.«

»Frau Dumke!« Barbara klopfte mit dem Fingerknöchel auf den Tresen und ließ ihr Gegenüber nicht aus den Augen. »Warum sollten die Erpresser nur das *Al Faro* auf der Liste haben? Die klappern doch normalerweise ganze Straßenzüge ab, und Ihr Restaurant liegt in der Nachbarschaft. Wenn die im *Al Faro* waren, waren sie auch bei Ihnen. Also, wollen Sie mir reinen Wein einschenken?«

Rosi war noch bleicher geworden, und eine Haarsträhne fiel ihr in die Stirn.

»Bei mir war niemand«, behauptete sie jedoch.

»Wie Sie meinen. Ich möchte zahlen.«

»Geht aufs Haus.«

»Bedaure, aber das ist nicht erlaubt«, sagte Barbara und griff in ihre Handtasche.

Observationen waren nicht Sache der Mordkommission, sondern einer Spezialeinheit, die man mit einem bürokratischen Prozedere anfordern musste. Während Uplegger zum Amberg schritt, kam er sich daher etwas albern vor, wie ein Privatdetektiv in einem Roman, dem an der nächsten Ecke ein Totschläger über den Kopf gezogen würde und der praktisch immer blaue Flecken hatte. Aber warum sollte er die Gelegenheit nicht beim Schopfe packen? Und sich etwas leisten, das er kurzweg ein ermittlungstechnisches Freizeitvergnügen getauft hatte?

Sokolowski ging die Straße Beim St. Katharinenstift hinab an der Hochschule für Musik und Theater vorbei zur Grubenstraße. Uplegger musste daran denken, wie nahe er beim *Piano nobile* wohnte, das allerdings nicht sein Ziel sein konnte, denn er entfernte sich vom Alten Markt. In Gedanken zitierte er Barbara: Nähe bedeutet nicht Bezug. Trotzdem war nicht auszuschließen, dass der Wachmann schon im *Piano* verkehrt hatte, dass er also Manfredas Medanauskas kannte. Wie sagten die Italiener? Tutto il mondo è paese. Und die Deutschen sagten es genauso: Die ganze Welt ist ein Dorf.

Sokolowski schien ein Ziel zu haben, das er zügig ansteuerte. Er überquerte die Grubenstraße und ging weiter geradeaus durch die Kleine Mönchenstraße. Uplegger hätte nie den spontanen Entschluss gefasst, ihm zu folgen, wenn er sich nicht so radikal verwandelt hätte: Aus dem Kokon der Wachschutzuniform war nämlich ein nächtlicher Schmetterling geschlüpft. Der kleine, untersetzte Mann trug enge Jeans, einen roten Blouson, der für die Jahreszeit zu dünn wirkte, auf dem Kopf ein rotes Basecap und Schuhe mit Absätzen, die ihn einige Zentimeter größer erscheinen ließen. Uplegger musste an Humphrey Bogart denken, und von dort war es für seine Synapsen ein Katzensprung zu Sam Spade.

Wahrscheinlich bekomme ich hinter der nächsten Ecke wirklich einen Schlag über den Deets, dachte er belustigt.

Hinter der nächsten Ecke – das war die Koßfelderstraße. Sokolowski schaute sich nicht einmal um, und natürlich bekam Uplegger keinen Schlag. Von der Koßfelderstraße ging es in den Burgwall, wo der Wachmann vor der Nummer 7 innehielt. Auch Uplegger blieb stehen. Sokolowski betrat das *b sieben* ohne zu zögern.

Uplegger war erschüttert, einfach weil er überhaupt nicht damit gerechnet hatte, der Bahnschützer könne in einem solchen Etablissement verkehren. Denn das b sieben war eine Szenekneipe. Eine Szenekneipe für Lesben und Schwule.

Für Schmetterlinge.

Uplegger hatte doch einen Schlag erhalten.

***

Perviltas Medanauskas wirkte beinahe erleichtert, als er Barbara eintreten sah. Er kam mit einladend oder hilfesuchend ausgestreckten Armen auf sie zu, während der Tresengast sagte: »Die schicken einen von Pontius zu Pilatus ...«

»Guten Abend, Frau Kommissarin.« Medanauskas deutete in die Runde, um ihr auf diese Weise einen Tisch anzubieten. »Womit ich kann dienen?«

»... immer die gleiche Leier ...«, sagte der Gast. Vor ihm standen ein helles Hefeweizen und ein düsterer Schnaps.

»Ein kleines Bier.« Barbara setzte sich wieder ans Fenster und betrachtete kurz das Schneetreiben, aus dem sie kam.

»Die haben alle keine Ahnung, Per«, sagte der Gast. »Kriegen Zucker in den Allerwertesten geblasen, aber davon, wie es bei uns aussieht, verstehen die überhaupt nichts.«

Barbara deutete zur Theke. »Was hat er?«

»Kummer.«

»Dachte ich mir. Ich muss mit Ihnen sprechen. Können Sie ihn wegschicken?«

»Meinen einzigen Gast?« Perviltas runzelte die Stirn.

»Die können einfach nicht rechnen. Nicht mal eins plus eins. Per, noch einmal die Runde!«

Medanauskas verdrehte die Augen, kehrte zum Tresen zurück und sprach leise auf den Gast ein. Der wandte den Kopf und starrte Barbara aus rotgeäderten Augen an. Dann sagte er »Okay, okay« und versank in dumpfes Brüten. Perviltas zapfte das Bier und brauchte keine sieben Minuten. Nachdem er es serviert hatte, setzte er sich zu Barbara.

»Erzählen Sie mir etwas von Ihrem Leben«, bat sie.

»Von Leben?« Medanauskas wirkte ratlos. »Ja, wo soll ich anfangen?«

»In Lettland. Hatten Sie dort auch schon ein Restaurant?«

»Nein. Ich habe Geschichte studiert. Arbeit geschrieben über Hanse. Schwarzhäupter in Riga und Bremen. Daher gelernt Deutsch.« Er schaute sich rasch nach seinem Gast um, der leise vor sich hin sprach. »Wirklich interessiert, in mein Herz, ich habe aber für Renaissance. Gibt es auch in Riga. Chor von Johanniskirche, sagt man, ist schönstes Renaissancebauwerk in Lettland. Ich wollte immer sehen Mutterland von Renaissance. War nicht möglich in Sowjetunion. Aber dann kam Revolution, Sowjetunion kaputt und Grenzen offen.«

Barbara wurde warm ums Herz, als sie ihm tief in die Augen sah, in die glänzenden Augen eines kleinen Jungen, der die Geschenke unterm Weihnachtsbaum entdeckt und noch nicht weiß, was sich unter dem Einschlagpapier verbirgt. Das war ein Moment großer Hoffnung und Ungeduld, und auch Perviltas schien ihn durchlebt zu haben.

»Ich musste nach Italien, verstehen Sie?«, fuhr er fort. »Musste alles sehen. Roma, Firenze … Alles, alles!« Über seine Augen legte sich ein Schleier. Er hatte die Geschenke ausgepackt und … »Nicht viel Geld. Aber kann man arbeiten in Italien. Ich kann arbeiten! Bloß, was kann man machen mit Studium von Geschichte? Und wenn aus Osteuropa? Dreckarbeit in Restaurant. Wie illegale *immigranti*.«

»Sie haben sich dann hochgeschuftet?«

»Ja, ja. Gutes Wort dafür. Habe immer gern gekocht. Schon wie ich Kind war. Habe meiner Mama geholfen in Küche. Habe gelernt Sprache, Bücher gelesen und … wie sagt man? Augen offengehalten? Italienische Küche ist die beste der Welt.« Sein getrübter Blick klarte wieder auf.

»Nehmen das nicht auch die Franzosen für sich in Anspruch?«

Er nickte eifrig und lächelte. »Und Chinesen. Aber französische Küche ist zu fett. Stopfleber, kennen Sie? Ist reines Gift!«

Barbara gestattete sich ein kleines Lächeln, denn Stopfleber war selbst ihr zu schwer.

»Sie haben es dann wohl zum Küchenchef gebracht?«

»Erst als ich war mein eigener Herr. In Napoli. Ich habe in Firenze Mann aus Salerno kennengelernt. Das ist im Süden, ich weiß nicht, hundert Kilometer von Napoli? Er wollte machen Restaurant mit Frau und mich gefragt: Willst du in Küche arbeiten? Ja, ich wollen. Wollte. War kleines Ristorante in der Nähe von Piazza Garibaldi. Cucina salernitana. Schöne Zeit, auch weil Familie kam.«

»Aber?«

»Wie meinen Sie: Aber?«

»Sie haben Neapel und Italien wieder verlassen.«

Medanauskas nickte und schaute sich zur Theke um. »Ich muss erst Gast was bringen«, sagte er und stand bereits. Barbara folgte ihm mit dem Blick, doch verrieten seine Bewegungen nicht die geringste Unsicherheit. Nach nicht einmal zwei Minuten war er wieder zurück.

»Zuerst lief alles gut. Die Kinder waren geworden kleine Italiener«, er lächelte, »auch Geschäft ging. Aber dann … Wie sagt man in Deutschland? Ein Wurm war drin.« Das Lächeln war Traurigkeit gewichen. »Wenn mein Partner hatte Dienst, es fehlte Geld in Kasse. Er machen Geschäft kaputt!« Medanauskas seufzte. »Da habe ich mir gesagt: Ich mache Restaurant nur noch allein. Und nicht mehr in Italia. War auch Heimweh da nach Baltisches Meer … Wir haben gesagt, meine Frau und ich: Gehen wir doch nach Ostdeutschland und machen da italienisches Ristorante.«

»Sie haben Italien also aus Enttäuschung verlassen?«

Er nickte.

»Woher hatten Sie das Geld, um in Rostock neu anzufangen?«

»Haben gespart. Jede Lira. Haben uns nichts geleistet. Und Napoli nicht so teuer.«

Barbara überlegte kurz, ob sie die Mafialegende aufgreifen sollte oder nicht, und entschloss sich, es getrost zu versuchen. Also fragte sie: »Waren Sie in Neapel mit dem organisierten Verbrechen konfrontiert?«

Medanauskas blickte sie verwirrt an. »Mit was?

»Mit der Camorra?«

»Wieso fragen Sie?«

»Nennen wir es allgemeines polizeiliches Interesse.«

Perviltas massierte sich die Schläfen.

»Wir wussten natürlich, wer von Gästen dazugehört. Oder auch von Leuten aus unserer Straße. Das ist dort normal. Manchmal habe ich auch unterhalten und gedacht, das ist vielleicht ein Killer. Ich habe aber meistens in Küche gearbeitet.«

»Haben Sie Erfahrungen mit Schutzgelderpressung gemacht?«

»Nein.« Er schüttelte so vehement den Kopf, dass Barbara an seinen Worten zweifelte. »Nie.«

»Okay. Haben Sie noch Kontakte nach Italien?«

»Nur zu Weinbauern. Die habe ich aber nie gesehen. Macht alles Riccardo, mit Fax und Internet. Ich glaube, wir haben beste italienische Wein in Rostock.«

»Und Ihre Kinder? Wie alt waren die, als Sie Neapel verlie-ßen?«

»Muss ich rechnen … Manfredas vierzehn, Celina zwölf, Andriejus neun und Riccardo … vier? Ja, vier. Noch klein.«

»Vielleicht haben sie noch Kontakte? Zu Freunden von da-mals?«

»Hatten nicht viel Freunde. Nur Kinder von Partner. Von ihm haben wir nie wieder gehört.«

»Wie hieß der Partner?«

»Ich verstehe nicht. Warum Sie wollen das wissen?«

»Beantworten Sie bitte meine Frage.«

»Esposito. Gianluca Esposito.«

»Danke.« Barbara deutete auf ihr leeres Glas. »Eins nehme ich noch. Als Schlummertrunk.«

»Aber Sie dürfen nicht fahren Auto«, sagte Medanauskas und ging zum Tresen. Der Gast war still geworden und ließ den Kopf hängen. Perviltas tippte ihm an die Schulter, doch er rührte sich nicht.

Das letzte Bier wollte Barbara in Ruhe trinken, aber dann fiel ihr doch noch eine Frage ein, die sie Medanauskas stellen wollte, bevor sie ihn von ihrer Anwesenheit erlöste. Als er die Rechnung brachte, die sie vorsorglich erbeten hatte, war die Gelegenheit da.

»Ich habe noch etwas Heikles mit Ihnen zu besprechen«, begann sie behutsam. »Sagen Sie bitte, Herr Medanauskas, hat Andriejus Drogen konsumiert?«

Perviltas fuhr zurück und riss die Augen auf.

»Andrea? Drogen? Sie meinen … Kokain?«

»Kokain?« In Barbaras Gehirn begannen sich die Zahnräder schneller zu drehen. »Warum ausgerechnet Kokain?«

»Ich dachte nur …«

»Es gibt auch andere Drogen. Cannabis, Marihuana …«

»Niemals«, sagte Medanauskas überzeugt. »Nicht Andrea.«

Es war bereits kurz nach zehn, als Barbara das *Al Faro* verließ. Die Kälte war so schneidend geworden, dass sie schauderte und rasch zu ihrem Wagen ging. Ihre Beine waren schon etwas schwer, aber ihr Kopf nicht: Sie war keineswegs müde, sondern aufgekratzt und hellwach, also würde sie noch etwas trinken müssen, wenn sie schlafen können wollte. Vielleicht sollte sie noch auf einen Sprung in ihre Stammkneipe gehen und sich mit Gesprächen über Nichtigkeiten ablenken. Das *Piano nobile* konnte warten.

In dem Schnapsladen mit dem eigenartigen Namen *Spiritofsky* entdeckte sie plötzlich einen Weihnachtsmann im Neoprenanzug, der sie zögern ließ. Sie kniff die Augen zusammen und konzentrierte sich auf das Ladenschild, dessen Beschriftung aus blauen, roten und grünen Buchstaben bestand. Von der durchwachten Nacht und dem anstrengenden Tag ohnehin in eine hysterische Stimmung versetzt, begann sie laut zu lachen.

Was sie vor sich hatte, war gar kein Spritgeschäft, sondern ein Laden für Kitesurfer. Barbara hielt sich die Seiten.

Der Name lautete nämlich *Spirit of Sky*.

***

Da Uplegger davon ausgegangen war, dass sich Sokolowski nicht herausgeputzt hatte, um im *b sieben* lediglich ein schnelles Bier zu trinken, hatte er zwischenzeitlich den Wagen aus der Hartestraße geholt. Nun saß er bei eingeschalteter Standheizung hinter dem Lenkrad, beobachtete den Eingang der Kneipe und fragte sich, was er eigentlich erhoffte. Sokolowskis Verwandlung hatte ihn überrascht, doch sie bedeutete keineswegs, dass jener ein Doppelleben führte; er hatte lediglich eine Mauer zwischen Arbeit und Privatleben errichtet. Auch er selbst bemühte sich ja, die Tötungsdelikte in der Dienststelle zu lassen, um zu Hause für seinen Sohn dazusein und nicht zu grübeln. Nicht immer gelang das.

Ein offen schwuler Bahnschützer hatte es bestimmt nicht leicht. Vermutlich fiel es ihm ohnehin schon schwer sich zu behaupten, weil er nicht mehr der Jüngste und zudem nicht sehr groß war. Würde man ihm auch noch seine Veranlagung anmerken, liefe er womöglich Spießruten.

Uplegger hatte nichts gegen Lesben und Schwule, solange sie sich nicht vor seinen Augen küssten. Wenn es zwei Frauen taten, ging es noch. Bei Männern war es ihm äußerst unangenehm. Er bekam sogar eine Gänsehaut, und wenn er sich vorstellte, wie eine Männerzunge ... Bloß nicht!

Seine Gedanken schweiften zu Marvin, und nicht zum ersten Mal stellte er sich die Frage, was er tun würde, wenn sein Sohn schwul wäre. Wie selbstverständlich ging er davon aus, dass er es nicht war. Das taten sicher alle Eltern, aber manchmal kam es eben andersherum. Marvin hatte nie mit Puppen gespielt oder die Kleider und Schuhe seiner Mutter getragen ... Himmel, was waren das nur für Überlegungen! Er konnte sowieso nichts tun, musste es auf sich zukommen lassen. Doch eines musste er vor sich selbst einräumen: Obwohl er sich einbildete, tolerant zu sein, einen schwulen Sohn wollte er nicht haben.

Von der Langen Straße, in der Barbara wohnte, kamen drei junge Burschen von kaum zwanzig Jahren, die sich über irgendetwas köstlich amüsierten. Jeder hatte eine Bierflasche in der Hand, und sie lachten und hieben einander auf die Schulter. Vor dem *b sieben* blieben sie stehen. Uplegger versenkte die Seitenscheibe in der Tür. Mit der Kälte drangen auch ein paar Worte in den Wagen: »Ich wusste doch, dass der ihn abblitzen lässt«, sagte einer, der tatsächlich Hosen trug, die seine Waden freiließen, und das bei dieser Witterung. »Wie der geguckt hat!«, erwiderte der zweite, ein hochaufgeschossener schlaksiger Junge. Der fast noch kindlich wirkende Dritte sagte: »Das nennt man Frust«, und sofort kicherten sie wieder. Ein paar Sekunden später waren sie im *b sieben* verschwunden.

Uplegger konnte mit sich nicht ins Reine kommen: Sollte er das ermittlungstaktische Freizeitvergnügen beenden und nach Hause fahren? Sollte er noch warten? Oder einfach reingehen? Sokolowski würde ihn dann entweder für einen schwulen Bullen halten oder denken, er habe es auf ihn abgesehen, was wahrscheinlicher war. Vielleicht war es ganz interessant, die Reaktion des Auffindungszeugen zu testen, der per se verdächtig war, routinemäßig verdächtig sozusagen.

Uplegger gab sich einen Ruck. Er hatte nichts zu verlieren, und wenn er auch keine Welt gewann, so doch vielleicht ein paar Informationen.

Kaum stand er im Gastraum, richteten sich alle Augen taxierend auf ihn, und er fühlte sich wie auf einem Präsentierteller. Die drei Jungs hatten sich an einen der dunklen Holztische gesetzt und steckten sich gerade jeder eine Zigarette an, von der Theke nickte ihm ein bebrillter junger Mann freundlich zu, vier Männer schon älteren Semesters spielten an einem weiteren Tisch Chicago. Sokolowski hatte es sich auf einem Barhocker bequem gemacht, der an einem hohen runden

Tisch stand, und war offenbar gerade in ein Gespräch mit einem Mittzwanziger vertieft gewesen, der einen Dreitagebart trug und aussah wie ein Student. Upleggers Auftritt hatte das Gespräch unterbrochen, und als Sokolowski ihn erkannte, senkte er den Blick.

»Moin, moin!«, sagte Uplegger laut, um zu überspielen, dass ihm das Herz in die Hose gerutscht war.

»Herzlich willkommen«, sagte der Tresenmann. »Bist neu hier, was?«

Uplegger nickte. Er schaute weiterhin zu Sokolowski. Von der Decke baumelte schon ein Adventskranz.

Der Wachschützer beugte sich vor und flüsterte etwas zu seinem Gegenüber, woraufhin der mutmaßliche Student Uplegger mit einem neugierigen Ausdruck musterte. Sokolowski schien ihn etwas zu fragen, er schüttelte den Kopf. Unübersehbar enttäuscht, ließ sich der Wachmann vom Hocker gleiten und ging mit entschlossenen Schritten auf Uplegger zu.

»Warum schnüffeln Sie in meinem Privatleben? Ist die Zeit der Polizeirazzien in Homo-Kneipen nicht vorbei? Oder führen Sie noch Rosa Listen?«

»Ich bin allein, also ist das kaum eine Razzia. Zu Ihren weiteren Fragen: Nach einem Mord gibt es kein Privatleben mehr, und ich habe noch nie eine Rosa Liste geführt. Sind Sie öfter hier?«

»Das geht Sie gar nichts an!« Sokolowski war wütend. Er stampfte sogar auf den Boden, was aussah, als spiele Bogart das Rumpelstilzchen, dann wandte er sich zur Theke: »Andy, ich möchte zahlen.«

»Zwei Rostocker? Fünf vierzig.«

Sokolowski legte einen Zehner auf den Tresen: »Stimmt so. Kannst dafür diesem Herrn einen zapfen!« Er schnappte

Jacke und Basecap und verließ, noch immer in Rage, das Lokal.

Uplegger war rot geworden, denn die Zweideutigkeit war ihm nicht entgangen.

»Du hast es gehört«, sagte der Wirt, »was möchtest du?«

»Eine Weißweinschorle.«

»Wohin?«

Uplegger deutete zu dem Tisch, von dem aus der mutmaßliche Student ihn nach wie vor fixierte, ein ironisches Lächeln um den Mund. Dann trat er näher. »Hallo.«

»Du bist also ein Bulle.«

»Ja.«

»Zwei lesbische Polizistinnen kommen manchmal her. Die sind sogar engagiert bei einem Verein für gleichgeschlechtliche Lebensweisen oder wie ihr das nennt.«

»VelsPol MV«, sagte Uplegger fast stimmlos.

»Was für'n Ding?« Der Student grinste. »Mann, Mann, Behörden und die deutsche Sprache!«

Uplegger räusperte sich. »Der Verein lesbischer und schwuler Polizeibediensteter Mecklenburg-Vorpommern.«

»Auch nicht besser.«

»Na ja …«

Der Wirt brachte die Weinschorle. Uplegger rührte das Glas nicht an, weil er fürchtete, seine Hände könnten zittern.

»Kennen Sie Herrn Sokolowski schon länger?«

»Wen?«

»Den Mann, der gerade gegangen ist.«

»Ach, Rüdi. Ja, ab und zu begegnet man ihm in der Szene. Man kann sich ganz gut mit ihm unterhalten … bis er einen anmacht.«

»Er hat Sie also angemacht?«

»Wir sagen hier eigentlich alle Du zueinander.« Der Student betrachtete Uplegger mit unverhohlenem Interesse. »Ich bin Max. Eigentlich Maximilian.«

»Jonas. Er hat dich angemacht?«

»Weißt du, ich glaube, er ist ein ziemlich einsames Herz. Er muss nur paar Bier in der Rübe haben, dann wird er anzüglich. Was glaubst du, warum er mit mir geflüstert hat?«

»Er hat dir erzählt, dass ich Bulle bin.«

»Auch. Und dann hat er gefragt, ob ich mit ihm komme.« Wieder erschien das spöttische Lächeln auf seinem Gesicht. »Ich denke, er wollte mir nicht seine Briefmarken zeigen. Eher seinen Sonderstempel.«

»Aha.« Uplegger spürte, wie ihm das Blut ins Gesicht schoss.

»Das steht dir.«

»Was?«

»Wenn du rot wirst.«

»Hm.« Uplegger wurde noch roter.

Dann geschah etwas ganz und gar Schreckliches.

Es ging auf Mitternacht. Barbara war beim dritten Bier. Auf der Stadtautobahn hatte sie ihren Blick immerzu auf die Mittellinie gerichtet, um nicht von der Fahrbahn abzukommen, und das war dermaßen anstrengend gewesen, dass sie beschlossen hatte, ihr Trinkverhalten zu ändern. In einem ersten Schritt war sie von Nullvierern auf Nulldreier umgestiegen.

Aus sentimentalen Gründen ging sie nach wie vor zum Trinken in die *Krumme Ecke* in der Stampfmüllerstraße, denn bis vor einem Dreivierteljahr hatte sie in dem Haus nebenan gewohnt. Nach fast fünfzehn Jahren war ihr die Wohnung dann plötzlich klein und eng erschienen, obgleich sie diese nur mit Bruno teilen musste, der an und für sich nicht viel Platz wegnahm. Trotzdem hatte sie sich nach einer neuen Behausung umgetan. Als dann ein pensionierter Polizeirat nach – wie es in der Zeitung hieß – langer, schwerer und tapfer ertragener Krankheit im Alter von dreiundachtzig Jahren zu früh starb, hatte sie in seine Wohnung in der Langen Straße ziehen können, wo sie nun in großen und hohen Räumen mondän und über ihre Verhältnisse lebte. Bruno aber war dankbar, denn nun hatte er einen langen Flur, auf dem er toben konnte, und bewegen sollte er sich. Barbara seufzte. Ihr Kater hatte noch vor einem Jahr stolze acht Kilo auf die Waage gebracht, doch war es ihr gelungen, ihn auf sechseinhalb zu verschlanken.

»Da, da, da!«, rief Matthes plötzlich und stach mit dem Zeigefinger in die Luft. »Die Politclowns! Die Volksverräter!«

Barbara hob den Blick. Über dem Tresen war ein Fernsehgerät angebracht, das praktisch den ganzen Tag eingeschaltet war, meistens aber ohne Ton lief. »Kaspar Guido!«

Offenbar wurde gerade eine Talkshow gesendet, und mit Kaspar Guido hatte Matthes den deutschen Außenminister gemeint, der just die Lippen bewegte. Ihm gegenüber saß eine dieser devoten Fernsehtussis, die sich viel darauf zugute hielten, mit allen möglichen Prominenten zu kuscheln. Das Fernsehen war auch nicht mehr das, was es nie gewesen war.

»Noch'n Köhm, Matthes?«, fragte Achim, der Wirt.

»Immer«, lautete die Antwort. Matthes gehörte zum Inventar der *Krummen Ecke*. Als Barbara zum ersten Mal einen Fuß in die Kneipe gesetzt hatte, war er schon da gewesen, und das seit Jahren. Er lebte von staatlichen Alimenten, und Barbara fragte sich, wie er davon Bier und Schnaps bezahlen konnte; vermutlich ernährte er sich ausschließlich flüssig.

»Fang jetzt bloß nicht wieder von Politik an«, sagte der ewig mürrische Nico Böhme. »Davon verstehst du nichts.«

Böhme saß rechts, Matthes links. Barbara konnte es auf den Tod nicht leiden, wenn sich die beiden über ihren Kopf hinweg stritten. Schweigend leerte sie ihr Glas.

»Aber du?« Matthes stürzte seinen Schnaps. »Du hast wohl die Weisheit mit Löffeln gefressen?«

»Jedenfalls kann ich mehr sagen als nur einen Satz.«

»Welchen Satz?«

»Die haben uns von vorne und hinten beschissen«, zitierte Böhme.

»Aber es stimmt ja!«

»Ach, Kinder!«, versuchte Barbara zu vermitteln. »Ich bin hier, um meine Ruhe zu haben.«

Wirt Achim nahm das leere Glas und spülte es aus. Unter dem Zapfhahn stand der Nachschub.

Nico Böhme beachtete Barbaras Einwurf nicht.

»Matthes, auch wenn du dein Wissen nur aus der Glotze hast, dürfte selbst dir klar sein, dass zum Bescheißen immer zwei gehören.«

»Hört euch diesen Spinner an!« Matthes schüttelte heftig den Kopf. »Zum Bescheißen gehören immer zwei! Mann, das ist ja noch genialer als deine Romane.«

Autsch, dachte Barbara, denn Matthes hatte Nicos wunden Punkt getroffen. Böhme bezeichnete sich nämlich als Schriftsteller, und in der DDR-Zeit war wohl auch eine Novelle in einem Sammelband junger Prosaisten erschienen, den der Rostocker Platzhirsch *Hinstorff Verlag* herausgebracht hatte.

Der frisch publizierte Autor war daraufhin zu allen möglichen Förderzirkeln eingeladen worden, aber das war ihm nicht bekommen, denn schließlich hielt er sich selbst für ein hoffnungsvolles Talent. Seitdem Barbara ihn kannte, litt er an einer Schreibblockade, wobei sie sich die Frage stellte, ob diese Hemmung Ursache oder Folge seiner Trunksucht war. Das Einzige, das er zu Papier brachte, war verschüttetes Bier.

Pläne hatte er natürlich, Romanpläne, und seine Vorhaben wuchsen mit dem Kontrollverlust ins Gigantische. Das Geheimnis der Bestseller hatte er jedenfalls durchschaut: Es sei der kalkulierte Tabubruch, tönte er immer wieder. Das mochte wohl sein, doch weder ihm noch Barbara fielen Tabus ein, die man noch brechen konnte.

Achim brachte ein Frischgezapftes. Auch Nico verlangte ein weiteres Bier, Matthes einen Korn. Auf dem Bildschirm erklärte ein stummer Finanzminister wenn nicht die Welt, so doch vermutlich eine neue Reform.

Barbara hatte eine Idee.

»Sag mal, Nico«, wandte sie sich an den blockierten Autor, »du verkehrst doch in den Literaten- und Künstlerkreisen von Meck-Pomm ...«

»Mach ich.«

»Kennst du vielleicht eine Penelope Pastor?«

»Und ob ich die kenne!« Böhme hieb mit der Hand auf den Tresen. »Wenn irgendwo eine Ausstellung stattfindet, läuft man der garantiert über den Weg. Und irgendein Geschmiere von ihr hängt auch immer herum.«

»Du magst sie nicht«, konstatierte Barbara.

»Ich finde, sie trägt die Nase ziemlich hoch. Sie ist bloß eine regionale Größe ...«

»Bist neidisch, Nico?«, krähte Matthes. »Weil du nur eine Größe in der *Krummen Ecke* bist?«

»Halt's Maul, Suffkopp!«

»Selber.«

Nico winkte ab.

»Sie wirft sich immer den richtigen Leuten an den Hals. Macht für sie die Beine breit. Und dann malt sie Schwanz-ab-Bilder! Na ja, malen … Ist mehr ein Farbe-auf-die-Leinwand-Klatschen. Warum fragst du nach ihr?«

»Weil sie mir bei unserem aktuellen Fall über den Weg gelaufen ist.«

»Geht es um diese S-Bahn-Sache?« Nico langte nach seinem Glas, hielt aber inne, und ein Leuchten verbreitete sich über seine düsteren Züge. »Das war in der S-Bahn von Güstrow nach Rostock? Ich verstehe! Sie wohnt bei Schwaan. Hat sie jemanden umgebracht?«

»Unwahrscheinlich. Aber sag mal, woher weißt du, wo sie wohnt?«

»Ich bin ein paar Mal bei ihren unsäglichen Atelierfeten gewesen. Monika hat mich mitgenommen.« Monika Schuder war eine Rostocker Malerin, mit der Nico ungefähr während des Neolithikums eine Affäre gehabt hatte. Befreundet waren die beiden immer noch. »Da sind immer alle möglichen Leute, die sich für wichtig halten. Aber es gibt anständig zu essen und zu trinken.«

»Mit welchen mächtigen Männern hat sie denn …?«

»Einige Zeit hatte sie was mit einem berühmten Kunsthändler aus Berlin. Er sollte sie international platzieren, aber das ist gründlich schiefgegangen. Irgendein Senator aus Rostock stand auch mal auf ihrer Liebesliste. Und jetzt hat sie mit dem

Boss dieser Kaviarfabrik angebändelt, die wohl bald abnippeln wird. Dann gibt sie ihm garantiert den Laufpass.«

»Simon Rauch.«

»Genau, so heißt der. Sie schmeißt sich an alles ran, was entweder Kohle hat oder Einfluss. Oder beides.«

»Bist du ganz sicher, dass die beiden ein Paar sind?«

»Hundert Pro!«

»Und wieso bist du so sicher? Oder verlässt du dich nur auf Gerüchte?«

»Ich verlasse mich nie auf Gerüchte«, erklärte Nico großspurig. Barbara kannte ihn lange genug, um zu wissen, dass dies eine Falschaussage war. »Bei der letzten Kunstnacht hatte Penelope eines ihrer sogenannten Werke in der Galerie *Art's Art* am Alten Markt ausgestellt. Mit viel Brimborium hat sie bei der Vernissage verkündet, sie hätte ihre abstrakte Phase hinter sich und sei zur gegenständlichen Malerei zurückgekehrt. Und dann gab sie den Blick frei auf ein sehr gegenständliches Gemälde!« Nico tat, als müsse er erbrechen. »Ein Mann mit Maske hält einen Jüngling mit nacktem Oberkörper an einer Leine und lässt ihn von Hunden zerfleischen.«

»Das hört sich nach S/M an.«

»Aber übelster Sorte. Angeblich sollte es aber ein philosophisches Werk sein. Ich kann mich an seinen Titel erinnern: Phersuna.«

Barbara nahm einen anständigen Schluck.

»Was ist denn das?«

»Ein etruskischer Begriff.«

»Etruskisch?« Barbaras nächster Schluck war nicht anständig, sondern gewaltig. Hatten die Etrusker nicht in Italien gelebt, als es noch gar nicht so hieß? Musste sie sich jetzt auch noch mit vorchristlicher Geschichte befassen – oder sollte sie lieber gleich verrückt werden?

»Na, Penelope hat doch jetzt die Mythologie und die Psychoanalyse für sich entdeckt und gibt damit mächtig an. Als wäre das etwas besonders Sensationelles. Ich meine, kaum war die Psychoanalyse erfunden, war die Kunst voll mit Ödipuskomplexen – und das ist über hundert Jahre her!«

»Egal. Zur Sache. Was ist bei der Rostocker Kunstnacht passiert?«

»Rauch war auch da. Er hatte einen Teil der Ausstellung finanziert. In der Galerie gaben sie sich distanziert, und alle nahmen es als Zeichen seiner Höflichkeit, als er Penelope anbot, sie nach Neu Wiendorf zu fahren. Nur die Insider ahnten natürlich, was da lief.«

»Das beweist noch nicht, dass es sich um mehr handelt als Gerede!«

»Ich bin kurz nach ihnen gegangen, hatte den Kanal voll. In jeder Hinsicht.« Nico deutete auf sein Glas, als sei Barbara begriffsstutzig. »Ich habe die beiden draußen in seinem Wagen gesehen. Sie haben sich geküsst. Und wie!«

»Und dann?« Barbara frohlockte. Was sie vermutet hatte, wurde gerade Gewissheit: Penelope hatte sie angelogen.

»Dann? Bin ich nach Hause gegangen. Ich war so animiert, dass ich auch ständig küssen musste.«

»Jede Frau, die dir entgegenkam?« Barbara machte zu Achim die Bezahlgeste.

»Leider nicht. Nur jeden Laternenpfahl.«

***

Uplegger bemühte sich um Haltung. Sein Herz klopfte nicht nur an seinem angestammten Platz, sondern auch in den Ohren und Fingerspitzen.

Der Junge mit den wadenlangen Hosen war zu ihm gekommen und hatte eine Hand auf seinen Arm gelegt. Es kostete Uplegger einiges an Überwindung, nicht sofort aufzuspringen. Der Student grinste.

»Du bist wirklich Bulle, schöner Mann?«, wollte der Junge wissen.

Uplegger hatte Mühe, seinem Blick standzuhalten, der von einem anderen Interesse als dem an seinem Job sprach. Bände sprach. Eine ganze Bibliothek.

»Bin ich.« Er machte seine Stimme fest.

»Cool. Wie heißt du?«

»Jonas.«

»Ich bin Dominic. Mit C. Dachte immer, Bullen wären hässlich. Error, error, error! Du läufst bestimmt keine Streife?«

»Nein.« Uplegger zwang sich zu einem Lächeln. »Ich möchte aber nicht behaupten, dass alle Streifenbeamten unansehnlich sind …«

»Du hast wohl was mit einem?« Dominics Schlafzimmerblick wurde so intensiv, dass es Uplegger kalt über den Rücken rann. Der Junge war zweifelsohne sehr hübsch, hatte lockiges schwarzes Haar, das mit Gel aus der Fasson gebracht worden war, sodass es in alle Richtungen vom Kopf abstand. Die großen rehbraunen Augen trugen Bettvorhänge. Als Mädchen hätte Dominic ihm gefallen. Er gefiel ihm auch als Junge – aber anders!

»Ich bin bei der Kriminalpolizei«, sagte er, obwohl das keine Antwort auf dessen Frage war.

»Echt?« Dominics Hand lag immer noch auf seinem Arm. »Hast du deine Handschellen dabei?«

Uplegger schüttelte den Kopf.

»Schade. Komm doch rüber zu uns. Meine Freunde sind ganz scharf darauf, dich kennenzulernen.«

»Du nicht?«, fragte Uplegger und dachte dabei: Mein Gott, worauf habe ich mich bloß eingelassen? Aber er war auch neugierig und ließ den Dingen erst einmal ihren Lauf.

»Ich bin noch viel schärfer«, sagte Dominic.

Die Freunde hießen Pascal und Florian und bestanden darauf, dass sich Uplegger zwischen sie setzte. Dominic verhinderte es. Er wollte den Bullen neben sich haben. Florian orderte eine Runde Bier.

»Was war das vorhin mit Rüdi?«, wollte er wissen. »Sah ja aus, als hättet ihr Streit gehabt.«

»Wir hatten mal dienstlich miteinander zu tun. Der Mann ist Bahnschützer.«

»Ach? Ich denke, er ist Ingenieur und arbeitet bei einer großen Firma? Das erzählt er doch jedem.«

»Nun, wenn er es erzählt …« Uplegger hob die Schultern.

»Der Typ ist ätzend«, sagte Dominic. »Wir nennen ihn auch den Frischfleisch-Rüden. Macht alles an, was unter fünfundzwanzig ist. Aber guck ihn dir an. Klein, dick, alt. Der soll nicht in falschen Revieren wildern.«

»Mir hat er mal einen Hunni angeboten für 'ne Nacht«, sagte Pascal, der Kindliche. »Aber ich leide doch nicht an Geschmacksverirrung.«

Da Uplegger sicher war, das Spiel unter Kontrolle zu haben und es jederzeit beenden zu können, wagte er einen Ausfallschritt: »Von mir würdest du einen Hunni annehmen?«

»Mit dir mach ich's auch umsonst.«

»He, he!« Dominic drohte ihm mit ausgestrecktem Zeigefinger.

»Damit kein falscher Verdacht aufkommt«, sagte Pascal, »wir sind keine Stricher.«

Andy brachte das Bier auf einem Tablett, Florian verteilte es, Pascal ließ eine Schachtel *Benson & Hedges* herumwandern. Sie prosteten einander zu. »Chicago!«, rief jemand am Nebentisch. Der Student stand jetzt am Tresen.

Dominic nahm Upleggers linke Hand. Die Berührung war sanft, nicht fordernd. Und ebenso behutsam zog er sie unter den Tisch. Uplegger ahnte Schlimmes und setzte sein Bierglas ab. Florian und Pascal belauerten sie. Uplegger biss die Zähne zusammen. Er kontrollierte das Spiel.

Barbara hatte zu wenig getrunken. Als sie ihren Palast betrat, spürte sie, dass sie nicht würde schlafen können. Für ein paar Minuten schlüpfte sie in die Rolle der Tierärztin und zapfte Blut aus Brunos Ohr, sog es mit dem Sensor auf und betrachtete den Messwert: 211. Ein wenig über der Norm.

Ihr häuslicher Arbeitsplatz befand sich im Schlafzimmer. Sie machte Licht, schaltete den Computer ein, warf einen kurzen Blick auf die verschneite Lange Straße und ging wieder in die Küche: zum Kühlschrank. Wenige Minuten später machte sie es sich am Schreibtisch gemütlich, links von sich das letzte Bier, rechts der Kater. Er hatte die Haltung einer Sphinx eingenommen und starrte sie an.

»Weißt du eigentlich, warum das Rätsel der Sphinx so simpel ist?«, fragte sie ihn, während sie bei *Google* den Begriff Phersuna eingab; sie zweifelte nicht, wenigstens bei Wikipedia eine

Antwort zu finden. Bruno blinzelte kurz, dann starrte er wieder. Natürlich wusste er es.

Ein Institut für Systemische Psychotherapie versprach Barbara, sie über phersuna zu belehren. Systemische Psychotherapie – sie schüttelte den Kopf. Uplegger hatte schon recht, wenn er behauptete, alle Methoden zur Behandlung von Geisteskrankheit seien Hervorbringungen kranker Geister. Barbara rief die Website auf und betrachtete ein psychedelisches Logo.

Nachdem sie sich das *letzte* letzte Bier geholt hatte, war sie schlauer. Das etruskische Wort bedeutete ›auf den Gott Phersu bezogen‹, von dem sie noch nie gehört hatte, aber das traf auf das gesamte etruskische Pantheon zu. Erstaunlicherweise sollte sich von phersuna das lateinische Wort persona ableiten, das die antike Theatermaske bezeichnete. Schließlich wurde Barbara gewahr, dass der Artikel den Begriff der Persönlichkeit behandelte und vielleicht auch ihre Störungen, aber von denen wollte sie nichts wissen.

Sie klickte weiter und landete bei so schönen Themen wie psychodynamisches Persönlichkeitsmodell, Kollektiv- und Individualbewusstsein, Ich-Abwehr und gequirlte Schiete, doch was das alles mit einem sadistischen Spiel zu tun hatte, bei dem ein junger Mann von Hunden zerfleischt wurde, blieb ihr sogar nach Kenntnisnahme der Operationalisierten Psychodynamischen Diagnostik verborgen. Das Einzige, was sie erntete, war ein fader Nachgeschmack samt dem Gefühl, ihre Zunge hätte sich mit einem Pelz überzogen, aber das kam wohl vom Bier.

»Ödipus' Schicksal war von den Archetypen in seiner Seele vorherbestimmt, weißt du?«, erklärte sie Bruno. Der blinzelte kurz, dann starrte er wieder. »Es ist normal, den Vater zu töten und die Mutter zu begehren. Deshalb war das Rätsel derart banal. Es wurde nur Normalität geschaffen.«

Barbara musste lachen. Dem allerletzten letzten Bier verdankte sie eine Eingebung: Sie schaute sich die Website der letzten Rostocker Kunstnacht an.

So simpel, so banal – dort fand sie auf Anhieb eine Abbildung von Penelopes Opus oder gar Opus Magnum alias Eis-am-Stiel-Werk. Barbara kicherte. Es war in den üblichen schrillen Farben gehalten und stellte genau das dar, was Nico Böhme beschrieben hatte. Die regionale Größe hatte eine Erklärung beigefügt, in einer steifen Schrift, die womöglich eine zwanghafte Persönlichkeit verriet:

Die Persönlichkeit ist die Maske oder das Kostüm der Seele, mit Hilfe der Persönlichkeit passt sich die Seele an die Realität an. Die Persönlichkeit dämpft die blutige und destruktive Seite der Seele, sie hat also eine zivilisierende bzw. kultivierende Funktion. Eine gestörte Persönlichkeit ist der Riss, durch den die zerstörerischen Komponenten der Seele an die Oberfläche gelangen.

Ja, aber was hatte das mit diesem S / M-Spiel zu tun? Mit dem maskierten Mann, der einen Jüngling am Gängelband zur Schlachtbank führte? War der Maskierte die Persönlichkeit und der Jüngling die blutende Seele? Und welche Rolle spielte der Hund?

Bruno starrte und blinzelte nicht mehr. Er war eingeschlafen und schnarchte.

Mit ihren Fragen und nach dem allerletzten allerletzten Bier ging Barbara ins Bett.

Uplegger hatte alles unter Kontrolle. Dominic hatte seine Hand nicht dorthin gelegt, wo er befürchtet hatte, sondern an die nackte Wade. »Fühl mal«, flüsterte er. Das Fleisch war fest und kühl und ohne Haare, wahrscheinlich rasiert. Pascal und Florian lauerten.

Die Tür wurde geöffnet, zwei Frauen traten ein, und es gab ein großes Hallo von allen Seiten. Uplegger zog die Hand zurück. Die Frauen hießen Susi und Anna.

»Tut mir leid«, sagte Uplegger, und es tat ihm wirklich leid, den Jungen enttäuschen zu müssen. »Ich bin nicht schwul.«

»Na, und?« Dominic klang nicht so, als würde es ihm viel ausmachen. »Was meinst du, wie viele Heteros es gern mal ausprobieren möchten. Weil sie irgendwas in sich spüren, oder weil sie sich mit ihrer Frau langweilen. Warum bist du hierher gekommen? Allein?«

»Weil …« Uplegger fiel keine Antwort ein außer der Wahrheit, die er nicht preisgeben wollte. Dominic schaute ihn mit einem Ausdruck an, den man wohl nur als herausfordernd bezeichnen konnte. Überwinde den inneren Schweinehund, schien er zu sagen. »Meine Frau ist tot.«

»Schon lange?«

»Seit zwei Jahren. Autounfall.« Uplegger trank Bier.

»Und seitdem bist du ohne Du-weißt-schon?«

»Ja. Ich komme über ihren Tod nicht hinweg. Ein Raser hat sie auf der Autobahn abgedrängt. Sie ist in die Leitplanke gekracht, ihr Wagen hat sich überschlagen …«

Was tue ich? Warum erzähle ich das alles? Einem Wildfremden? Einem jungen Homo mit schönen Augen? Der mit mir schlafen will.

»Ihr Mörder – Fahrerflucht. Ist einfach abgehauen. Man hat ihn schnell geschnappt, es gab zu viele eindeutige Spuren. Er wurde vor Gericht gestellt. Wurde …« Uplegger begann zu hecheln. Er sollte aufhören, aber er konnte nicht.

Dominic nahm abermals seine Hand.

»Ruhig, Jonas! Ganz ruhig!«

»Das war eine Farce. Die Hauptverhandlung, meine ich. Psychologisches Gutachten, Gegengutachten, Obergutachten. Der Typ war seelisch gestört. Tiefgreifend. An diese Worte erinnere ich mich besonders: tiefgreifende seelische Störungen. Kapierst du? Der Mann musste rasen, weil er eine Macke hatte. Narzisstische Persönlichkeitsstörung, Suchtproblematik, Depressionen. Auf der Autobahn hielt er sich für Gott, dem alle ausweichen müssen. Meine Frau …« Uplegger biss sich auf die Lippen. Er hatte seine Gefühle nicht unter Kontrolle. Er hatte seinen Atem nicht unter Kontrolle. Er hatte die Situation nicht unter Kontrolle. Er löste sich auf.

»Scheiße!«, sagte Dominic. Florian und Pascal hatten den Tisch verlassen.

»Der Typ kam mit Führerscheinentzug für zwei Jahre und mit einer Bewährungsstrafe davon. Außerdem musste er eine Therapie machen. Es war seine dritte. Oder vierte. Oder die hundertste. Seitdem hasse ich Psychologen.«

»Kann ich verstehen.« Dominic streichelte seine Hand.

Uplegger schluckte. »Für mich ist der Mann ein Mörder.«

»Aber du bist Polizist. Konntest du nichts machen?«

»Was denn? Urteile fällt ein Richter. Außerdem habe ich mit Verkehrsdelikten nichts zu tun.«

»Sondern?«

»Ich arbeite bei der Mordkommission.«

»Wow!« Die Bettvorhänge in Dominics Augen wackelten. »Mit Knarre?«

»Na ja«, Uplegger lächelte flüchtig, »eher mit Computer, Akten und dem Kopf.«

»Aber Knarre und Handschellen hast du doch?«

»Hm.«

»Zuhause?«

»Nein!« Uplegger riss die Hand fort. Er übernahm wieder die Kontrolle. Er leerte sein Glas. In wenigen Augenblicken würde er gehen. Allein. Von Einsamkeit zu Einsamkeit. Er straffte sich. »Ich möchte dir noch ein paar Fragen stellen.«

»Tu dir keinen Zwang an.«

»Zu Rüdi. Dem Frischfleisch-Rüden.«

»Bitte.« Dominic machte eine generöse Geste.

»Du hast gesagt, dass er alles anmacht, was unter 25 ist. Das klingt so, als hätte er nur selten Erfolg.«

»Selten ist gut.«

»Er muss ziemlich frustriert sein.«

»Kann man wohl sagen.«

»Reagiert er mitunter aggressiv, wenn er abblitzt?«

Dominic wiegte den Kopf hin und her.

»Daran kann mich nicht erinnern. Eher nicht. Er lässt die Ohren hängen und zieht ab.«

»Frisst den Frust in sich hinein?«, fragte Uplegger und dachte: bis er explodiert.

»Oder spült ihn runter.«

»Danke.« Uplegger stand auf, reichte Dominic die Hand zum Abschied, ging an den Tresen, um zu bezahlen. Wieder waren alle Blicke auf ihn gerichtet, nur die beiden Frauen beachteten ihn nicht. Er übernahm eine Runde für die Jungs, ließ sich eine Rechnung ausstellen und strebte dem Ausgang zu. Als er die Tür öffnete, war Dominic hinter ihm.

»Ich bring dich ein Stück.«

»Mein Wagen steht keine 20 Meter weit.«

»Dann bis zum Wagen.«

Sie gingen schweigend nebeneinander. Der Audi trug ein Schneekleid. Im Licht der Laternen tanzten die Flocken. Es war sehr kalt.

Uplegger entriegelte die Türen. Er wandte sich zu Dominic und hatte Trauer im Herzen. Dominic fiel ihm um den Hals und küsste ihn auf die Wangen. Uplegger ließ es geschehen, aber weiter würde er nicht gehen, und der Junge wusste es.

»Ciao«, sagte er weich. »Du findest mich. Nur zum Reden.« Dann ging er ins *b sieben* zurück.

Uplegger stieg ein. Er steckte den Schlüssel ins Zündschloss. Er schnallte sich an. Er weinte und wusste nicht, um wen.

IV Angst

Es war nach neun, als Barbara nach einer traumlosen, viel zu kurzen Nacht ihr Arbeitszimmer betrat. Ihre Allerhöchste Pünktlichkeit Uplegger war schon da; an dem Tag, an dem er einmal zu spät erschien, würde sie einen ausgeben. Da er zu Fuß zur Arbeit gehen konnte, würde das kaum jemals vorkommen, denn weder ausfallende Straßenbahnen noch Startprobleme eines Autos konnten ihn aufhalten.

Barbara muffelte einen Gruß. Der flüchtige Blick in den Badezimmerspiegel hatte ihr verraten, dass sie trotz der Unmenge kalten Wassers, das sie sich ins Gesicht geworfen hatte, nicht gerade frisch aussah. Daran hatte auch eine große Kanne Kaffee zum Frühstück nicht viel geändert.

Uplegger strotzte vor Tatendrang. Er hatte das Büro in eine Ablage von Akten und Fotos verwandelt, und sogar auf Barbaras Schreibtisch türmten sich Ordner. *Gewalttäter Sport*, las sie auf deren Rückseiten und verstand es nicht.

»Verfolgen Sie eine neue Spur?«, fragte sie, während sie mit der Kaffeemaschine hantierte. Das war ihre Domäne, denn er trank meistens Tee. Am liebsten grünen, der freie Radikale fing. Ihre Empfehlung, mit seinem Radikalenfänger zum Staatsschutz zu wechseln, war nicht auf fruchtbaren Boden gefallen.

Uplegger berichtete von Sandy Ball und ihrem prügelnden Ehemann. Barbaras Herz begann zu rasen. Ihr wurde dermaßen übel, dass sie sich setzen musste.

»Was ist mit Ihnen?«

»Kreislauf«, murmelte sie. Vor ihren Augen wirbelten farbige Ringe. Ihr Blutdruck musste unnatürlich hoch sein.

»Soll ich den Kaffee …?«

»Nein, nein. Aber danke.« Sie öffnete eine Schublade, nahm Formulare für Vorladungen heraus. »Ich frage mich nur, warum Sie sich durch diese unappetitlichen Macho-Akten wühlen.«

»Danilo Ball ist ein polizeibekannter Hooligan. Schon seit Jahren reist er zu Spielen von *Hansa*, um Radau zu machen. Die dritte Halbzeit ist sein Lebenselixier.«

»Das machen doch sogar Söhnchen aus gutem Hause. Mal die Sau rauslassen. Feiglinge spielen echte Kerle. Was hat das alles mit unserem Geschädigten zu tun?«

»Andriejus war ebenfalls *Hansa*-Fan …«

»Steht er in der Gewalttäterdatei?«

»Hab ihn bislang nicht gefunden.« Uplegger griff zu einer Lupe, studierte ein Lichtbild. »Ich würde diesen Ball gern für das zur Verantwortung ziehen, was er seiner Frau antut.«

»Damit das Verfahren nach Artikel 55a auf Antrag der Ehegattin wieder eingestellt wird?« Barbara bedachte ihren Kollegen mit einem zweifelnden Blick. Das Herzrasen hatte aufgehört. »Ich verstehe Ihren Zorn, aber häusliche Gewalt ist erst dann unser Bier, wenn jemand auf der Strecke bleibt. Oder hegen Sie die absurde Vermutung, Danilo Ball könnte sich vorgestern Abend in den 9511 geschlichen haben, um Andriejus zu töten? Warum? Als *Hansa*-Anhänger standen sie auf derselben Seite der Barrikade.«

»Ich habe etwas ganz anderes überlegt. Ich habe gestern nämlich einen Ausflug in die Rostocker Schwulenszene gemacht.«

»Ach?« Barbara kniff die Augen zusammen. »Suchen Sie Trost?«

»Das war ...«

»Verzeihung, Verzeihung, Verzeihung! Ich bin ein Trampel. Was hatten Sie in der Schwulenszene zu erledigen?«

»Sokolowski.« Und Uplegger erzählte. Nicht alles.

Während er sprach, rutschte Barbara immer unruhiger auf ihrem Stuhl hin und her.

»Stellen Sie sich folgendes Szenarium vor: Es ist Sokolowskis letzte Fahrt, der Feierabend winkt und damit seine einsame Bude. Im Steuerwagen sitzt ganz allein ein junger Mann, der in sein Beuteschema passt. Vielleicht verwickelt er ihn in ein unverfängliches Gespräch, sagen wir, über das Wetter. Eisenbahn und Winter, das passt. Darüber kann man stundenlang schwadronieren.«

»Ich nicht.«

Uplegger seufzte. »Nein, Sie reden lieber über Schopenhauer.«

»Den kenne ich gar nicht. Also nur den Namen ... Aber ich kann den kategorischen Imperativ auswendig zitieren.«

»Ich auch bald. Darf ich fortfahren?«

»Ich bitte darum.«

»Womöglich hat Sokolowski Andriejus ein unzweideutiges Angebot gemacht? Erst ein paar Komplimente, dann etwas in der Richtung wie: Wir können doch noch ein Bier trinken gehen? Und danach zeige ich dir meine Briefmarken?«

»Sie meinen also ein zweideutiges Angebot?«

»Himmel!«

»Schon gut. Ich stelle es mir vor. Sokolowski ist zum zigsten Male zurückgewiesen worden. Er gerät in Wut, zückt ein Messer. Was voraussetzt, dass er eins dabeigehabt hat.«

»Warum nicht? Für Notfälle? Er ist klein und eher schwächlich …«

»Er ist ein Angsthase, Jonas. Der tut so etwas nicht.«

»Aber Sie wissen doch, wozu frustrierte Angsthasen fähig sind. Gerade frustrierte Angsthasen.«

»Die suchen sich aber in der Regel jemanden, der keinen Widerstand entgegensetzen kann. Andriejus war sportlich. Er hat sich bekanntlich gewehrt. Außerdem …«

»Ich weiß, was Sie sagen wollen. Wenn Sokolowski der Täter ist, hätte Blut auf seiner Uniform sein müssen. Vielleicht hat er die Bahnpolizei deshalb so spät verständigt, weil er sich vorher umziehen musste?«

»Hm.« Barbara betrachtete die Formblätter, die vor ihr auf dem Schreibtisch lagen. »Passt das zeitlich?«

»Ich habe es noch nicht geprüft.«

»Das kann Ann-Kathrin machen. Vielleicht ist doch was dran.«

»Es ist nicht sehr wahrscheinlich, aber möglich.«

»Das sag ich doch immer!«

»Genau!« Uplegger bohrte einen Zeigefinger in die Luft und lächelte. »Sie zitieren Kant, ich zitiere Sie.«

Das Meer rauschte nicht, es donnerte an den Strand. Die hohen Wellen trugen Schaumkämme, rollten bis vor seine Füße, fraßen den feinen Sand. Bei diesem steifen Nordwest war das Wasser sehr hungrig. Wenn er es zuließ, würde es auch ihn verschlingen.

Vielleicht wäre dies sogar das Beste. Kapitulieren. Sich fallen lassen. Einfach hinein in die Flut.

Er schaute sich um. Weit und breit war keine Menschenseele. Ein paar Möwen stolzierten durch den Sand, zerrissen den Schlick mit ihren Schnäbeln, warfen mit Muschelschalen. Auch in der Luft waren sie, über dem Wasser, sie ließen sich vom Wind tragen, kreischten. Frei waren sie.

Er spürte die Kälte nicht, aber er sah sie. Das dunkle, aufgewühlte Meer sah kalt aus, der gefrorene Sand, selbst der Strandhafer. Der Schneehimmel sah kalt aus, die Luft, die man doch eigentlich gar nicht sehen konnte, der Horizont aus kaltem Glas.

Grieses Wetter. November. Zeit des Todes.

Er zitterte, obwohl er nicht fror. Er zitterte vor Angst. In der S-Bahn nach Warnemünde waren immer mehr Bruchstücke seiner Erinnerung zurückgekehrt. Er hatte dem jungen Mann helfen wollen, hatte sich über ihn gebeugt, wohl sogar eine Herzmassage versucht – daher das Blut an seiner Kleidung. Er hätte Hilfe holen sollen. Oder anrufen: Polizei, Feuerwehr, Rettungsdienst. Er hatte allerdings kein Handy mehr. Vor Monaten hatte er es weggeworfen. Aus einem Zugfenster. Mit dem Handy hatten sie ihn abgehört.

Lächerlich. Er ging weiter Richtung Stoltera. Auf das Handy waren sie gar nicht angewiesen. Der Arzt, der zu ihrer Organisation gehörte, hatte ihm einen Chip implantiert. Mitten ins Gehirn. Sie mussten ihn nicht mehr abhören, weil sie seine Gedanken lesen konnten.

Der Chip verursachte Kopfweh. Das wollten sie: Dass ihm der Kopf schmerzte. Um ihn in den Irrsinn zu treiben. Deshalb bekam er auch kein Tilidin. Von wegen Suchtpotential!

Die lauten Geräusche quälten ihn. Das Meer brüllte, die Möwen kreischten, der Sturm heulte.

Zwei Männer. Er war jetzt sicher. Zwischen Schwaan und Papendorf. Und er war geflohen. Er hatte Angst gehabt.

Versteht ihr das denn nicht? Angst! Todesangst. Immer und immer und immer Angst.

Manchmal wünschte er sich, ein anderer zu sein. Sich zu verwandeln, damit sie ihn nicht sehen konnten. Ein einfacher Kleiderwechsel genügte nicht. Er musste auch im Kopf ein anderer werden. Das würde sie verwirren: Wenn sie plötzlich fremde Gedanken lasen. Genauer: die Gedanken eines Fremden, denn fremde Gedanken platzierten sie in ihm ständig über den Chip.

Er brauchte dringend ein Radio, denn er brauchte unbedingt Kontakt.

Barbara hatte ihre Spesenabrechnung zum Chef getragen und die von Uplegger gleich mitgenommen, dann machte sie sich endlich ans Ausfüllen der Vorladungen. Ihr Kollege schaute sich nach wie vor Fotos von schreienden und Fäuste schüttelnden Halbwilden an, er orderte telefonisch Videoaufzeichnungen von Heimspielen und recherchierte auch irgendetwas im Internet. Plötzlich hob er den Kopf.

»Wir haben übrigens vergessen, Giehlow zu fragen, ob er jemanden auf dem Bahnhof Pölchow gesehen hat. Und von sich aus hat er nichts gesagt.«

»Stimmt!« Barbara kritzelte ihr Unleserlich auf das erste Dokument und griff nach dem Stempel mit der Aufschrift *KHK'in*, die den Vorgeladenen eine Nuss zu knacken gab. »Ich lad ihn mit vor. Ist ein Abwasch. Außerdem muss er sowieso kommen.« Sie knallte den Stempel aufs Tintenkissen und dann aufs Papier.

»Wie war es eigentlich bei Penelope?«

»Für die habe ich soeben eine Vorladung fertig gemacht. Vielleicht lasse ich sie hier von Hunden zerreißen. Fragen Sie mich nicht, wie ich darauf komme; es hat etwas mit der Persönlichkeit zu tun und dem Matriarchat.«

»Dann war der Besuch wohl nicht erquicklich?«

»O doch.« Barbara warf das Schreiben in den Korb für die Ausgangspost. »Und so bildend! Übrigens hat sie ihre abstrakte Phase hinter sich gelassen und malt wieder gegenständlich.«

»Ich glaube, das pfeifen inzwischen die Spatzen von den Dächern.«

»Geier wären mir lieber. Die Dame hat mich angelogen. Das passiert uns ja andauernd, aber wenn sich Lüge und Arroganz paaren, bin ich not amused.«

Uplegger nickte und wandte sich wieder den Gewalttätern Sport zu. Barbara füllte Blätter aus und fragte sich, ob er wohl ein Helfersyndrom habe. Sandy Ball musste ihn beeindruckt haben, ihr schweres Schicksal mit drei Kindern und einem prügelnden Feigling? Noch ein Feigling. Barbara stempelte. Ein Mann eben.

Nachdem sie die Vorladungen fertig hatte, fiel ihr plötzlich ein, dass ihr Ann-Kathrin eine Akte auf den Tisch gelegt hatte, die Andriejus' Ex Claudia und ein Drogenvorkommnis betraf. Ihr Gedächtnis war mitunter etwas getrübt, aber sie schob es darauf, dass sie zu viel im Kopf hatte, und nicht auf das Bier. Die Akte war offenbar unter Upleggers Stapeln verschwunden.

»Irgendwo muss was für mich von Rauschgift sein«, sagte sie.

»Was?« Vertieft in seine Bilder, hatte er offenbar nicht zugehört.

»Eine Akte, die Ann-Kathrin ...«

»In Ihrem Fach.«

»Ah, ja.« Barbara erhob sich und öffnete einen Schrank, in dem jeder von ihnen eine mit dem Namen beschriftete Ablage besaß, Uplegger eine rote, sie eine graue. Ann-Kathrins Morgengabe war eine schmale grüne Mappe, übersät mit Kürzeln und Stempeln. Der größte stammte von der Staatsanwaltschaft und verkündete dogmatisch: EV eingestellt. Zurück an PD Rostock hatte jemand, vermutlich eine Justizangestellte, in runder Kinderschrift daruntergeschrieben.

Barbara kehrte an ihren Schreibtisch zurück, setzte sich und schlug die Mappe auf. Das Erste, was sie fand, war ein Zettel, auf dem Ann-Kathrin den Stundenplan von Claudia Brinkmann notiert hatte; sie hatte wirklich gründlich recherchiert.

Eine Maja Posner, Mutter des Leo Posner, 17 Jahre alt und Schüler an der Borwinschule, war am 7. Dezember 2010 bei der Polizei erschienen und hatte sowohl eine Aufsichtspflichtverletzung als auch ein Drogendelikt angezeigt. Die Klasse ihres Sohnes hatte in den Herbstferien einen Ausflug in das Schullandheim Ueckermünde gemacht, begleitet von dem Klassenlehrer und von Claudia Brinkmann. Angeblich war diese Klassenfahrt in eine Alkoholsause und Drogenparty ausgeartet. Nicht bloß der Klassenlehrer sei ständig betrunken gewesen, sondern auch die meisten Schüler, nur Goldjunge Leo natürlich nicht. Den habe nicht nur der Alkohol angewidert, sondern auch das Kiffen seiner Mitschüler, wobei sich ein gewisser Henning Beyer hervorgetan habe; der habe jede Menge Dope dabeigehabt. Eines Abends dann – exakt am 20. Oktober, circa 21 Uhr – habe Beyer in stark alkoholisiertem und bekifftem Zustand die Mädchen in ihren Zimmern aufsuchen wollen und sei, obwohl sie im selben Gebäude untergebracht waren, aus einem Fenster im zweiten Stock geklettert, vielleicht eine Mutprobe. Dabei sei er abgestürzt und habe sich schwer verletzt. Beyer sei als Lieblingsschüler der Brinkmann im Fach Englisch bekannt, er verkehre auch privat bei ihr und habe an der Schule den Ruf, immer etwas zu rauchen in der Tasche zu haben. Die Schule habe diesen Vorfall unter den Teppich kehren wollen, doch Frau Posner als Elternvertreterin habe dies nicht dulden wollen, und weil sie in der Schule auf Granit biss, habe sie sich zu einer Anzeige entschlossen. Da sie den Vorfall erst in der Schule habe klären wollen, sei so viel Zeit verstrichen.

Barbara fragte sich, was es wohl bedeuten mochte, dass der Schüler Beyer privat bei Claudia Brinkmann verkehre. Hatten die beiden etwas miteinander? War das ein Grund für die Trennung von Andriejus? Ein solches Verhältnis wäre ziemlich pikant …

Sie blätterte weiter. Die Ermittlungen waren nicht gerade mit Verve geführt worden: Es hatte ein paar Befragungen gegeben, inbesondere Henning Beyer hatte man durch die Mangel gedreht, aber besonders viel hatte der junge Mann nicht gesagt. Der zuständige Sachbearbeiter von Rauschgift, ein Kriminalkommissar, den Barbara nicht kannte, hatte auch das Staatliche Schulamt Rostock informiert, und dafür hatte er ein Dankschreiben von dem für Gymnasien zuständigen Schulrat und einer Mitarbeiterin des Schulpsychologischen Dienstes bekommen. Dann wurde das Verfahren von der notorisch überlasteten Staatsanwaltschaft wegen Geringfügigkeit eingestellt.

»Da hat sich ja keiner den Arm ausgerissen«, murmelte Barbara vor sich hin. Ihr Gegenüber reagierte nicht, und sie schlug die Mappe zu. Sie malte einen Kringel in das dafür vorgesehene Feld und klebte einen gelben Post-it auf den Deckel, um ihrerseits ein kurzes Dankschreiben an Ann-Kathrin zu verfassen, da kam Leben in Uplegger.

»Na, bitte!«, rief er triumphierend und schwenkte das Vergrößerungsglas.

»Was haben Sie?«

Er stand auf, umrundete die Schreibtische, legte ein großformatiges Foto auf die Akte, reichte ihr die Lupe und tippte auf das Bild. »Laut Lichtbildmappe ist das hier Danilo Ball.«

Es war sofort zu sehen, wer damit gemeint war. Danilo Ball trug ein *Hansa*-Basecap und einen *Hansa*-Schal und schüttelte die Fäuste in Richtung der Polizeikamera. Die Linke umklammerte den Hals einer Bierflasche, zwischen den zusammengepressten Fingern der Rechten war ein Schlagring zu erkennen, was Barbara zu einem verkümmerten Pfiff veranlasste; richtig pfeifen konnte sie noch nie. Ball hatte seinen Mund so weit aufgerissen, dass ein Zahnarzt mühelos eine Ferndiagnose stellen konnte, und sein Blick war getrübt von Alkohol und Aggressionen. Hinter ihm schwenkten ein paar ebenfalls grölende Fans ein Spruchband mit der Aufschrift *F. C. Hansa Rostock Meine Heimat + Meine Liebe + Mein Verein*.

»Wo ist das aufgenommen?«

»In Jena. Nach dem Spiel gegen *Carl Zeiss*.«

»Mein Gott, die waren früher auch in der Oberliga. Gibt es denn keinen Ostverein mehr, der nicht in der Drittklassigkeit versunken ist? Ich sage Ihnen, es liegt am Geld. Die Ostvereine haben nicht so viel Knete wie *Dynamo München*.«

»Dynamo München?«

»Ja. Hab ich umgetauft. Zu DDR-Zeiten war der BFC Dynamo auf Sieg abonniert, heute sind es die Münchner. Steckt vielleicht der BND hinter.« Barbara hob die Lupe. »Wozu brauche ich die?«

»Dort.« Uplegger deutete mit dem perfekt manikürten Nagel seines rechten Zeigefingers in das Bildfeld neben dem

Spruchband, Barbara beugte sich darüber. Ihr Herz machte einen Sprung.

»Das ist ja Medanauskas! Verdammt! Taucht er doch in der Gewalttäterdatei auf?«

»Einmal wurde er am Rande einer Schlägerei festgenommen. Er konnte aber glaubhaft machen, dass er nur zufällig in der Nähe war.«

»Das könnte für diese Aufnahme auch zutreffen. Nichts deutet darauf hin, dass Danilo und er sich kennen.«

»Sie meinen: Nähe bedeutet nicht Bezug?«

»Es gibt jede Menge Fußballfans.«

»Aber nicht jeder betreibt eine Website *www.hansa_ultras/ blut-muss-fliessen.de*.«

»Wie?« Barbaras Kopf schoss in die Höhe. »Andriejus?«

»Nein, Ball.«

»Das ist ja widerlich. Nun sagen Sie aber nicht, es gäbe einen Link zu den Restaurants, so nach dem Motto: Nachdem Blut geflossen ist, lasst Bier fließen im *Piano nobile*.«

»Nein, nein. Das *Piano* und das *Al Faro* passen nicht zu den Ultras.«

»Ich glaube, wir beide schießen uns gerade auf Leute ein, die uns unsympathisch sind, die aber die Tat nicht begangen haben können. Damit will ich nicht sagen, dass sie mit ihr nichts zu tun haben.« Barbara warf einen Blick auf Ann-Kathrins Zettel, dann schaute sie auf die Uhr. »In etwa 30 Minuten hat Claudia Brinkmann eine Freistunde. Um sie sollten wir uns jetzt kümmern, Jonas. Über den Inhalt der Drogenakte informiere ich Sie auf dem Weg. Lassen Sie uns die Schulbank drücken.«

***

Uplegger fuhr auf der Langen Straße an Barbaras Haus vorbei und dachte an Marvin, der wirklich die Schulbank drückte und jetzt vielleicht Mathematik hatte oder Chemie oder Deutsch, das er nicht so mochte. Aus dem Augenwinkel nahm er wahr, wie Barbara ihre Tasche öffnete und eine Packung *Fisherman's Friends* herausnahm. Sie glaubte, damit ihren Atem zu verbessern, aber die Wirkung hielt nie lange an.

»In der Nähe der Borwinschule haben wir mal gewohnt«, sagte sie, während sie das *Radisson SAS* passierten, das sie langweilig fand. »Margaretenstraße. Lang, lang ist's her.«

»Als Kind?«

»Na, sagen wir, als Jugendliche. Unsere erste Wohnung, nachdem wir aus Grevesmühlen hierher gezogen sind.« Barbara schob eine Pastille in den Mund.

Uplegger bog vom Schröderplatz in die Doberaner Straße. »Mit ihren Eltern also?«

Sie brummte. Das Thema schien ihr unangenehm zu sein, dabei hatte sie es selbst angeschnitten.

Sie lenkte sogar ab: »Fühlt sich Marvin eigentlich wohl an der Goetheschule?«

»So heißt sie doch gar nicht mehr.«

»Nein? Da muss mir was entgangen sein. Ich dachte, die 1. EOS *Ernst Thälmann* wurde nach der Wende in Goethegymnasium umbenannt? Da war ich übrigens. Also, an der 1. EOS. Keine schöne Zeit. Jeder Furz war politisch.«

»Ich war an der Herderschule. Erweiterter Russischunterricht. Auch nicht das Gelbe vom Ei.« In der Doberaner Straße fuhren sie an dem Ruinengelände der ehemaligen Schnapsbrennerei Anker vorbei, seit Jahren ein Dauerbrenner in der Stadtverwaltung und der Presse. Der Käufer hatte bisher keinen müden Cent in die historischen Gebäude investiert, und mittlerweile sah es aus, als setze er auf einen Abriss durch Wind und Wetter sowie durch Brandstifter. Uplegger musste in Höhe des ebenfalls ruinösen Volkstheaters hinter einer Straßenbahn stoppen. »Seit der Zusammenlegung von Großer Stadtschule und Goethegymnasium sagt man jetzt Innerstädtisches Gymnasium.«

»Wie poetisch! Aber stimmt, bei mir dämmert's. Ich begreife nur nicht ... Halten die Laienspieler in der Bürgerschaft Goethe für einen kommunistischen Funktionär?«

»Ich habe keine Ahnung, wofür die Goethe halten«, sagte Uplegger und fuhr an.

Das Gebäude der Borwinschule mit seinem roten Mansarddach und dem Uhrenturm machte trotz einer gewissen Ähnlichkeit mit Kasernen oder Verwaltungsbauten den Eindruck, als könne man sich hier als Schüler wohlfühlen. Es war gerade große Pause, und während die jüngeren Jahrgänge herumtollten, sich mit Mini-Schneebällen bewarfen oder freundschaftliche Ringkämpfe austrugen, hielten sich die älteren in kleinen Gruppen abseits. Barbara und Uplegger ernteten aufmerksame, vielleicht sogar misstrauische Blicke von den Aufsicht führenden Lehrern, die sie allerdings gleichwohl passieren ließen, ohne sie anzusprechen.

Claudia Brinkmann war eine auffallend schlanke Frau an der Grenze zur Magerkeit, für die Barbara sofort der Begriff Hungerhaken einfiel. Sie trug Stiefel, enge Jeans, eine weiße Bluse und eine graue Herrenweste, ihr hennarotes Haar fiel ihr auf die Schultern, wobei die Farbe kein Werk der Natur war, sondern ein Wunder der Chemie. Die Schulleitung hatte ihnen für das Gespräch das gerade freie Physikkabinett zur

Verfügung gestellt, ein Ort, der in Barbara unbehagliche Erinnerungen weckte. Als sie Claudia Brinkmann bat, Platz zu nehmen, brach diese in Tränen aus.

»Ich habe ... es ... in der Zeitung gelesen«, stammelte sie.

Barbara schwieg. Sie betrachtete das Gesicht der Frau, die unlängst 27 geworden war, um deren Mundwinkel sich aber bereits die Falten der ewig Unzufriedenen gebildet hatten. Es war auf Anhieb zu sehen, dass sie frustriert war.

»Was haben Sie gelesen, Frau Brinkmann?«, fragte Uplegger in seiner wärmsten Stimmlage.

»Das mit Andrea.« Sie schniefte.

»Stand sein Name in der Zeitung?«

»Nicht ganz. Andriejus M., so haben sie geschrieben. Produktionsleiter in Güstrow. Auf der Heimfahrt von der Arbeit. Das kann nur ...« Ihr versagte die Stimme, und die Tränen verschmierten ihre Wimperntusche. Erst jetzt fiel Barbara auf, dass sie ein besonders gedehntes Mecklenburgisch sprach, das ein R am Wortende in ein langes Ä verwandelte, was den Verdacht erweckte, sie könne *vons Dörp* stammen. Barbara kam das bei einer Deutschlehrerin seltsam vor, von der sie ein akzentfreies Hochdeutsch erwartete, ohne sagen zu können, warum eigentlich: War ihr die Mundart zu bäurisch? Sie grub in ihrer Handtasche, aber Uplegger war schneller und zog eine Packung Papiertaschentücher aus seinem Jackett.

»Danke.« Claudia Brinkmann riss sie auf, nahm ein Tuch heraus und betupfte sich die Augen.

»Die Nachricht hat sie erschüttert?«, fragte Barbara, mehr im Ton einer Feststellung.

Sie nickte. »Wir waren fünf Jahre zusammen. Aber das wissen Sie, sonst wären Sie nicht hier.«

»Stimmt. Warum haben Sie sich getrennt?«

»Ja, warum?« Claudia betrachtete die Spuren von Tusche im Taschentuch. »Wir hatten uns auseinandergelebt.«

»Einfach so?«

»Lebt man sich nicht immer einfach so auseinander? Ich meine, schleichend?«

»Mag sein. Was war Andriejus für ein Mensch?«

»Mein Gott, was soll ich darauf antworten?« Die junge Lehrerin blickte Barbara hilfesuchend an. Barbara verzog nicht eine Miene. »Er war sehr lieb, sehr zärtlich. Und irgendwie ... ein Kind. Ein großer Junge. Wollte immerzu gehätschelt und getröstet werden.«

»Er hatte also Trost nötig?«

»Kennen Sie die Mutter?«

»Ja.«

»Sie ist eine sehr starke Frau. Furchtbar zielstrebig und fordernd.«

»Kann eine starke und zielstrebige Frau ihren Sohn nicht trösten?«

»Wenn sie kein Herz hat?« Die Tränen rannen wieder stärker. Barbara schaute Uplegger an, der sich peinlich berührt zeigte. Sie selbst hatte nicht den Eindruck gewonnen, dass Lukrecija Medanauskas herzlos war.

»Warum brauchte Andriejus so viel Zuspruch?«

»In seiner Firma, dieser Kaviarfabrik, war er irgendwelchen dunklen Machenschaften auf der Spur. Es ging um Betrug und darum, dass manchmal keine Löhne gezahlt wurden ... Er wollte das alles irgendwie ans Licht bringen und hat dafür gekämpft, aber er stand allein auf weiter Flur. Regelrecht besessen war er. Immer nur hieß es: die Firma, die Firma. Andrea, der verkannte Einzelkämpfer. Manchmal habe ich gedacht: Wenn ich jetzt tot umfalle, dann merkt er das gar nicht und hält noch meiner Leiche einen Vortrag über die Schlechtigkeit der Welt.«

Er hatte doch zu frieren begonnen und war auf Höhe der Ausflugsgaststätte *Wilhelmshöhe* umgekehrt. Den Wind im Rücken, war er rasch nach Warnemünde zurückgelangt, hatte in einer Bäckerei einen Kaffee getrunken, um die Zeit bis zur Öffnung der Läden zu überbrücken und dann in der Mühlenstraße endlich ein batteriebetriebenes Radio erwerben können. Der kleine Weltempfänger war genau das Richtige für seine Zwecke. Das Gerät passte mühelos in seine Manteltasche, sodass es niemand sehen konnte, und das war lebenswichtig.

Erst im Park an der Heinrich-Heine-Straße wagte er, den Empfänger in die Hand zu nehmen. Ein älteres Ehepaar war mit seinem Hund unterwegs, einem Beagle, und auf dem Parkplatz vor dem *Institut für Ostseeforschung* verließ ein Anzugträger seinen Wagen. Er fühlte, dass er beobachtet wurde: Jedes Haus, jedes Auto hatte tausend Augen. Unbeholfen suchte er Sichtschutz hinter einer ziemlich kahlen Hecke, dann stellte er den Sender ein. Fort von dem manisch wirkenden Moderator mit seinen allzeit fünf Minuten früheren Verkehrsnachrichten bis zu jenem atmosphärischen Rauschen, Fiepen und Knistern am Rand der Skala. Wann das Weltforum erstmals mit ihm in Verbindung getreten war, vermochte er nicht mehr zu sagen. Student war er damals gewesen, hatte gerade mit dem Studium begonnen. Es war also jedenfalls lange her.

Flüsternd sprach er in den Lautsprecher, wobei er sich ständig umblickte. Der Mann im Anzug war im Institut verschwunden, das Paar entfernte sich in Richtung Wachtlerstraße. Der

Mann allerdings verhielt sich verdächtig. Er warf Stöckchen, die der Beagle apportierte – und schaute dabei zu ihm, unentwegt.

Das Weltforum hatte das Ziel, die Welt von allen Übeln zu befreien, von Krisen, Kriegen und Katastrophen, von politischen Intrigen, Machtspielen, Hunger und Elend, von Mord und Totschlag. Niemand durfte wissen, wer ihm angehörte, und er selbst wusste es auch nicht. Allein über die Ätherwellen nahm es Kontakt zu ihm auf, erteilte das Weltforum Aufträge und erhielt Berichte. Alle Entscheidungen fielen an unbekanntem Ort, und er war auserwählt, an der Rettung des Planeten mitzuwirken. Dabei blieben seine Aufgaben unscharf und daher schwer zu erledigen. Er wusste zwar, dass man von ihm unablässiges Handeln erwartete, aber niemals erfuhr er, was er eigentlich tun sollte.

Er berichtete dem Weltforum vom Mord in der S-Bahn. Die Information war in Sekundenschnelle ausgewertet. »Handle augenblicklich!«, lautete der Befehl.

Dann wurde der Empfang durch lautes Lachen gestört. Es kam leider oft vor, dass sich jemand in die Übertragung einmischte, um präzisere Anweisungen zu unterbinden. Das Weltforum hatte viele Feinde, die vom Übel der Welt profitierten. Jahrelang hatte die Staatssicherheit ihn gejagt, und er allein wusste, dass es sie noch gab. Andere Geheimdienste waren ihm ebenfalls auf den Fersen, auch die Mafia, auch Al-Qaida. Er musste ständig auf der Hut sein.

»Was soll ich tun?«, fragte er.

»Achte auf schwarze Autos«, lautete der Bescheid. Dann war, obwohl er nichts verstellt hatte, der hysterische Moderator wieder da. Er lachte. Er lachte ihn aus. Lachte, lachte, lachte …

Plötzlich trat Totenstille ein. Er zitterte. Und dann kam die Stimme, ein Dröhnen, das tausendfaches Echo hervorrief, wie in einem riesigen Kirchenraum, wie in einer Kathedrale des Bösen: »Du wirst sterben. Dein Sarg steht bereit.«

Der Moderator schrie. Er brüllte so laut, dass es vermutlich halb Warnemünde hören konnte. Er gab vor, den nächsten Titel anzukündigen, aber dieser Hit bestand aus einer Botschaft: »Die or kill!«

Claudia Brinkmann hielt das Taschentuch noch in der Hand, aber sie brauchte es nicht mehr. Mittlerweile hatte sie sich in Rage geredet.

»Seine Besessenheit war auch ein Grund dafür, dass ich mich getrennt habe«, erklärte sie gerade. »Andrea konnte gar nicht mehr abschalten von der Arbeit, vom Betrieb. Ab und zu sind wir zusammen gejoggt. Selbst beim Laufen stand sein Mund selten still. Ehrlich gesagt, manchmal habe ich ihn für geisteskrank gehalten. Nur beim Fußball kam er auf andere Gedanken.«

»Haben Sie ihn mal zu einem Spiel begleitet?«, wollte Uplegger wissen.

»Nein. Ich hasse Fußball.«

»Wir kennen jetzt zwei Gründe für die Trennung«, fasste Barbara zusammen. »Sie hatten sich auseinandergelebt. Und Sie haben unter seiner Besessenheit gelitten. War da noch mehr?«

Claudia Brinkmann schüttelte den Kopf und schwieg.

»Irgendeine zu intensive Beziehung zu einem Schüler?«

»Unfug!«, brauste die Lehrerin auf. »Ich weiß, dass Sie Henning meinen. Er ist ein sehr sprachbegabter Junge, besonders in Englisch. Ich fördere ihn, und manchmal besucht er mich, damit wir Konversation betreiben können, auf einem höheren Niveau als in der Schule. Aber da ist nichts! Jedenfalls nicht, was manche denken.«

Barbara nahm es zur Kenntnis.

»Sie sind kürzlich umgezogen, Frau Brinkmann?«

»Vor einem Dreivierteljahr.«

»Warum?«

»Ich wollte mich verändern.«

»Nach der Trennung?«

»Ja. Eine größere Wohnung wollte ich aber schon früher.«

»Nach Ihren Worten zu urteilen, waren Sie oft mit Andriejus zusammen. Für mich klang es jedenfalls so, als hätte er sogar bei Ihnen gelebt.«

»Teils, teils.« Claudia Brinkmann betrachtete ihre Hände. »Er war manchmal längere Zeit bei mir. Aber wenn ich meinen Freiraum brauchte, ging er zurück zu seinen Eltern.«

»Ihren Freiraum, Frau Brinkmann? Haben Sie Angst vor zu großer Nähe?«

Sie fuhr auf, funkelte Barbara an. »Was soll denn das heißen? Ich hatte nur eine kleine Zweizimmerwohnung im Patrioti- schen Weg. Da sind wir uns ständig auf die Füße getreten.«

»Ah, ja.« Barbara fixierte ihr Visavis wie die Schlange das Kaninchen, denn sie spürte, dass Claudia ihr etwas verbarg. »Verstehe ich Sie richtig? Als sie mit Andriejus zusammen waren, war Ihnen die Wohnung zu eng. Sie trennen sich und sind wieder allein – und dann erst ziehen Sie in eine größere Wohnung um?«

Claudia Brinkmann schluckte. »Ich hatte vorher keine Zeit.«

»Vorher hätte er Ihnen helfen können.«

»Ich habe genug Freunde.« Ein Ruck ging durch den schmächtigen Körper der jungen Frau, und sie schluchzte. Uplegger nickte Barbara zu: Weiter so. »Okay, da war noch mehr. Andrea konnte sich mit der Trennung nicht abfinden. Er hat mich regelrecht belagert. Stand ständig vor dem Haus, wenn ich heimkam, oder klingelte an der Wohnungstür. Er wollte sich mit mir aussprechen. Aber es war zwecklos. Er verstand mich einfach nicht. Ein paar Mal hat er mich sogar vor der Schule abgefangen.«

»Also Stalking?«

»So würde ich es nicht nennen, er hat mich ja nicht bedroht und auch keinen Terror auf Arbeit oder bei meinen Freunden gemacht. Es war trotzdem nicht auszuhalten! Auch deshalb bin ich umgezogen.«

»Ohne ihm Ihre neue Adresse zu geben, nehme ich an.«

»Natürlich.«

»Aber er hat sie sich beschafft.«

Claudia hob die Brauen. »Woher wissen Sie das?«

»Wir haben die neue Anschrift in seinem Handschuhfach gefunden. Hat er Sie im Barnstorfer Weg auch belästigt?«

»Einmal.« Sie schnäuzte sich.

»Nur einmal?«

»Ich habe ihm so deutlich meine Meinung gesagt, danach ist er nie wieder aufgekreuzt.«

»Da sind Sie wohl über sich hinausgewachsen«, bemerkte Uplegger.

»Täuschen Sie sich nicht in mir. Ich kann mich ziemlich gut durchsetzen.« Claudias Augen funkelten beinahe kampflustig. »Fragen Sie meine Schüler.«

»Sind Sie gerne Lehrerin?«, fragte Uplegger. Barbara schaute ihn überrascht an: Was sollte denn das?

»Nein«, sagte Claudia sofort. »Das ist nicht mein Traumjob. Eigentlich wollte ich Psychologie studieren und Kinderpsychologin werden. Etwas mit Kindern wollte ich immer machen … aber nie Lehrerin!«

»Eigene Kinder haben Sie nicht?«

»Hat noch nicht geklappt.«

»Aber Sie sind in dem Alter …«

Claudia Brinkmann wurde heftig und begann, mit den Armen zu fuchteln.

»Andrea wollte nicht. Er meinte immer, es sei noch zu früh, wir müssten uns erst beruflich etablieren. Keine Ahnung, was er noch wollte. Die Fabrik in Güstrow übernehmen? Oder doch noch an dieses Institut, von dem er immer träumte? Institut für Ostseeforschung? Ich will jedenfalls nicht Schulleiterin werden! Einmal habe ich die Pille abgesetzt. Ich war dann so blöd, es ihm zu sagen …« Für einen Moment verstummte sie, knetete das Taschentuch. »Er war so wütend, dass er mir eine gescheuert hat. Er hat dann auf den Knien vor mir gelegen und um Verzeihung gebeten … Aber es war passiert, und ich konnte es nie vergessen.«

»Er hat Sie ja auch tief verletzt.« Uplegger hatte wieder diese sanfte Stimme, und Barbara dachte, dass er, trotz seiner Aversion gegen das Metier, womöglich einen guten Psychologen abgeben würde, verständnisvoll und einfühlsam, wie er war oder sich gab. Nur mit der professionellen Distanz hätte er sicherlich Probleme.

»Ich will Ihnen mal was sagen«, brach es aus Claudia hervor, »ich will weg aus dieser Stadt. Was gibt es denn hier schon an Kultur? Ein zehntklassiges Theater, das nicht mal mehr eine richtige Spielstätte hat, die ach so tolle *Hanse Sail*, wo man vor allem fressen und saufen kann, Musik für alte Leute hören und langweilige Schiffe sehen … und nicht einmal ein anständiges Museum. Hamburg dagegen! Oder Berlin! The city that never sleeps! Da ist wenigstens was los. Aber hier? Tote Hose.«

»Obwohl Sie fortwollen, sind Sie umgezogen?«

»Wollen und Können sind zwei Paar Schuhe. Ich komme nicht so schnell weg. Na ja, Sie bekommen es ja doch raus: Bei einer Klassenfahrt in den Herbstferien vor einem Jahr gab es ein Vorkommnis.«

»Das haben wir schon ermittelt«, sagte Barbara. »Aber wir hören gern Ihre Version.«

»Ein Kollege und ich waren mit Elftklässlern unterwegs, die dann ziemlich viel Alkohol konsumiert haben, und andere Drogen waren auch im Spiel. Kiff. In den oberen Klassen gibt es eine ganze Menge Schüler, die sich ab und zu oder auch öfter einen Joint genehmigen. Ich möchte sagen, das ist fast schon normal. Bei der Klassenfahrt kam es dann aber zu einem Unfall. Ein Schüler musste unbedingt aus dem Fenster klettern. Ich habe nichts davon mitbekommen …«

»Wirklich nicht?«, fiel ihr Barbara ins Wort. »So etwas merkt man doch.«

»Na ja, dass gekifft wird, wissen alle. Es wird ignoriert, solange niemand auffällig wird. Ist doch aber klar, dass die Schüler die Bierflaschen und das Cannabis vor uns versteckt haben. Trotzdem war ich dran. Eine Mutter hat ein Riesenspektakel veranstaltet, völlig unangemessen. Der Kollege, der fast die ganze Zeit betrunken war, wurde versetzt. Ich bekam einen Eintrag in die Personalakte. Und mit einem solchen Vermerk nimmt man mich nicht mal in den Kifferhochburgen Hamburg oder Berlin.«

Hat der Schulrat doch mehr getan als Dankschreiben zu versenden, dachte Barbara, während Uplegger sagte: »Der Traum ist ausgeträumt.«

»Alle meine Träume.« Claudia schlug nun sogar auf den Tisch, an dem der Physiklehrer seine Experimente zelebrierte. »Ich hätte früher weggehen sollen, aber Andrea wollte nicht. Der wollte in Rostock bleiben. Bloß nicht zu weit weg von den Eltern!«

»Nicht mal von der herzlosen Mutter?«, fragte Barbara.

»Sie verstehen nichts von Kindern. Er ist immer ein Junge geblieben. Alle Söhne der Medanauskas sind so. Wie richtige Italiener. Mama regiert.«

Barbara hatte den Vorschlag gemacht, irgendwo auf der Doberaner Straße einen Imbiss einzunehmen, und Uplegger war einverstanden gewesen. Sie fanden einen Bäcker, der belegte Brötchen feilbot und Kaffee, leider kein Bier. Barbara nahm ein Schinkenbaguette und zwei Hackepeterbrötchen, Uplegger ließ es bei einem Rühreibrötchen bewenden.

»Andriejus scheint ein bisschen verrückt gewesen zu sein«, sagte Uplegger, während er den Kaffee kritisch beäugte.

»Ein bisschen ist gut.« Barbara schaute sich den Kaffee nicht nur an, sie testete ihn. Er war so dünn, dass man von gefärbtem Wasser sprechen konnte. »Der besessene Krieg gegen Rauch und seine Auftritte als Stalker, für mich sind das schon größere Macken. Werden Sie die Fußballfährte ad acta legen?«

»Warum sollte ich?« Von Upleggers Brötchen fielen Rühreikrümel auf den Teller, die er mit spitzen Fingern aufnahm und in den Mund stopfte, was weder zu seinen Pianistenhänden noch zu seinem Ruf als Ästhet passte. »Ein in Italien aufgewachsener – oder auf Westdeutsch: sozialisierter – lettischer *Hansa*-Fan, das finde ich très bizarre.«

»Aber wir haben vom Hungerhaken erfahren, dass Andriejus die Hooligans abgelehnt hat. Dass er sie, wörtlich, zum Kotzen fand. Was mir aus der Seele spricht. Wie kann es da irgendeinen Berührungspunkt mit Danilo Ball geben? Très bizarre ist Ihr Denken. Ich verstehe ja, dass Sie Sandy irgendwie helfen wollen. Wir haben aber Wichtigeres auf der Agenda.«

»Das wäre?«

Bevor Barbara antworten konnte, rief *Lady Greensleeves* nach ihr. Ann-Kathrin Hölzel war dran. Es gab Neuigkeiten, wenn auch von geringem Gewicht.

»Man hat die Rentnerin ausfindig gemacht, die ebenfalls in Güstrow zugestiegen ist.« Barbara legte das Handy neben ihren Teller.

»Die sich laut Konwitschny schick gemacht hat wie alte Leute vom Dorf, wenn sie zum Arzt fahren?«

»Jo. Nur dass sie nicht beim Doktäh war, sondern sich mit ein paar ehemaligen Kolleginnen getroffen hat, zum Schwatzen, Essen und um ein Likörchen zu trinken. Sie ist bis Huckstorf mitgefahren, wo sie von ihrem Mann abgeholt wurde. Allein Penelope ist ihr aufgefallen, deren Mantel sie unmööchlich fand.«

»Diese Information bringt uns ja wahnsinnig weiter.« Uplegger schob die Tasse von sich fort.

»Dat säch ik di. Unser Mörder ist weder der Gärtner noch der Mann mit Hut, sondern die Frau im unmööchlichen Mantel. Schön wär's. Also, ich würde gern die Boutique der herzlosen Mutter in Augenschein nehmen. Vielleicht kaufe ich mir einen Fummel.«

»Dann übernehme ich den ABF.«

»Hä?«

»Morten Kröner, den allerbesten Freund. Marvin nennt seinen ABF. Oder BFF, best friend forever. Und wenn ich dumm aus meiner Wäsche gucke angesichts seiner Einge-weihtensprache, dann bekommt er einen Lachflash oder macht LMAO.«

»Leck mich am Ohr?«

»Laughing my ass off.«

»Klasse!«

»Nein, voll endgeil.«

»Gut, gut!« Barbara ergab sich, indem sie beide Arme hob. »Wissen Sie was, fahren Sie doch einfach schon los. Ich neh-me die Straßenbahn zur Dienststelle und hole mir dort einen Wagen.«

»Und auf dem Weg einen Muntermacher?«

»Uplegger, raus!« Barbara zückte ihre Börse. »Betrachten Sie sich als eingeladen.«

Obwohl er die elektronisch generierte Frauenstimme nicht leiden konnte, verließ sich Uplegger ab Lütten Klein auf das Navigationssystem. Das Dorf Lichtenhagen kannte er von Rad-touren mit Marvin, denn einige Male hatten sie es durchquert, um über Admannshagen-Ausbau und Steinbeck sowie durch den Gespensterwald ans Meer zu fahren; leider zog es der Junge mittlerweile vor, sich mit Freunden am Strand zu tummeln, und es schien Uplegger, als wären manchmal auch Mädchen dabei. ABF Tim war auf jeden Fall immer mit von der Partie, denn die beiden waren unzertrennlich.

Uplegger seufzte. Lichtenhagen mochte er wegen der schö-nen alten Dorfkirche und der historischen Scheunen, während ihm Elmenhorst wenig zusagte, weil es keinen dörflichen Charakter hatte. Aber dort wohnte nun einmal die Familie Kröner.

Er fuhr an den beiden Windmühlen vorbei, deren größere ein privates Museum beherbergte, während die zweite das Domizil eines bekannten Malers und Grafikers war, der den Kussmund der AIDA-Kreuzfahrtschiffe ersonnen hatte. In einer Mühle zu wohnen, stellte sich Uplegger romantisch vor, aber Marvin würde sich in einer dörflichen Umgebung sicher zu Tode langweilen.

»Nach hundert Metern links abbiegen!«

Uplegger warf einen Blick über die brachliegenden Felder und entdeckte in der Ferne den riesigen Kühlturm des Steinkohlekraftwerks, das zu den vielen Dingen gehörte, die von den Rostockern nicht gewollt worden und die trotzdem gekommen waren; manchmal hatte er den Eindruck, dass in seiner Heimatstadt am liebsten umstrittene Projekte realisiert wurden, weil es Gott Spaß machte, die Rostocker zu ärgern.

»Nach fünfzig Metern links abbiegen!«

Immerhin wehrten sie sich. Sage also keiner, die Mecklenburger ließen alles wie Ochsen über sich ergehen.

»Jetzt links abbiegen!«

Uplegger bog also von der Dorfstraße nach links in die Hauptstraße.

»Nach zweihundert Metern links abbiegen!«

»Schon wieder? Bist wohl eine rote Socke?«

»Nach hundert Metern links abbiegen!«

»Schon gut.«

»Jetzt links abbiegen!«

Uplegger blinkte. Er schaute aber weiterhin geradeaus, der Hauptstraße nach. Als er das Aushängeschild einer Bäckerei entdeckte, riss er die Augen auf. Denn das war keine gewöhnliche Bäckerei, die es ohnehin kaum mehr gab, sondern die Filiale einer Kette, die seit Jahren in ganz Rostock kontinuierlich Metastasen bildete. Hier hatte er sie allerdings nicht erwartet, und er bedauerte die Elmenhorster, die mittlerweile ebenfalls gezwungen waren, Brot und Kuchen zu erwerben, deren Geschmack und Konsistenz seiner Ansicht nach an Petrochemie gemahnten.

Das Grundstück der Familie Kröner war ein ziemlich großer Landwirtschaftshof mit einem Wohngebäude, Stallungen und einem Bungalow, der nach ausgebauter Doppelgarage aussah und vielleicht an Feriengäste vermietet wurde. Zwei Trecker standen herum, eine Egge und ein museal anmutender Güllewagen; neben dem Bungalow parkte ein roter Mitsubishi Pajero mit einem Reserverad am Heck, dessen Hülle das Emblem des *FC Hansa* trug. Es gab einen echten Misthaufen, auf dem echte Hühner scharrten, die freilaufend Eier produzierten. Aus einem Stall rechter Hand muhten Steaks, Rouladen und Gulasch.

Ferien auf dem Bauernhof, dachte Uplegger, das wäre doch was, vor allem für Marvin. Schlafen im Heu, Fallen vom Pferd und täglich der Beweis, dass die Wurst nicht abgepackt an Bäumen wuchs.

Zwei Dinge irritierten Uplegger, das Transparent über dem Hoftor und der Hofhund. Auf dem Transparent stand nicht etwa Biohof, sondern *Polohof Kröner*, und der Hund, ein Riesenschnauzer, interessierte sich überhaupt nicht für den Eindringling, obwohl ein Keramikschild neben dem Tor verkündete, er habe neben einem guten Dutzend Briefträgern und etlichen Katzen auch drei Polizisten erledigt.

Aus dem Wohngebäude trat ein Mann von Ende vierzig, der Filzstiefel trug, eine Manchesterhose und eine wattierte Joppe. Uplegger hatte seinen Besuch per Mobiltelefon angekündigt, und der Mann war zweifellos das Empfangskomitee.

»Sie sind der Herr von der Kripo?«

»Ja. Ihr Sohn …?«

»Da.« Der Mann zeigte zum Bungalow. »Traurig.«

»Ihr Sohn trauert?«

»Das mit Andrea.« Vater Kröner schaute zum Riesenschnauzer, der sich gemächlich von seinem Ruheplatz erhob und einmal mit dem Schwanz wedelte. »Das ist traurig.«

»Ja. Und Morten …«

»Schläft.«

»Schläft noch?«

»Hm.«

Der Hund trottete näher. Da er bisher nicht gebellt hatte, vermutete Uplegger, er wäre so maulfaul wie sein Herrchen und wie der typische Mecklenburger – jedenfalls in der Karikatur und manchmal auch in der Wirklichkeit.

»Haben Sie ihn nicht geweckt?«

»Doch.«

»Und?«

»Will nicht. Ist erst um halb sieben nach Hause gekommen.«

»Ach, er hat wohl gefeiert?«

»Hm. Nee, nee, nicht was Sie denken. Er macht Musik. Legt auf, verstehen Sie? Als DJ.«

»Damit verdient er sein Geld?«

»Ich weiß nicht genau, womit er sein Geld verdient.« Vater Kröner ging einige Zentimeter in die Knie und tätschelte den Hundekopf. Der Riesenschnauzer gähnte. »Macht dies, macht das. Hat immer neue Geschäftsideen. Warten Sie, ich versuche es noch einmal.« Er schritt auf den Bungalow zu, ein paar Meter vom Hund begleitet, der sich dann aber wieder hinlegte. Uplegger hatte das Gefühl, einen Film in Zeitlupe zu sehen.

Vater Kröner verschwand im Bungalow. Es verstrichen ein paar Minuten, dann kam er wieder zum Vorschein, nickte Uplegger zu und wechselte grußlos ins Haus.

Der Film änderte sein Tempo von Zeitlupe zum Zeitraffer. Ein junger Mensch in ausgebeultem blauen Freizeitanzug stürzte aus dem Bungalow und ruderte mit den Armen. Er hatte ungepflegte lange Haare, einen Fusselbart und war groß und dürr wie die berühmte Bohnenstange. »Moin!«, rief er, dann hetzte er in den Bungalow zurück. Uplegger folgte ihm, und da es keinen Flur gab, betrat er sogleich ein großes Zimmer, von dem zwei Türen in Nebenräume abgingen. Morten Kröner saß auf seinem Bett und schnürte sich mit hektischen Bewegungen die Boots zu. Das Kissen und die Steppdecke waren mit *Hansa*-Wäsche bezogen. Uplegger schlug der wohlvertraute Geruch selten gewechselter Turnschuhe entgegen, außerdem roch es nach kaltem Zigarettenrauch und abgestandenem Bier.

Morten sprang auf, stürzte zum Fenster, riss es auf. Kalte, feuchte Luft drang in das Zimmer, während der junge Mann schon beim Tisch war, auf dem drei Bierflaschen und ein voller Aschenbecher standen. Er nahm eine Packung Tabak und Papier, warf sich in einen Sessel und begann, sich eine Zigarette zu drehen. Sein unsteter Blick wanderte zwischen seinen Fingern und Uplegger hin und her.

»Der Anlass meines Besuches dürfte Ihnen bekannt sein.« Uplegger trat ans Fenster und schaute in einen Garten mit knorrigen alten Obstbäumen. Auf dem von einer dünnen gefrorenen Schneeschicht bedeckten Rasen lagen kreuz und quer angefaulte Äpfel, in einiger Entfernung gab es ein paar Beete. Drei, vier Meter linker Hand stand ein Schuppen mit einer Katzentür, an dem ein Fahrrad lehnte. Auf dem Nachbargrundstück verstellte ein verhältnismäßig neues Haus den Blick.

»Ein tragischer Anlass.« Morten schniefte. Uplegger hörte ein Feuerzeug schnappen und drehte sich zu ihm um.

»Allerdings. Ein Tötungsverbrechen.«

Morten nickte und inhalierte tief den Rauch seiner Selbstgedrehten. Er war unfähig, die Hände auch nur für eine Sekunde stillzuhalten, sodass er mit der einen immer wieder die Zigarette zum Mund führte, mit der anderen den Stoff auf seinem Oberschenkel knetete. Uplegger war lange genug Kriminalist, um zu sehen, dass er Angst hatte.

»Der arme Andrea! Dass ausgerechnet ihm das passieren muss! Er war der vielleicht friedfertigste Mensch der Welt.« Ein kurzes Aufschluchzen fürs Protokoll. »Mann, Mann, Mann!«

»Wie haben Sie Andriejus Medanauskas kennengelernt?«

»Am Ostseegymnasium in Evershagen. Gesucht und gefunden, sagt man doch? Wir hatten gemeinsame Interessen: Fußball, also *Hansa*, Laufsport … 2004 sind wir sogar in Berlin Halbmarathon gelaufen. Na ja, Andrea war viel besser als ich mit meiner Raucherlunge.« Er drehte sich die nächste Zigarette.

Es wurde allmählich kalt in dem Zimmer. Uplegger schaute noch einmal aus dem Fenster, bevor er es schloss. Am Mansardenfenster des Nachbarhauses erschien der Kopf einer Frau, der er zunickte. Sofort zog sie den Kopf zurück.

»Sie haben sicher noch anderes unternommen«, sagte er.

»Klar, alles Mögliche. Strand, Kino, Disko, Kneipe, was man eben so macht. Einmal, da waren wir noch Schüler, sind wir nach Italien getrampt. Bis nach Syrakus. Wie Seume. Wissen Sie, wer das ist?«

»Nein.«

»Irgendein Schriftsteller aus dem 18. Jahrhundert oder so. Hat so ein Buch geschrieben, *Spaziergang nach Syrakus*, glaub ich. Andrea hat viel gelesen. Ich nicht. Ich hab's nicht so mit Büchern. Bin mehr fürs Praktische.«

Auf dieses Stichwort hin sah sich Uplegger gründlicher um. Links neben dem Fenster stand ein Keyboard, an der Wand über der Couch, auf der ein paar Kataloge für Musikinstrumente lagen, hingen eine Gitarre und ein historischer Stich von New York. Die Anbauwand aus DDR-Produktion, die Morten vielleicht von seinen Eltern übernommen hatte, enthielt ein paar Fächer, in die man durchaus Bücher hätte stellen können, aber außer einem *Aral*-Atlas, einem Reiseführer für Lettland und einem Pilzbuch fand sich nichts.

»Waren Sie mal in Lettland?«

»Wir wollten. Im vorletzten Sommer.«

»Sie und Andriejus?«

»Ja. Und seine damalige Freundin. Aber es kam dann anders.«

»Anders?« Upleggers Blick fiel auf eine Pinnwand, die sich über dem Bett befand. Sie enthielt neben einigen Ansichtskarten und einem *Hansa*-Wimpel auch mehrere Fotos, die sein Interesse weckten, also trat er näher. Morten war noch nervöser geworden, er rauchte nicht nur wie ein Schlot, nun hatten auch seine Beine zu flattern begonnen.

Als Uplegger die Bilder deutlich sehen konnte, blieb er abrupt stehen.

»Was war anders?«, fragte er in scharfem Ton.

»Das sehen Sie doch«, entgegnete Morten leise.

Uplegger sah es in der Tat. Die Farbfotos waren mit einer Digitalkamera aufgenommen, auf normalem Papier ausgedruckt und dann zurechtgeschnitten worden. Den Hintergrund jeder Aufnahme bildete der Reichstag. Man sah Morten in die Kamera grinsen. Man sah Claudia einen Kussmund machen. Und man sah sie beide – wie sie sich küssten.

Hungerhaken und Bohnenstange waren ein Paar.

Barbara ließ den Schnee auf der Stadtautobahn zur Seite stieben. Sie hatte sich zwei Flachmänner Wodka gekauft, den ersten für die Not und den zweiten als Reserve. Die Notflasche war schon leer, die Reserve befand sich in der Handtasche auf dem Beifahrersitz. Barbara ging es gut. In ihrer Brust fühlte es sich warm an. Was auch immer der Tag noch bringen würde, sie war allem gewachsen – auch wenn sie in der Dienststelle die enttäuschende Nachricht erhalten hatte, dass die beiden Glatzen in der DNA-Kartei des Bundeskriminalamts nicht registriert waren. Was machte das schon? Man würde sie trotzdem finden.

Die vierspurige Stadtautobahn endete und ging in die zweispurige Rostocker Straße über. Barbara begab sich in eine Welt der Einbahnstraßen. Durch die Poststraße gelangte sie zum Kirchenplatz, wo sich zu allen Seiten der neugotischen Kirche Parkplätze befanden. Hinter dem Chor stellte sie den Wagen ab. Von der kostbaren gotischen Christophorus-Statue im Inneren des Gotteshauses hatte sie schon mehrfach gelesen, sie hatte sich auch vorgenommen, sie zu besichtigen, aber wie bei anderen Sehenswürdigkeiten, die vor der Haustür lagen, schob sie den Besuch vor sich her. Warum sollte sie sich beeilen? Die

Statue würde auch in zehn Jahren noch an ihrem Platz sein, ja sie würde Barbara sogar überleben.

Am Alten Strom war jetzt mehr los als am frühen Morgen. Die Wintertouristen schlenderten warm eingemummelt zur Mole oder kamen von dort, sie betrachteten die Auslagen der Geschäfte oder studierten Speisekarten, während die Einheimischen, die keine Muße hatten, etwas schneller unterwegs waren. Die Möwen und Kormorane gingen ihrem Tagwerk nach, die Kormorane glotzten, die Möwen trippelten über den schneebestäubten Weg, segelten über den Strom und kreischten. Alles wie eh und je an einem kalten Novembertag.

Aus einem Lädchen für Schnickschnack dudelte Weihnachtsmusik, und in den Veranden leuchteten hie und da die elektrischen Kerzen von Schwibbögen. Barbaras Herz krampfte sich für einen Moment zusammen, doch schnell schluckte sie die Angst vor den Festtagen hinunter; bis zu den Tagen des Grauens würde noch einige Zeit vergehen, und vielleicht bekam sie kurz zuvor einen schönen neuen Mord geschenkt.

Die Boutique *La Moda* kam in Sicht. Barbaras Handy verlangte nach ihr. *MaPentz* erschien auf dem Display, der Chef der Spusi höchstpersönlich gab sich die Ehre.

»Na, du machst wohl einen Ausflug?«, fragte Pentzien.

»Wieso?«

»Ich höre Möwen.«

»Dein Gehör möchte ich haben. Also, was liegt an?«

»Der PKW des Geschädigten. Wir haben ihn in seine Einzelteile zerlegt. Als wir ihn wieder zusammenbauen wollten, haben wir wie immer ein paar Schrauben übrig behalten.« Er lachte. »Aber im Ernst: Wir haben noch n bäten Marihuana gefunden, na ja, kann man in den Skat drücken. Da war allerdings noch etwas: Schnee.«

»Bitte?«

»Koks. Ein weißes Pulver auf dem Armaturenbrett. Fürs Interpretieren seid ihr zuständig, aber ich wage mal eine Hypothese. Jemand hat auf der Fahrerseite eine Line gezogen, und dabei sind ein paar Krümel aufs Armaturenbrett gelangt. Mist, hat er gedacht und sie weggewischt. Durch diesen Versuch, Spuren zu verwischen, hat er die Spur erst geschaffen. Ist das nicht paradox?«

»So paradox, wie wenn ein Grieche sagt, dass alle Griechen lügen.«

»Was ist los?«

»Ich glaub, so erläutert Aristoteles ein Paradoxon. Schulweisheit, vergiss es! Ihr habt also winzige Spuren Kokain gefunden?«

»Das erkläre ich dir seit Stunden! In dem Wagen wurden Drogen konsumiert oder transportiert oder beides.«

»Dann haben wir vielleicht doch einen Fall von organisiertem Verbrechen.«

»May be, may be not. Ich sehe nicht gleich die Mafia am Werk, wenn mal irgendwo Stoff auftaucht. Falls es dir entgangen sein sollte: Wir leben in einer wunderbaren sozialen Marktwirtschaft, in der man zu einer Minderheit gehört, wenn man nicht irgendetwas einwirft oder inhaliert oder … na, egal! Wenn es kein Koks ist, dann ist es eben Lexotanil oder Diazepam oder die Barbie-Droge Melanotan … Schon davon gehört? Wird im Internet vertrieben als Bräunungsmittel, zum Abnehmen und zur Steigerung der Libido, ein wahres Wundermittel also!« Pentzien schnaubte verächtlich. »Mal machen wir uns high, dann machen wir uns geil, dann machen wir uns schläfrig … Das ist das moderne Leben, Barbara. Wir erzeugen unsere Gefühle jetzt künstlich, und wenn sie zu stark werden, dämpfen wir sie wieder.«

»Und was nimmst du?«

»Koffein in rauen Mengen. So, ich muss jetzt gucken, wo die Schrauben fehlen. Ciao, tschüß und bis demnächst. Over und aus!«

Barbara steckte das Handy in die Manteltasche. Dass sie laut Pentzien einer Mehrheit angehörte, verschaffte ihr keinerlei Befriedigung.

»Sie haben also Ihren besten Freund hintergangen und ihm die Lebensgefährtin ausgespannt«, sagte Uplegger. Er hatte auch in einem Sessel Platz genommen und bedauerte längst, das Fenster geschlossen zu haben. Nun war es zwar warm, aber die Luft war zum Schneiden. Morten Kröner rauchte Kette und offenbarte einen Gesichtstick: Ständig zog er Stirn und Nase kraus. Wovor nur hatte er solche Angst?

»Es ist eben passiert«, sagte er, den Blick auf den Ascher gerichtet. »Einfach so.«

»Einfach so.« Das schien heutzutage die Erklärung für fast alles zu sein. »Quasi schicksalhaft? Oder durch Gottes unerforschlichen Ratschluss? Oder haben Sie nicht vielmehr Claudia Brinkmann angemacht?«

»Sie mich.«

»Aha, ich verstehe, halb zog es Sie, halb sanken Sie hin. Kein schlechtes Gewissen?«

»Ja, doch.« Morten drückte seine Kippe aus und griff nach dem Tabak. »Claudia meinte eben, an meiner Seite eher eine Zukunft zu haben.«

»Ach, ist denn das Plattenauflegen so lukrativ? Einträglicher als der Job eines Produktionsleiters?«

»Ich mach noch was anderes als DJ.«

»Was sind Sie denn von Beruf?«

»Multitasking-Unternehmer.«

»Wie bitte?« Sollte das ein Witz sein? Allerdings kam es Uplegger vor, als sei Morten Kröner stolz auf seine selbstgestrickte Berufsbezeichnung.

»Ich mache viele Sachen gleichzeitig. Ich habe schon eine Zimmervermittlung, einen Begleitservice für Alleinreisende und eine Urlaubsbetreuung für Hunde betrieben. Aber jetzt habe ich die ultimative Geschäftsidee.« Er steckte die fertig gedrehte Zigarette in den Mund, zündete sie an, sog den Rauch ein und grimassierte – Multitasking eben. »Auf einem brachliegenden Acker meines Vaters werde ich einen Poloplatz einrichten. Mit Hotel, Pferdeboxen, Trainingsplatz und Kinderbetreuung. So etwas fehlt hier oben.«

»Deshalb also *Polohof Kröner*.« Uplegger unterdrückte ein skeptisches Kopfschütteln. Ganz gleich, ob der Film in Zeitlupe oder im Zeitraffer ablief, es war auf jeden Fall der falsche. »Haben Sie denn Kapital?«

»Man kann einen Kredit aufnehmen.«

»Also haben Sie wenigstens Sicherheiten?«

»Bauland im Erschließungsgebiet. Das ist eine Menge wert.«

»Und gehört …?«

»Vaddern. Bisher hat er meine Projekte immer unterstützt, aber momentan ist ihm das neue noch zu heavy. Er ist Landwirt, da denkt man nicht in großen Dimensionen.«

»Wenn man nicht in zu großen Dimensionen denkt, verzettelt man sich vielleicht auch nicht.« Uplegger stand kurz davor, an einem Hustenanfall zu ersticken. In seinem Hals kratzte es bereits. »Herr Kröner, Sie haben doch Abitur? Schon mal ans Studieren gedacht?«

»Hab sogar mal angefangen. BWL. Zu trocken für mich. Ich muss immer etwas machen, verstehen Sie? Ich bin ein Machertyp. Muddern war immer hinterher, dass ich nicht auf der faulen Haut liege. Eigentlich passt sie gar nicht zu Vadder, ich meine auf einen Bauernhof. Aber wo die Liebe hinfällt …«

»Warum passt sie nicht?«

»Sie ist Übersetzerin. Russisch, Polnisch, Dänisch und Schwedisch. Nach der Wende hat sie auch noch Koreanisch und Chinesisch gelernt, weil die exotischen Sprachen besser bezahlt werden. Sie hat eine gute Auftragslage.«

»Na, übersetzen kann man doch auf einem Bauernhof besonders gut, oder nicht? Es ist ruhig, und so abgeschieden ist Elmenhorst ja nicht. Wenn man mal was anderes sehen will. Ist Ihre Mutter stolz auf Sie?«

»Pfff.« Morten rauchte. Seine Augen tanzten Ballett. Allmählich übertrug sich seine Nervosität auf Uplegger. Dessen Handy kündigte den Empfang einer SMS an. »Eher enttäuscht im Augenblick. Sie meint, dass ich nichts auf die Reihe kriege. Na, sie wird schon sehen. Wenn der Polohof erst eine Goldgrube ist, gewinnt sie ihr Vertrauen in mich zurück. Und ich will ihr unbedingt etwas zurückgeben. Vadder hat sich immer nur um den Hof gekümmert, aber sie … Sie hat dafür gesorgt, dass ich mit fünf drei Instrumente beherrschte, mit zehn drei Fremdsprachen und …«

»… mit fünfzehn drei Sorten Psychopharmaka«, entfuhr es Uplegger, der die SMS von Barbara gelesen hatte. Die Hochleistungszucht, die manche Eltern ihren Kindern antaten, war ihm nicht geheuer, genauer noch, er verabscheute sie.

»Wie? Welche Psychodinger?« Morten geriet immer weiter aus dem Häuschen; wahrscheinlich zerplatzte er im nächsten Moment. Uplegger stand schnell auf und öffnete wenigstens einen Fensterflügel. Die Frau aus der Mansarde spähte schon wieder herüber, aber jetzt aus der Terrassentür. Schnee fiel mit majestätischer Würde in den Garten.

»Nehmen Sie Drogen?«

Morten prallte zurück. Die Angst in seinen Augen war übermächtig geworden, und ein Geständnis lag in der Luft.

Dass der Verkaufsraum von *La Moda* ein ähnlicher Schlauch war wie das *Al Faro*, hing mit der Form vieler Grundstücke in Warnemünde zusammen, die schmal waren, sich aber weit in die Tiefe streckten. Ein anheimelnder Duft von Äpfeln, Orangen und Tannennadeln überlagerte den Geruch nach Leder und Kleiderstoffen, ohne ihn ganz zu verdrängen. Auf dem Ladentisch brannte eine Kerze, ein Teller mit Obst stand bereit, der Tannennadelduft stammte von einer Öllampe. Frau Medanauskas legte offenbar großen Wert darauf, für ihre Kundinnen eine vorweihnachtliche Atmosphäre zu schaffen. Momentan allerdings waren keine da.

Ein Glöckchen hatte Barbaras Kommen angekündigt, und die Inhaberin kam hinter einem Gestell mit Kleidern hervor, die allesamt für Mädchen mit Wespentaille bestimmt schienen. Lukrecija Medanauskas sah in ihrem enganliegenden, dem Traueranlass entsprechend schwarzen Kostüm wie aus dem Ei gepellt aus. Ihre Frisur war mit Festiger in Form gebracht und saß perfekt. Nur die Blässe des Teints und die dunklen Augenringe verrieten, dass es Andriejus' Mutter nicht besonders gut ging.

»Guten Morgen, Frau ...«, sagte sie.

»Riedbiester.«

»Ja. Was kann ich für Sie tun?«

»Ich wollte mir Ihren Laden anschauen.« Barbara trat zu dem Gestell und befühlte die Stoffe. »Sie haben sehr schöne Sachen.«

»Für gehobene Ansprüche.« Lukrecija betrachtete ihre Besucherin mit einem leeren, tränenlosen Blick. »Die meiste Ware stammt aus Italien.«

»Gehobene Ansprüche ...« Barbara deutete zum Schaufenster. »Sie bieten aber auch Souvenirs an?«

»Erst seit letzter Sommer. Manchmal sind Leute gekommen in Geschäft und haben gefragt: Wo gibt Andenken? Da habe ich Sortiment erweitert.« Ein leichter Schauder schüttelte sie. »Mit Kitsch. So heißt auch in Italien: il kitsch.«

»Dito auf Englisch. Ist anscheinend der deutsche Beitrag zur Weltkultur. Na ja. Wie fühlen Sie sich, Frau Medanauskas?«

»Muss immer denken an Andrea. Wenig schlafen.« Sie schloss für einen Moment die Augen. »Keine Eltern sollen erleben, dass Kind vor ihnen stirbt.«

»Das ist sicher das Schrecklichste, was Eltern passieren kann.« Barbara schaute durch das Schaufenster auf die Straße, wo eine greise Frau mit starkem Rundrücken das Verbot aus dem Rathaus missachtete und Möwen mit Brotstücken fütterte. Ihr plissierter Rock mochte modern gewesen sein, als Barbara das Laufen lernte, aber am auffallendsten waren ihre bunten Strickstrümpfe, die aus abgestoßenen Stiefelletten ragten.

»Möchten Sie Kaffee?«

»Nein, danke.« Barbara riss sich von der Alten los. »Waren Sie eigentlich zufrieden mit Andrea?«

»Wie meinen Sie das?«

»Hat Ihnen sein Job gefallen und die Art, wie er lebte?«

Lukrecija Medanauskas sah sie irritiert an. »Er lebte bei uns.«

»Ja, sicher. Mochten Sie seine Freundin Claudia?«

»Sie war … nett. Haben sie aber nicht oft gesehen. Andrea war meistens bei ihr.«

»Auch in letzter Zeit?«

»Ja. Er sagen, Mama, ich fahre zu Claudia. Vielleicht ich bleiben dort.«

»Er hat also auch in den zurückliegenden Wochen und Monaten manchmal bei ihr übernachtet?«

Die Miene der Mutter spiegelte ihre wachsende Ratlosigkeit; sie vermutete, dass Barbara auf etwas Bestimmtes hinauswollte, doch ahnte sie nicht einmal, was es war.

»Er hatte so viel zu tun auf Arbeit. Wenn ich fragen, was ist mit Claudia, er gesagt, Mama, alles in Ordnung, aber ich muss allein sein. Wächst über Kopf, verstehen Sie? Nicht Schwiegertochter … Wir haben schon gesagt, ist Schwiegertochter, kommen bald Enkel.«

Barbara, die Frau Medanauskas nicht aus den Augen ließ, rechnete mit einem wenn auch flüchtigen Lächeln, aber nichts dergleichen geschah. Nichts verriet eine innere Bewegung, keine Träne zeigte sich. Andriejus' Mutter war eine selbstbeherrschte Frau. Das musste keineswegs bedeuten, dass sie ein Herz aus Stein hatte. Selbstbeherrschung zählte schließlich zu den protestantischen Tugenden.

»Andriejus hat sich Ihnen doch sicher anvertraut, wenn er Sorgen hatte?«, wollte sie wissen.

»Äh, ja …« Lukrecija verstand anscheinend überhaupt nicht, was Barbara meinte.

»Das macht man doch als Kind. Man vertraut sich seiner Mutter an.« Barbara hatte es nie getan.

»Er ist doch schon erwachsen …«

»Trotzdem. Sie müssen sich doch über etwas unterhalten haben?«

»Ja, über Arbeit«, sagte die Mutter.

Das Geständnis fiel anders aus, als Uplegger erwartet hatte. Er hatte mit etwas Großem gerechnet, aber nachdem der Berg gekreißt hatte, entband er bloß eine Maus.

»Ich kiffe«, sagte Morten.

»Oft?«

»Jeden Tag.« Er blickte angestrengt zu Boden. »Ich beginne den Tag immer mit einem Nuttenfrühstück, mit Kaffee und Zigarette. Na ja, und in die Kippe brösele ich mir etwas hinein.«

»Dann brauchen Sie jetzt also Ihre erste Ration?«

»Eigentlich ja.«

»Da muss ich Sie noch um Geduld bitten.«

»Keine Sorge, vor Ihren Augen werd ich keine Tüte bauen.«

»Das könnte ich kaum zulassen. Es fällt mir schon schwer, sofort wieder zu vergessen, dass Sie Stoff im Haus haben. Woher beziehen Sie ihn?«

»Den gibt es überall.«

»Dann hab ich wohl Tomaten auf den Augen.«

»In den Klubs, in denen ich auflege, wird einem dauernd etwas angeboten. Mir ist es schon öfter passiert, dass mir jemand einen Joint über den Plattenteller gereicht hat. Das ist normal.«

»Sie verstehen sicher, dass ich es nicht als normal ansehe. Wo legen Sie denn auf?«

Morten hatte schon wieder die Finger in der Tabakpackung und zuckte mit Schultern und Gesicht.

»Wo man mich bucht. Für Speicher, MAU, LT und Meli hab ich eine Art Abo, da bin ich immer mal wieder. Aber auch im Umland, bis Güstrow, Doberan, Graal-Müritz … Ich hab auch schon auf Dorffesten für Stimmung gesorgt, wenn die Kohle stimmt. Das ist manchmal sogar ganz lustig.«

»Wo in Güstrow?«

»*Gleis 5.*«

Uplegger merkte auf. An diesen Klub erinnerte er sich.

»Das ist in der Speicherstraße, in der auch Andriejus gearbeitet hat.«

»Jo. Er hat auch zwei- oder dreimal vorbeigeschaut. Aber Clubbing ist nicht so sein Ding.« Jetzt gelang Morten sogar ein Lächeln. »Er liebt Fische, capito? Und die sind stumm.«

»Er liebte die Stille, meinen Sie?«

»Ja.«

»Und wie hielt er es mit Drogen?«

»Einmal hat er eine Tüte mit mir geraucht. Das hat ihn wohl kuriert. Ich weiß natürlich nicht, ob er heimlich doch was nahm, kann es mir aber nicht vorstellen. Er war ja Sportler. Hat nicht geraucht, und nach drei Bieren war er schon ziemlich angegangen. Nee, nee, er war clean.«

Uplegger folgte einem spontanen Einfall: »Und Riccardo?«

Für einen Moment legte sich ein Schatten auf Mortens Gesicht, und er hatte nur noch einen Blick für die Zigarette, die zwischen seinen Fingern entstand.

»Sie sprechen von seinem Bruder?«

»Was glauben Sie wohl?«

»Wie kommen Sie jetzt auf den?«

»Er besucht die Diskotheken, in denen Sie auflegen, Herr Kröner. Da sind Sie sich doch bestimmt schon begegnet.«

»Klar. Aber nicht oft.«

»Hat er Ihnen auch schon einen Joint über den Plattenteller gereicht?«

»Nein. Ich kenn ihn auch kaum. Mehr vom Sehen.«

»So, so. Haben Sie eine Erklärung dafür, dass wir in Andriejus' PKW Spuren von Marihuana gefunden haben? Und von Kokain?«

»Was?« Morten blinzelte heftig.

»Sie haben richtig gehört: Marihuana und Kokain.«

»Aber …« Seine unwillkürlichen Bewegungen wurden so heftig, dass Uplegger fürchtete, er werde selbst mit Zucken und Zittern anfangen.

»Da Sie sich auskennen: Wo bekommt man Koks?«

»Das weiß ich nicht.«

»Wo bekommt man Koks?«

»Mir ist was eingefallen.« Morten hielt die Zigarette in der Hand, schob sie nicht in den Mund. »Einmal hat jemand, ich glaube, es war Claudia, den Verdacht geäußert … Nein, anders, sie fand, dass Andriejus manchmal wirkt, als hätte er was genommen.«

»Nun doch? Herr Kröner, so leicht falle ich auf diesen Trick nicht herein. Lenken Sie nicht ab. Ich frage Sie zum letzten Mal: Wo kann man in Rostock Kokain beziehen? Ich gebe Ihnen eine Minute, um sich eine befriedigende Antwort zu überlegen. Falls Sie mich enttäuschen, rufe ich ein paar Kollegen und lasse den Bungalow filzen.«

***

Barbara hatte eine SMS von Uplegger erhalten, die ihre Strategie gegenüber Frau Medanauskas änderte oder wenigstens mit einem neuen Akzent versah. Sie dachte nur ein Wort: Sumpf, und bedachte die Mutter mit einem fast mitleidigen Blick. Anscheinend hatte sie weniger von ihrem Sohn gewusst, als sie glaubte.

Trotz ihres Spitznamens fiel es Barbara nicht leicht, ihr jene Frage zu stellen, die sie ihr nun stellen musste, also bat sie erst einmal um Kaffee. Frau Medanauskas begab sich in ein Hinterzimmer und überließ ihr die Aufsicht über die Kerze. Barbara sah der komischen Alten eine Weile beim Füttern der Möwen zu, dann bemerkte sie Riccardo. Er kam aus Richtung Mole und trug einen Plastikbeutel, in dem sich ein bauchiger Gegenstand befand. Über sein Ziel musste sie nicht rätseln, denn kaum hatte sie ihn entdeckt, öffnete er schon die Tür zur Boutique. Er stutzte, dann grüßte er und deutete sogar einen Diener an; er war offenbar ein guterzogener Junge.

»Haben Sie schon etwas herausgefunden?«, fragte er.

»Wenn es so wäre, dürfte ich es Ihnen kaum sagen.«

»Aber wir sind Angehörige.« Riccardo stellte die Tüte mit dem bauchigen Gegenstand auf einen winzigen Tisch und rief: »Mama! Dein Essen!«

Barbara schaute auf die Uhr: Es war kurz vor eins.

»Papa kocht ihr jeden Tag etwas«, erklärte der Junge.

Frau Medanauskas kehrte mit einer gläsernen Kaffeekanne und einem Stövchen zurück. Riccardo küsste sie auf die Wange und schickte sich an, den Laden zu verlassen, doch Barbara hielt ihn mit einer Handbewegung zurück. Die Mutter setzte Kanne und Stövchen auf den Tisch, nahm die Tüte, ging abermals ins Hinterzimmer und holte dort drei Tassen und ein

Milchkännchen. An dem Tisch standen nur zwei zerbrechlich wirkende Stühlchen, die Barbara ihr und ihrem jüngsten Kind überließ; sie selbst lehnte sich an den Verkaufstisch.

»Sprechen wir weiter über Claudia Brinkmann – und über Morten Kröner.«

Riccardo zuckte zusammen, seine Mutter schenkte Kaffee ein und reichte Barbara eine Tasse.

»Und über Andreas Auto.«

»Sein Auto?« Lukrecija Medanauskas schaute Barbara aufmerksam an, Riccardo betrachtete das Stövchen. Ihm schienen diese Dinge unangenehm zu sein, aber das war verständlich, da er ja wusste, was es mit dem Verhältnis von Andriejus und Claudia auf sich hatte. »Was ist mit Auto?«

»Eins nach dem anderen. Frau Medanauskas, es gibt etwas, das sie noch nicht wissen: Andrea war nicht mehr mit Claudia zusammen.«

»Nein?« Sie wechselte ein paar lettische Worte mit ihrem Sohn, der nickte, den Kopf schüttelte und abermals nickte. Frau Medanauskas sank ein wenig in sich zusammen. »Warum er hat nicht gesagt?«

»Das frage ich Sie. Sie beide. Ihnen, Frau Medanauskas, und auch Ihrem Mann hat er die Trennung verschwiegen. Riccardo, Sie wussten davon. Woher?«

»Ich hab ihn irgendwann gefragt, was mit Claudia ist, weil er kaum noch von ihr erzählt hat. Also hat er es mir gesagt.«

»Aber Ihnen gegenüber, Frau Medanauskas, hat er manchmal behauptet, er fahre noch zu ihr und übernachte dort, obwohl sie doch schon auseinander waren?«

Die Mutter nickte. Aus ihren Augenwinkeln lösten sich ein paar Tränen und rannen über die Wangen.

»Wussten Sie, Riccardo, wohin er wirklich gefahren ist?«

»Nein.«

»Aber dass er Ihre Eltern belogen hat …?«

Riccardo stellte seine Tasse mit einer jähen Bewegung auf die Untertasse, sodass Kaffee überschwappte.

»Er hat nie gelogen«, rief er gereizt.

»Anscheinend doch. Wo könnte er denn gewesen sein?«

»Keine Ahnung.«

»Nein? Ihnen hat er sich doch anvertraut!«

»Vielleicht ist er nur so durch die Gegend gefahren, um sich wegen des Ärgers bei der Arbeit abzureagieren?«

»Die ganze Nacht?« Barbara löste sich von der Ladentheke und machte ein paar Schritte auf Riccardo zu. »Oder hatten seine nächtlichen Fahrten etwas mit Rauschgift zu tun?«

»Rauschgift?« Riccardo bekam eine Fistelstimme. Seine Mutter erstarrte. »Was reden Sie denn da?« Die Stimme wurde etwas fester. »So ein Blödsinn! Rauschgift! Sie haben sich etwas einreden lassen von diesen Deppen aus den anderen Restaurants, stimmt's? Bloß weil wir in Italien waren, haben wir doch nicht gleich was mit Drogen zu schaffen! Es gibt auch normale Menschen in Neapel! Da ist nicht jeder bei der Mafia.«

»Das habe ich nicht behauptet.« Barbara stellte ihre Tasse auf den Tisch, beugte sich vor und blickte Riccardo tief in die Augen. Nach wenigen Sekunden senkte er die Lider. »Wir haben Marihuana und Kokain in Andriejus' Passat gefunden. Deshalb frage ich.«

»Sie lügen!« Riccardo sprang auf. Das Stühlchen stürzte um. »Sie wollen einem Toten etwas anhängen. Schämen Sie sich!«

Barbara blieb die Ruhe selbst. »Wie kommt der Stoff in das Auto?«

»Das wissen wir doch nicht.« Er stellte sich schützend vor seine Mutter. »Sehen Sie denn nicht, wie sehr Sie Mama mit Ihrem Verdacht belasten?«

Das hatte Barbara bislang nicht gesehen, und nun verdeckte ihr Riccardo den Blick.

»Wer hat Andriejus' Wagen außer ihm benutzt?«

»Claudia«, kam es wie aus der Pistole geschossen.

»Das dürfte längere Zeit her sein. Mir scheint, dass jetzt Sie jemandem etwas anhängen wollen. Außerdem habe ich den Ersatzschlüssel in dem Körbchen in Ihrer Küche liegen sehen.«

»Irgendwo muss er ja liegen.« Riccardo war in höchstem Maße erregt und stieß die Worte hervor. In seinem Blick lag eine enorme Wut, auch Hass – und Angst. Die Angst überwog.

»Also ich hätte ihn mit auf mein Zimmer genommen«, sagte Barbara kühl.

»Hat er eben nicht. Mama, ich glaube, wir sollten uns einen Anwalt nehmen.«

»Ich nicht verstehen.« Frau Medanauskas lugte hinter dem Rücken ihres Sohnes hervor. Sie lächelte seltsam und hatte etwas Schüchternes und Kleinmädchenhaftes, als sie sagte: »Mir sehr leid tun, aber zu wenig Deutsch.«

Morten Kröner konnte nicht mehr sitzen. Er stapfte durch den Raum, sog an der Zigarette, blies den Rauch zur Decke und gestikulierte.

»Ich schwöre Ihnen, dass ich selber nicht kokse und es auch noch nie probiert habe. Ich weiß wirklich nicht, woher die Leute das Zeug bekommen. Aber ich hab das eine oder andere gehört und gesehen. Wie jeder, der sich im Nachtleben rumtreibt. Klar ziehen sich die Leute in den Klubs was rein. Oder in Bars.

Außerdem hat mir mal jemand erzählt, dass der Stress in Nobelrestaurants so groß ist, dass dort nicht nur alle Köche eine Flasche mit Namensschild im Kühlschrank haben, sondern auch schnupfen. Oder die Kellner. Manchmal kriegen sie den Stoff sogar von ihren Chefs. Zur Leistungssteigerung. Sagt man. Nehmen Sie endlich zur Kenntnis, dass man Drogen fast überall bekommt; ich habe nicht übertrieben. Die Leute bringen sie aus Hamburg mit oder aus Berlin oder Amsterdam oder von sonst wo. Keine Ahnung, ob es auch in Rostock richtige Dealer gibt.« Erschöpft von seiner langen Rede, lehnte er sich an das Fensterkreuz und paffte.

»Hm«, machte Uplegger bloß.

»Was wollen Sie noch? Namen? Ich weiß keine!«

»Was haben Sie in den letzten zwei Tagen gemacht?«

Morten löste sich vom Fenster, trat zum Tisch und begann, die Bierflaschen zu schütteln. In einer fand er noch eine Neige, die er hinunterstürzte. Uplegger wurde übel. Der junge Mann brauchte dringend seinen ersten Joint.

»Gestern hab ich im *Casablanca* aufgelegt. Das ist eine Disko am Alten Strom.«

»Und dann kamen Sie erst halb sieben nach Hause? Wie lange …?«

»Bis vier. Dann muss ich noch aufräumen und meine Anlage im Wagen verstauen. Einen Absacker nehmen. Um runterzukommen, bin ich kurz an den Strand gefahren, um den Kopf auszulüften. Ein paar Schritte Richtung Stoltera, aber es war mir zu kalt.«

»Und am gestrigen Tag?«

»Gepennt. Ich war am Abend davor in Güstrow.« Morten warf sich in den Sessel, drehte wieder eine Zigarette.

Uplegger beugte sich vor, verschränkte die Hände im Schoß.

»Sie waren am Tatabend in Güstrow? Wo genau?«

»*Gleis 5*. Da fand ein Ferkelschubsen statt. Schülerdisko.« Er beleckte die Klebefläche des Blättchens. »Von fünf bis neun. So etwas lohnt sich nie, aber man hat mich so nett gebeten …«

»Wer?«

»Ein Mädchen aus dem Klub.«

»Jung?«

»Neunzehn.«

»Verstehe.« Uplegger schaute Morten an. Er schwieg, wartete einfach ab. Nachdem Morten die Zigarette angezündet hatte, wusste er wieder nicht, wohin mit den Händen. Upleggers Blick hielt er jedoch stand.

»Ich bin natürlich mit meinem Auto nach Rostock gefahren und nicht mit der Bahn. Damit Sie nicht auf falsche Gedanken kommen …« Seine Stimme wurde leiser. »Ich war nicht in diesem Zug!«

Uplegger schwieg.

»Was wollen Sie denn noch?«

Uplegger schwieg.

»Ich kann Ihnen nicht mehr sagen.«

»Wann haben Sie Andriejus zum letzten Mal gesehen?«

»Vor drei Wochen. Sie nehmen an, weil ich mit Claudia gehe, war unsere Freundschaft beendet? War sie auch. Jedenfalls eine Weile. Aber ich hab ihn dann einmal in Güstrow getroffen. Speicherstraße. Er kam zu Fuß von der Arbeit, ich packte gerade mein Equipment aus. Muss irgendwann im September gewesen sein. Es war eine komische Situation, irgendwie peinlich. Für uns beide. Wir haben dann aber doch gequatscht: Was machst du so, was machst du? Wie geht's Claudia? So was. Er kam dann sogar mit rein in den Klub, und wir haben ein Bier getrunken. War irgendwie ziemlich easy.«

»Das war also im September?«

»Hm.« Morten blies eine Rauchwolke in den Raum.

»Und später?«

»Er kam zweimal ins *Gleis 5*. Musste nur aufs Plakat gucken, um zu sehen, wann ich da bin. Haben bisschen gelabert … Ich dachte, na, das wird wieder was mit uns. Denken Sie denn, dass ich nicht darunter gelitten habe, dass wir nicht mehr … Ich meine, er war mein bester Kumpel.« Morten schaute zu Boden und fuhr sich mit der rechten Hand über die Augen.

Uplegger glaubte nicht, dass er zu sehr tiefen Empfindungen fähig war, doch das glaubte er nicht einmal von sich selbst. Vermutlich machte ihn bloß die Droge sentimental oder jetzt der Affe, den er hatte: Gefühle als Entzugserscheinung.

»Vor drei Wochen haben Sie Andriejus also zum letzten Mal gesehen?«

»Ja. Er kam ganz aufgeregt in den Klub. Eine Stunde vor Beginn, ich war beim Einrichten. Da hat er mir gesagt, mit einem irren Blick, ich bekam eine richtige Gänsehaut: Er lässt bald die Bombe platzen.«

»Ach?«

»Genau so: Bald lasse ich die Bombe platzen.«

»Welche?«

»Was weiß ich.« Morten knetete den Tabak. »Irgendetwas mit seinem Betrieb. Darauf hatte er sich doch voll eingeschossen. Er wollte unbedingt diesen Rauch abschießen. Das ist der …«

»Ich weiß, wer das ist.« Lange hielt es Uplegger nicht mehr aus in dieser Kettenraucherhölle. »Herr Kröner, Sie haben doch sicher Zeugen für das, was Sie am Tatabend gemacht haben?«

»Klar. Mindestens siebzig, achtzig Güstrower Schüler.«

»Und für die Heimfahrt per PKW?«

»Sagen Sie mir bitte, wie soll ich meinen Kram nach Hause transportieren ohne Auto?«

»Na, dann sage ich Ihnen das: Sie hätten zum Bahnhof fahren, in den Zug steigen und den Wagen später holen können. Gestern zum Beispiel, als sie angeblich geschlafen haben.«

»Warum sollte ich Andrea umbringen? Wo wir uns doch wieder nähergekommen sind.«

»Sagen Sie es mir.«

»Okay, okay.« Morten warf den Tabak auf den Tisch und atmete heftig. »Es gibt eine Zeugin. Die Neunzehnjährige. Wir sind ein Stück die Speicherstraße entlanggegangen bis hinter den Zuckerberg ... Na, was gucken Sie? Ich bin nicht aus Holz!«

»Sie hatten Geschlechtsverkehr?«

»Geschlechtsverkehr! Wir haben es getrieben, bis die Reifen quietschten.«

»Wenn Sie es lieber so ausdrücken.« Uplegger machte halb erstickt eine generöse Geste. »Hat das Mädchen auch einen Namen?«

»Hat nicht jeder einen?«

»Werden Sie nicht witzig! Wie heißt sie?«

»Irgendwas mit S.«

»Sie kennen den Namen nicht? Das klingt ja nicht nach großem Gefühl.«

»Ich kann auch ohne Gefühl Spaß haben.«

»Womit Sie die Vorurteile bestätigen, die man uns Männern gegenüber hegt.«

»Was soll denn das heißen? Meinen Sie, Weiber können das nicht auch ohne Liebe?«

»War S. betrunken?«

»Und wie!« Morten lachte gehässig.

»Ich danke Ihnen.« Uplegger stand auf. »Kommen Sie in den nächsten Tagen in die Dienststelle in der Blücherstraße und bringen Sie ein Personaldokument mit. Rufen Sie aber vorher an, ich nehme dann ein Protokoll mit Ihnen auf.« Er legte eine Visitenkarte auf den Tisch, ging zur Tür und riss sie auf. Die feuchtkalte Luft erschien ihm himmlisch. »Vielleicht fällt Ihnen der Name des Mädchens wieder ein. Wenn nicht, bekommen wir ihn auch ohne Ihre Hilfe heraus. Und gnade Ihnen Gott, wenn es jünger als achtzehn ist und ihm aufgrund seines Zustandes die Fähigkeit zur sexuellen Selbstbestimmung fehlte. Googeln Sie spaßeshalber mal nach Paragraph 182 StGB. So, und jetzt können Sie kiffen, bis die Reifen quietschen.«

***

Barbara schlenderte am Strom entlang und ließ das Gespräch mit Lukrecija und Riccardo Medanauskas Revue passieren. Die Drohung mit einem Anwalt war ein alter Hut und auf das Fernsehen zurückzuführen, wo längst nicht nur in amerikanischen Filmen der Satz auftauchte: ›Ich sage nichts mehr ohne meinen Anwalt.‹ Dabei musste niemand vor der Polizei eine Aussage machen, und die gekürzte Variante ›Ich sage nichts‹ war vollkommen ausreichend. In der Schule hatte Barbara gelernt, das Sein bestimme das Bewusstsein. Mittlerweile nahm das Fernsehen den Platz des Seins ein.

Barbara bog in die Querstraße IV, weil sie ihren Weg durch die Alexandrinenstraße fortsetzen wollte, ohne einen anderen Grund als den der Abwechslung; sie hatte es nicht gern, auf dem Weg zurückzukehren, auf dem sie gekommen war. Von rechts betrat unerwartet Riccardo den Bildausschnitt, der von den Häuserwänden begrenzt wurde. Er hatte ein Handy am Ohr und redete mit wilden Handbewegungen auf jemanden ein. Wie ein echter Italiener, dachte Barbara, wobei sie sofort einräumte, dass ihr Bild vom mit Handy telefonierenden Italiener ebenfalls vom Fernsehen geprägt war.

Riccardo verließ den Bildausschnitt, sie legte einen Schritt zu. Sie konnte den jungen Mann – den Jüngling – nun von hinten sehen und musste zugeben, dass in der engen Jeans ein verlockendes Hinterteil steckte, mit dem man viel, aber nicht zu viel festes Fleisch in die Hände bekäme. Ob er eine Freundin hatte, das hatte sie ihn gar nicht gefragt. Es hatte nichts mit dem Fall zu tun, aber im Moment interessierte es sie trotzdem. Noch mehr allerdings beschäftigte sie die Frage, warum er ein solches Gewese um den Ersatzschlüssel von Andriejus' Wagen gemacht hatte.

Riccardo verschwand nach rechts in die Kirchenstraße. Barbara folgte, schließlich war der Kirchenplatz ihr Ziel.

Auf Höhe der Apotheke steckte Riccardo das Handy in die Hosentasche. Er blieb stehen, schaute nach links, schaute nach rechts, überquerte die Straße aber nicht. Barbara ging schnurstracks zur Buchhandlung und warf einen Blick in die Auslagen, studierte die *Spiegel*-Bestsellerliste und stellte fest, dass sie wieder einmal nur Ramsch enthielt. Auf Platz 1 der sogenannten Sachbücher stand eine Anleitung zum Glücklichsein.

Riccardo telefonierte wieder. Das Gespräch war kurz, und wenig später schoss ein roter Mitsubishi Pajero hinter der Kirche hervor, der mit quietschenden Reifen vor Riccardo anhielt.

Barbara kniff die Lider zusammen, um den Fahrer besser sehen zu können. Es half alles nichts, sie musste endlich der Wahrheit ins Auge schauen und sich eine Brille beschaffen.

Riccardo stieg ein. Kaum hatte er die Tür geschlossen, fuhr der Wagen an. Der Fahrer war höchstens dreißig, er hatte ein schmales Gesicht, wirres langes Haar und offenbar auch einen dünnen Vollbart.

Barbara blickte dem Pajero hinterher. Am Heck klebte ein Reserverad, auf dessen Hülle sie die blau-weiß-rote Kogge des *FC Hansa* ausmachen konnte.

Schon wieder Fußball! Barbara ging zu ihrem Wagen. Das Kennzeichen hatte sie sich eingeprägt. Zugelassen war der Pajero im Altkreis Bad Doberan, der unlängst in den trüben Fluten einer Reform untergegangen war.

Uplegger und Barbara telefonierten. Er hatte das Handy vorschriftsgemäß in die Freisprecheinrichtung geklemmt, sie hielt es sich ordnungswidrig ans Ohr. Er fuhr 43 statt 50, sie 110 statt 80. Barbara dachte: Wenn er das wüsste, würde er in die Luft gehen. Uplegger dachte ähnlich.

»Andriejus führte neben seinem sichtbaren anscheinend noch ein unsichtbares Leben, für das ihm Claudia als Vorwand diente«, sagte sie. »Ich hab's gewusst!«

»Heißt Riedbiester etwa Rutengänger?«

»Dumm tüch! Sie reden auch was zusammen, wenn der Tag lang ist! Ich brauche keine hellseherischen Fähigkeiten, ein Blick in sein Zimmer hat mir genügt. Es war so gewöhnlich wie das Zimmer eines Mannes, dem man es nicht zutraut.«

»Es?«

»Nun, was schon? Ein düsteres Geheimnis.«

»Neunzig Prozent der Menschen leben in gewöhnlichen Zimmern«, sagte Uplegger und stoppte an einer roten Ampel.

Barbara hatte grüne Welle und Lust, 120 zu fahren. Auf der Überholspur ließ sie alle hinter sich.

»Ja, eben. Neunzig Prozent, was sage ich, neunundneunzig haben verbrecherische Gedanken, und das letzte Prozent wünscht sich, es hätte welche.«

»Ist das Riedbiesters kategorischer Imperativ?«

»Genau, Jonas. Übrigens hat mich der Mann ohne Eigenschaften angerufen und etwas von Pressekonferenz gemurmelt. Ich gehe zu so etwas ja nie hin, aber er hatte auch wirklich Wichtiges in petto. Die beiden Glatzen haben sich gemeldet.«

»Freiwillig?«

»Sieht so aus. Sie haben von dem Delikt gelesen oder gehört und sich gleich an die KPI gewandt.«

»Was für anständige Bürger!«

»Anständig wie neunzig Prozent.« Barbara näherte sich dem Schutower Ring, wo sie die Stadtautobahn verlassen wollte und daher die Geschwindigkeit drosseln musste, wollte sie nicht über die Leitplanke getragen werden. »Ann-Kathrin hat kurz mit ihnen gesprochen und erst einmal keinen negativen Eindruck. Sie hat sie für übermorgen zum Verhör vorgeladen. Was war bei Ihnen?«

Uplegger fuhr auf der Rennbahnallee in Richtung Neuer Friedhof. Zu beiden Seiten der Straße erstreckte sich das Gelände des Zoos, den er lange nicht mehr besucht hatte, weil Marvin Zoobesuche inzwischen ablehnte: Tiere gucken war Marvins Ansicht nach etwas für kleine Kinder. Es war uncool.

Uplegger erstattete einen knappen Bericht.

»Mir ging heute schon einmal das Wort Sumpf durch den Sinn«, sagte Barbara. Uplegger hörte ein fürchterliches Gekreisch von Bremsen und fragte lieber nichts. »Alles Sonntagsfahrer! Also Sumpf auch bei Morten Kröner. Nun ja, es gibt noch uns, den faulen Pfuhl abzuziehen.«

»Auch abzuziehn.«

»Ja, ja, ich weiß, dass auch Sie eine höhere Bildungseinrichtung absolviert haben – und mit Gewinn!« Barbara drohte einem aufgebrachten Mann mit der Faust, dem sie die Vorfahrt genommen hatte. »Wo sind Sie?«

»Auf dem Weg in die Südstadt. Ich besuche kurz meine Eltern. Gestern habe ich Marvin zu ihnen gebracht.«

»Darüber war er bestimmt begeistert! Sie behandeln ihn wirklich noch wie ein Kind. Aber das ist Ihre Sache. Sehen wir uns im Büro?«

»Natürlich. Es ist ja erst kurz vor halb drei.«

»Schon? Tatsächlich! Aber lassen Sie sich ruhig Zeit. Bis nachher. Und grüßen Sie!«

»Danke«, sagte Uplegger und trennte die Verbindung.

Barbara warf einen liebevollen Blick auf ihre Handtasche, denn darin war noch die Reserve.

Upleggers Mutter öffnete die Tür mit der linken Hand, da sie in der rechten einen großen Teller selbstgebackener Pfeffernüsse balancierte. Nach dem Geruch aus der Wohnung zu urteilen, mussten sie noch warm sein, und Uplegger langte zu. Sie waren sogar heiß, und er verbrannte sich die Zunge.

Im Flur verriet ihm ein Paar unbeschreiblich schmutziger Nikes, dass Marvin von seinem ABF Tim Besuch hatte. Im Übrigen war das nicht zu überhören.

»Wow!«, krähte Marvin. »Ein fast perfekter Frontside Crooked Grind! Du hast heimlich geübt!«

»Hab ich nicht nötig«, erwiderte Tim selbstgefällig. »Ich bin ein Naturtalent.«

»Was machen die?«, wollte Uplegger wissen.

Oma Südstadt legte die freie Hand auf die Klinke seines Kinderzimmers, das nun das Gästezimmer war.

»Fingerboarding. Opa guckt zu. Er will das auch können. Kindskopp!« Sie verzog amüsiert das Gesicht. »Er regrediert.«

»Mutti, du weißt doch, ich mag diese Psychobegriffe nicht.«

»Okie-dokie!« Dr. phil. Gritta Uplegger stieß die Tür auf. Marvins Sprache hatte auch ihre Redeweise zu prägen begonnen. »Pfeffernüsse, Jungs!«

»Super!«, rief Marvin.

»Cool!«, rief Tim.

»Voll endgeil!«, rief Dr. phil. Hans-Ulrich Uplegger. Wie Upleggers Mutter hatte er in vorgeschichtlicher Zeit marxistische Philosophie unterrichtet, er an der Uni, sie an der Schauspielschule, bis man die marxistische Philosophie nicht mehr brauchte. Nach einem Intermezzo an der Volkshochschule und in Arbeitslosigkeit hatten beide eine Agentur der *Allianz* aufgebaut, die damals die *Staatliche Versicherung der DDR* geschluckt hatte und dabei richtig fett geworden war. Jetzt hatten sie den Vorruhestand fest im Blick.

Sobald derselbe eintreten würde, wollten sie irgendwo an der Seenplatte bauen, denn an Geld fehlte es ihnen nicht: Der Vertrieb von Policen war einträglicher als Philosophie; er konnte sogar zufriedener machen, wenn man nicht die Sinnfrage stellte.

Uplegger trat ein. Marvin und Tim hatten die Tischdecke vom Ausziehtisch genommen und nutzten die Platte als Bahn für ein winzig kleines Skateboard.

Marvin hob lässig die Rechte. »Hi, Papa!«

»Hallo, ihr!«

»Guten Tag, Herr Uplegger!« Tim hatte sich erhoben, reichte ihm die Hand und beugte den Kopf, denn er war fürchterlich gut erzogen. Das widersprach seiner Attitüde als Linker, die er durch lange Haare, ein Palästinensertuch, seine ausgetretenen Turnschuhe und diverse Sticker zum Ausdruck brachte; er war gegen Staat, Banken, Kernkraft und Strommonopole und zweifellos auch gegen Versicherungskonzerne, aber hier nicht. Seine Eltern sollten es mit ihrer Kette, die kein Backwerk verkaufte, sondern Hörgeräte, zu Multimillionären gebracht haben, aber das war vielleicht nur Legende. Reich waren sie jedenfalls.

Opa Südstadt, der sich einen Küchenstuhl geholt hatte, um Enkel und ABF bei ihrer Beschäftigung beobachten zu können, stand ebenfalls auf, drückte Uplegger kurz an sich und küsste dreimal über dessen Schultern in die Luft. Das hatte es früher nicht gegeben und war entweder die Folge eines Frankreichurlaubs oder ebenfalls ein Zeichen von Regression.

Uplegger deutete auf das Board. »Euer neues Hobby?«

»Hobby? Das ist Sport, Mann! Und Kunst.« Tim legte Zeige- und Mittelfinger der rechten Hand auf das Brett, hob es steil in die Luft, ließ es ein Stück fliegen und setzte es wieder auf die Tischplatte. »Dies war ein Ollie«, verkündete er stolz.

»Tim kriegt zu Weihnachten einen Fingerboardpark«, erklärte Marvin aufgeregt. Uplegger ahnte, was auf ihn zukam.

»Woher weißt du das schon?«

»Weil ich mir einen gewünscht habe«, sagte Tim. Er konnte sehr überheblich sein, aber Freundschaft war Freundschaft, und Marvin liebte ihn sehr. »Einen Blackriver G6 Plaza.«

»Kostet?«

»Fünf-neun-neun.«

»Ich nehme an, mit Komma und zwei Nullen nach der letzten Neun.«

»Logisch!«

Opa Südstadt pfiff durch die Zähne und nahm das Mini-Board in die Hand. Marvin grinste. Uplegger wusste: Da war noch was.

»Kann sein, dass wir bald das Geschäft unseres Lebens machen«, verkündete sein Sohn.

»Wir?«

»Du kriegst auch was ab.« Marvin grinste noch immer. »Guck mal in die Zeitung.«

»Ja, das wird dich auch beruflich interessieren.« Oma Südstadt verließ den Raum und kehrte mit *BILD* zurück.

»Seit wann lest ihr denn die?«

»Marvin hat heute einen Schwung Zeitungen gekauft. Um deine Arbeit zu dokumentieren.«

»Die Mörderjagd!«, rief Tim.

»Über meine Arbeit steht nur selten etwas Wahres in der Zeitung«, sagte Uplegger genervt. Seine Mutter präsentierte ihm die Titelseite mit der Headline BRUTALER MORD IN ROSTOCKER S-BAHN, die ihn nicht überraschte. Die kleiner gedruckte Dachzeile lautete: *Schweres Verbrechen versetzt Bahnfahrer in Angst.* Ein Kurztext verwies zum Hauptartikel auf Seite 3. Uplegger schlug die Zeitung auf.

Wie üblich weckte die Schlagzeile falsche Erwartungen, denn der Text war ziemlich kurz. Er enthielt keine Enthüllungen, und dass man den Mörder S-Bahn-Killer nannte, passte zum Blatt. Um die Seite zu füllen, gab es zwei Fotos.

Das eine zeigte den von Polizisten bewachten Zug auf einem Abstellgleis des Hauptbahnhofs, vermutlich aus der Ferne von einem Bahnsteig aufgenommen. Das zweite elektrisierte Uplegger – und nervte ihn noch mehr. Als Quelle war privat angegeben, und es sah aus, als hätte es jemand mit dem Handy aufgenommen. Obwohl es unscharf war, erkannte Uplegger sofort das Haus und die Person, die sich halb abgewandt am Gartenzaun präsentierte. Außerdem ließ die Bildunterschrift keinen Zweifel zu.

Von der Kripo verhört: Was weiß diese Künstlerin aus Schwaan über den S-Bahnmord?

»Verdammt!«, fluchte Uplegger.

»Aber Jonas!«, sagte seine Mutter.

»Kapierst du, Papa?« Marvin stieß seinen Freund in die Seite. »Wir haben doch ein Bild von der. Das hab ich heute über Tims Smartphone im Internet angeboten.«

»Was hast du?« Uplegger traute seinen Ohren nicht. »Bist du noch bei Trost?«

»Wir haben es bei eBay eingestellt. Mit meinem Titel, also *Bunter Knastausblick*, aber ohne bunt. Als Gemälde der Rostocker S-Bahn-Mörderin … Du, das läuft wie Sau! Wir sind jetzt bei siebentausendfünfhundert.«

»Nein, nein, nein!« Uplegger lehnte sich an die Wand. »Womit hab ich dieses Kind verdient? Woher hat er das bloß?«

»Ich guck mal nach«, erbot sich Tim und zog ein iPhone aus der Tasche seines ACAB-Sweatshirts. Uplegger wusste, das der Aufdruck *All cops are bastards* bedeutete und den Straftatbestand der Beleidigung erfüllte, aber das war ihm egal. Alles war ihm egal, nur eines nicht: was sein Sohn tat.

»Keine weiteren Angebote«, sagte Tim.

Uplegger faltete die Zeitung zusammen und klemmte sie unter den Arm. »Wir sprechen uns noch!«

»Aber du magst das hässliche Bild doch auch nicht. Oma meint, wir können einen röhrenden Hirsch an die Wand hängen.« Marvin feixte.

»Das habe ich nie gesagt«, protestierte Upleggers Mutter.

Uplegger ging wortlos. Eines musste er Penelope Pastor lassen, sie beherrschte die PR-Arbeit aus dem Effeff. Barbara würde vor Begeisterung im Rechteck springen.

Sie sprang bereits, aber aus anderen Gründen. Der worst case aller Spirituosenliebhaber war eingetreten: Sie bekam den Flachmann nicht auf. Der perforierte Metallring, der normalerweise mit einem erfreulichen Knacken vom Schraubverschluss absprang, blieb an ihm hängen, eine Fatalität, die jedem Kenner von Taschenflaschen bekannt war. Wie Barbara gern sagte: Die größten Lügen des vergangenen Jahrhunderts waren der Kommunismus und die Sollbruchstelle.

Als Uplegger eintrat, machte sie sich gerade mit einem Messer an dem Verschluss zu schaffen. Beides, Flasche und Messer, ließ sie schnell verschwinden, aber er hatte es zweifellos gesehen. Wütend knallte er die Zeitung auf ihren Schreibtisch.

»Presseschau wollte ich erst heute Abend in der Badewanne machen«, sagte sie.

»Dann werden die Zeitungen bloß nass. Hier, ein cooler Auftritt von Penelope!«

Barbara betrachtete das unscharfe Foto, schüttelte den Kopf.

»Clever ist unsere Amazone, keine Frage. Wenn ich ihr nur etwas am Zeuge flicken könnte … Wer mag sich wohl hinter privat verbergen? Sie selbst kann's ja nicht sein. Simon Rauch?«

»Das Foto kann jeder vorbeigekommene Schuljunge geschossen haben.«

»Warum kein Schulmädchen? Wie auch immer, der Auftrag lautete, mach es unscharf. Ein Kind aus Neu Wiendorf, dem man befohlen hat, undeutliche Bilder zu machen, finden wir auf Anhieb. Wir haben nur nichts davon.«

»Den Langhaarigen, der in Papendorf ausgestiegen ist, haben wir auch noch nicht gefunden«, meinte Uplegger.

»Ich habe heute einen gesehen. Nur jünger, als von Sokolowski beschrieben.«

»Ich auch.«

»Meiner fuhr einen roten Mitsubishi Pajero mit einer *Hansa*-Kogge auf dem Reserverad. Doberaner Kennzeichen.«

»Meiner auch.«

»Jonas, haben wir jetzt beide Begegnungen der dritten Art?«

»Nee, wir sprechen nur beide von Morten Kröner.«

Uplegger hatte recht. Die Nummer, die sich Barbara gemerkt hatte, gehörte zu einem Wagen, der auf Kröner zugelassen war. Nachdem Uplegger den künftigen Polohof verlassen hatte, war Morten also sofort nach Warnemünde gefahren, um Riccardo zu treffen. Wenn das nicht verdächtig war, war es wenigstens eigenartig; oder hatte Morten nicht nur die Freundin, sondern auch den Bruder von Andriejus übernommen?

»So.« Uplegger setzte sich und startete seinen PC. »Haben Sie schon Näheres über die Möchtegern-Rocker?«

»Dazu bin ich noch nicht gekommen. Es hat sich nämlich ein Wunder ereignet.«

»Ach? Wie heißen die beiden?«

Barbara reichte ihm einen Zettel, den ihr Ann-Kathrin in den To-do-Korb gelegt hatte, dann nahm sie eine Mappe zur Hand.

Die wiederum hatte ihr die Sekretärin auf dem Gang überreicht.

»Priewe, Detlef«, murmelte er, dachte kurz nach und tippte. Vermutlich forschte er in den üblichen Registern. »Welches Wunder?«

»Die Toxikologie ...«

»... die immer Wochen braucht, um ein Tröpfchen Blut zu untersuchen ...«

»Genau die. Stellen Sie sich vor, die haben da jetzt einen Neuen, der offenbar Karriere machen will.«

»Hm. Über Detlef Priewe haben wir nichts. Nicht im BZR, nicht bei uns. Der andere ... Stier, Marius ... Marius! ... Das toxikologische Gutachten liegt schon vor?«

»Nur das vorläufige. Aus der Rechtsmedizin bekommen wir doch immer nur etwas Vorläufiges. Endgültig legen die sich erst fest, wenn die Messen gesungen sind. Also ...«

»Auch nichts. Detlef Priewe und Marius Stier sind weder vorbestraft noch sonst polizeibekannt. Zwei anscheinend unbescholtene Männer, denen man *es* nicht zutraut.«

»Wollen Sie denn nun hören, was die Giftmischer sagen?«

»Ich brenne darauf.«

»Weder in der Leber noch in den Haaren gibt es Spuren, die auf einen längeren Gebrauch illegaler Drogen schließen lassen. Wenn überhaupt, war Andriejus Andrea M. höchstens Gelegenheitskonsument.«

»Das steht bestimmt nicht im Gutachten.«

»Nein, das ist meine Interpretation. Alkoholmissbrauch ist ebenfalls ausgeschlossen. Der Junge hat wirklich gesund gelebt – bis auf das Lexotanil.«

»Seine legale Droge«, sagte Uplegger. Barbara gönnte ihm dieses Mal das letzte Wort.

Uplegger krümmte sich vor Lachen. Er hatte sich einen winzigen Grappa genehmigt und stand, das Glas in der Hand, mitten in seinem Wohnzimmer, den Blick auf das Gemälde gerichtet, das sich urplötzlich als Kapitalanlage entpuppt hatte. Gemocht hatte er es nie, auch wenn es zu dem cleanen Ambiente passte. Verdammt, ja, warum es nicht durch einen röhrenden Hirsch ersetzen? Warum nicht endlich die Vergangenheit entrümpeln und den Flokati gegen einen unechten Perser, die weiße Ziegenledercouch gegen nachgeahmten Biedermeier austauschen? Warum nicht die Hölle der Erinnerungen verlassen oder sie verstecken unter Nippes, Häkeldeckchen, Kunstblumen und Tänzerinnen aus Meißner Porzellan? Irgendwann musste er Abschied nehmen.

Sein Lachen erstarb, ging in Schluchzen über, das rasch von einem warmen Gefühl der Liebe abgelöst wurde: Liebe für seinen Sohn. Marvin lebte! Für ihn musste er da sein, denn Marvin brauchte ihn, und er brauchte ihn ganz. Die Tote war bedürfnislos.

Aber es war so verflucht schwer, einen Schlussstrich zu ziehen. Denn dieser Schlussstrich bedeutete auch, die eigene Sterblichkeit anzuerkennen. Die Macht des Schicksals. Den Verlust von Kontrolle. Schwäche. Schwachheit, dein Name ist Mensch!

Uplegger stellte das Glas auf den Tisch und verstaute die Flasche in der nicht gerade üppig bestückten Hausbar. Sein Handy meldete sich. Er folgte dem Ton, fand es im Flur auf der Garderobe. Der Blick aufs Display zeigte ihm sofort, was die Stunde geschlagen hatte.

Barbara hatte soeben die Rolle der Tierärztin abgelegt und stand unentschlossen im Bad, wo sie sich zwischen drei Badezusätzen entscheiden konnte: Latschenkiefer, Lavendel oder Exotic Dreams. Ratlos drehte sie sich zu Bruno um, der ihr wie ein Hündchen überallhin folgte, aber nur innerhalb der Wohnung; die Welt vor der Wohnungstür war ihm unheimlich. Zu Recht, fand Barbara.

Bruno blinzelte sie an. Die kalten Fliesen im Bad mochte er nicht, und so dauerte es stets eine gewisse Zeit, bis er seine Pfoten über die Schwelle setzte. Überhaupt fragte sich Barbara oft, wie Entscheidungsprozesse im Hirn einer Katze ablaufen mochten. Wog sie etwa auch das Für und Wider ab? Das war eigentlich zu menschlich – aber irgendwann fiel eine Entscheidung, also musste es auch einen Prozess geben, der zu ihr führte.

Barbara wählte Lavendel. Sie gab reichlich Schaumbad in die Wanne und öffnete den Hahn für das heiße Wasser. Bruno hatte die Schwelle überquert und rieb sich an ihrem Bein. Im Wohnzimmer schrillte das Telefon.

Barbara schickte einen vorwurfsvollen Blick zur Decke, tappte auf nackten Füßen zu dem Ruhestörer und nahm den Hörer ab.

»Riedbiester«, fauchte sie. Dann sagte sie lange nichts.

Es gab einen weiteren Toten, und er war keines natürlichen Todes gestorben. Jemand hatte ihm in den Mund geschossen, und nun lag er auf einem Feldweg unweit der Deponie Parkentin. Der Killer hatte sich nicht die Mühe gemacht, die Identität seines Opfers zu verschleiern, und daher sah es aus, als gäbe es einen Zusammenhang mit dem Mord in der S-Bahn. Diesmal existierte eine Nähe, die zugleich Bezug bedeutete:

Der Tote hieß Riccardo Medanauskas.

V Müll

Scharfer Wind trieb Uplegger die Tränen in die Augen, kaum dass er den Dienstwagen auf dem Deponieweg verlassen hatte. Es war beinahe stockdunkel; Autoscheinwerfer und leuchtende Taschenlampen betonten die Finsternis ringsum, Blaulichter warfen einen unheimlichen Schein auf vereinzelte Bäume und Sträucher. Vier Männer in Schutzanzügen montierten gerade hohe Strahler. In regelmäßigen Abständen leuchteten ihre weißen Overalls bläulich auf.

Uplegger hatte Barbara zu Hause abgeholt. Nebeneinander gingen sie zum Ort des Geschehens. Ein anonymer Anrufer hatte die Polizei verständigt. Das Gespräch war aufgezeichnet worden. Er hatte ein Handy benutzt, die Nummer war bekannt, und die Mühlen des Ermittlungsapparats mahlten bereits, um den Besitzer und die Funkwabe ausfindig zu machen, aus der er telefoniert hatte.

»Kalt«, sagte Barbara. Ihre Lippen bebten.

Uplegger nickte. Die Aufnahme spukte ihm durch den Kopf:

›Polizeinotruf, was kann ich für Sie tun?‹

›Bei der Deponie Parkentin liegt ein Toter. Er wurde in den Mund geschossen. Sein Name ist Riccardo Medanauskas.‹

›Und ihrer? Wie heißen Sie?‹

Da war die Leitung schon tot gewesen.

Uplegger hatte sich die Tondatei als E-Mail-Anhang schicken lassen und mehrmals abgehört. Der Anrufer hatte die drei Sätze ohne Punkt und Komma gesprochen, als hätte er sie sich zurechtgelegt. Seine Stimme klang aufgeregt, ängstlich und dumpf. Vermutlich hatte er ein Tuch über den Apparat gelegt, Uplegger glaubte dennoch, Morten Kröner erkannt zu haben. Kollegen aus Lütten Klein waren bereits zu ihm auf dem Weg.

Mit lautem Brummen sprang ein Dieselgenerator an. Die vier Strahler tauchten den Feldweg in ein gleißendes kaltes Licht. Ein rasch heranfahrender Wagen kam nach einer scharfen Bremsung zum Stehen. Manfred Pentzien sprang heraus und hatte kaum die Tür zugeworfen, als noch ein Auto erschien, das mit Blaulicht aus Richtung Rostock eintraf: der übliche große Bahnhof für ein Mordopfer.

Pentzien stapfte auf sie zu.

»Warum habe ich eigentlich Wohnung, Familie und ein Buchregal? Wenn das so weitergeht, kann ich in die Dienststelle ziehen, meinen Lieben den Laufpass geben und ein Antiquariat beglücken,« schimpfte er. »Und dann diese Kälte! Ich plädiere dafür, Tötungsdelikte nur während der Saison zu erlauben.«

»Das würde einen ganz neuen Straftatbestand erschaffen«, erwiderte Barbara.

Der nächste Wagen war herangerauscht und spie Gunnar Wendel aus. Der Mann ohne Eigenschaften trug wie immer Anzug und Krawatte, allerdings war der Schlipsknoten nachlässig gebunden. Als Pentzien an ihm vorbeiging, um Mordkoffer & Co. aus dem Kofferraum zu holen, schlug er dem Chef auf die Schulter. »Ist deine Frau nicht daheim?«

»Wieso?«

»Dein Halsstrick sitzt schief.«

»Mann Gottes, treck di an un holl din Muul!« Wendel versuchte, die Krawatte zurechtzurücken, wodurch er sie noch mehr in Unordnung brachte; augenscheinlich fehlte ihm der Spiegel. Rasch knöpfte er Mantel und Kragen zu und gesellte sich zu Barbara und Uplegger. »Gehen wir gucken?«

»Es bleibt uns ja nichts anderes übrig«, entgegnete Barbara. Uplegger telefonierte das Revier in Lütten Klein an, fiel etwas zurück und rief dann Gunnar und Barbara in den Rücken: »Morten Kröner ist ausgeflogen. Fahndung läuft.«

Sie sagten »Töte oder stirb!« und lachten. Sie sangen es und lachten. Sie brüllten es und lachten.

»Die or kill, stirb oder töte, die or kill!« Das ging seit Stunden so. Er hielt sich die Ohren zu. Er stampfte auf den Boden, zog Blicke auf sich. Er fiel auf, und das durfte er nicht. Langsam nahm er die Hände von den Ohren und studierte den Fahrplan.

Der nächste Zug war der Regionalexpress nach Schwerin. Wollte er dorthin? Vielleicht. Aber lieber noch weiter fort, so weit wie möglich. Das Weltforum hatte ihm befohlen, schleunigst zu verschwinden.

Er trat an den Schalter, wobei er sich ständig umdrehte. Ein paar Jugendliche durchquerten die Halle des Rostocker Hauptbahnhofs, ein Mann mit Rollkoffer kam aus Richtung des gläsernen Aufzugs, vor dem Tabakladen neben der Tür unterhielten sich zwei Frauen. Wer von ihnen war der Feind?

»Äh, sagen Sie …«

Die Frau hinter dem Schalter blickte ihn an. Grinste sie? Grinste sie wissend? »Ja, bitte?«

»Von Schwerin …« Er musste sich fürchterlich konzentrieren, der Kopf tat ihm weh. »Wie komme ich da weiter?«

»Wohin möchten Sie denn?«

»Ich … Wenn ich den Regionalexpress nehme … wohin?«

»Geht es Ihnen nicht gut?« Sie durchschaute ihn. Musste er sie töten?

Die Stimmen jubelten: »Ja, ja, töte sie! Bring sie um! Die or kill!«

»Hamburg«, brachte er heraus. Er brauchte rasch neuen Kontakt.

Die Frau musterte ihn besorgt. Sie wusste etwas.

»Das wird schwierig«, sagte sie. »Sie haben mehr als vier Stunden Aufenthalt. Da werden Sie tüchtig durchfrieren.«

»Aber ich muss.«

»Gut, ich schreibe Ihnen die Verbindung auf.«

Verbindung? Welcher Verbindung gehörte sie an? Welche Organisation hatte sie beauftragt?

»Töte sie! Mach sie alle! Schaff sie weg!«

Aber das konnte er nicht, nicht hier.

»Bitte!« Sie reichte ihm einen Zettel. Einen Zettel mit Zahlen. Eine geheime Botschaft.

Konzentrier dich! Das sind Abfahrts- und Ankunftszeiten! Schwerin, Hamburg …

Aber die Schrift! Diese Schrift kannte er doch. Das war die Schrift seines Arztes. Sie musste mit seinem Arzt unter einer Decke stecken.

Vor seinen Augen verwandelte sich ihr Gesicht. Sie wurde ein Mann. Sie wurde Doktor Zimmer. O Gott!

Ohne sich zu bedanken zerknüllte er das kleine Papier, steckte es mit der gleichen Bewegung in die Tasche und lief zur Treppe.

Der Leichnam war nur an seiner Kleidung zu erkennen. Die Fliehkräfte des sich drehenden Geschosses hatten sein Gesicht zerstört, aber noch schlimmer war die Austrittswunde. Das Projektil hatte ihn nicht bloß skalpiert, es hatte die Schädeldecke und große Teile des Gehirns mit sich gerissen, sodass den Kopf – was davon übrig war – ein ekelerregender Brei aus Blut und Hirn umgab. Barbara kannte solche Verletzungen nur aus dem Lehrbuch. Sie entstanden gewöhnlich, wenn man in einen mit Wasser gefüllten Mund schoss und dabei die sogenannte hydrodynamische Sprengwirkung ausnutzte. Das war die perfekte Selbstmordtechnik; nicht selten scheiterten Suizidversuche durch Kopfschuss daran, dass der Selbstmörder den Lauf in die falsche Richtung hielt. Bei einem Schuss in den wassergefüllten Mund gelang eine Selbsttötung immer.

Riccardo aber konnte sich nicht selbst getötet haben, denn seine Hände waren mit Kabelbindern gefesselt. Der Mörder hatte ihn gezwungen, sich auf den Rücken zu legen, dann hatte er den Schuss abgefeuert. Ob er ihm zuvor Wasser eingeflößt hatte, vermochte Barbara nicht zu sagen. Auch aus dem Mund war Blut geflossen, und die Lache, die sich unterhalb des linken Ohrs gebildet hatte, konnte durchaus ein Blut-Wasser-Gemisch sein.

Barbara wandte sich ab. Uplegger und Wendel starrten weiterhin gebannt auf den Toten, dessen Hände gerade mit Plastikhüllen gesichert wurden. Pentzien, nun in voller Montur, näherte sich vom Deponieweg her.

»Der liegt ja wie auf einem Präsentierteller«, meinte er.

»Immerhin ein Stück von der Siedlung entfernt«, sagte Uplegger.

»Aber die Deponie ist ganz nah. Jeder Müllkutscher, der ein bisschen nach rechts guckt, würde ihn sehen.«

»Was ist das überhaupt für eine Deponie? Hausmüll?«

»Woher, Kinnings, soll ich das wissen? Ich wühle zwar den ganzen Tag im Dreck, aber das heißt nicht, dass ich jeden Schuttabladeplatz kenne. Hausmüll wird, glaube ich, nach dem Sortieren verbrannt. Gibt es nicht eine Verbrennungsanlage im Hafen?«

»Nicht im, aber am Hafen«, sagte Wendel. »Das Ding heißt Restabfallbehandlungsanlage …«

»Na, toll! Und die Kippe hier heißt Abfallaufbewahrungsanstalt oder was! Ich sag euch, wir Deutsche sind bekloppt. So, und jetzt möchte ich meine Arbeit machen.« Er schaltete das Diktiergerät ein. »Moin, Frau Pergande! Ich hab ein Paket Kaffee gekauft.« Er spulte zurück, testete die Aufnahme. »Also los! Diktat: Fundortaufnahme durch EKHK Pentzien und Kollegen um Null Null neununddreißig, Tagebuchnummer … Hat mal jemand die verdammte Tagebuchnummer?«, brüllte er.

»Hundertneun aus elf«, brüllte es aus einem der Overalls zurück.

Die Deponieeinfahrt wurde von zwei Natriumdampflampen beleuchtet, die man getrost antik nennen konnte. Die gesamte Anlage war umzäunt, das Gittertor befand sich im Lichtkegel einer der Lampen. Ein Gebäude daneben kehrte dem Deponieweg eine fensterlose Fassade zu, an der eine große Tafel befestigt war. In der Luft lag ein unangenehmer und scharfer Geruch.

»Pentzien hat recht«, sagte Barbara, während sie mit Uplegger auf das Tor zuging. »Vermutlich sollte die Leiche rasch entdeckt werden. Wenn auch Sie recht haben und Kröner der anonyme Anrufer ist, so könnte er der Täter sein. Vielleicht hatte er ursprünglich vor, schon von hier aus anzurufen, bekam dann aber Muffensausen.«

»Warum sollte er das vorgehabt haben?«

»Schlechtes Gewissen? Er wollte Riccardo gar nicht töten, aber dann ist die Situation eskaliert. Das haben wir doch öfter.«

»Ja, schon. Doch haben Täter, die nicht töten wollen, selten Kabelbinder dabei. Für mich sieht es eher nach einer geplanten Hinrichtung aus.«

»Das schmeckt mir zu sehr nach Mafia.« Barbara bohrte im Ohr, wurde fündig und betrachtete das Bohrgut. »Nicht jedes von Ausländern betriebene Restaurant ist eine Geldwaschanlage, nicht jeder, der mal in Neapel war, gehört gleich zur Camorra. Was wollte Riccardo hier? Romantisch ist es ja wahrlich nicht ...«

»Ist es denn überhaupt sicher, dass es Riccardo ist?«

»Ich habe ihn in diesen Klamotten gesehen. Gewissheit bringt die Obduktion, aber für Zweifel sehe ich keinen Grund.«

Fahrgeräusche ließen die beiden aufhorchen, fast gleichzeitig wandten sie sich um. Auf der Deponiestraße näherte sich der Kastenwagen der Gerichtsmedizin. Doktor Geldschläger entstieg dem Wagen. Uplegger hob grüßend die Rechte. Geldschläger kopierte die Geste.

Auf der Tafel an der leeren Fassade war zu erfahren, dass man sich auf der Deponie mit Baustoffrecycling befasste. Barbara las auch die Namen der beiden Betreiber: »Das darf doch nicht wahr sein!«, entfuhr es ihr.

Barbara hatte zuerst die auf der Tafel angegebene Servicenummer angerufen, war aber am Anrufbeantworter gescheitert. Dann hatte sie Breithaupt gebeten, Dampf zu machen, und er hatte bewiesen, dass mehr in ihm steckte als ein Taschenträgertalent. Nach wenigen Minuten hatte er die Privatnummern der Verantwortlichen ermittelt und sie aus dem Bett getrieben. Sie hatten zugesagt, sich sofort auf den Weg nach Parkentin zu machen.

Mirko Düwel, Geschäftsführer der *Rostocker Stadtentsorgung*, fuhr standesgemäß Mercedes, und er sah so gar nicht nach Müllkutscher aus, sondern wirkte in seiner Kluft aus dunklem Mantel, Anzug, weißem Oberhemd und Krawatte wie ein smarter BWL-Absolvent. Er mochte gerade vierzig sein und hatte einen mindestens zehn Jahre älteren Mann im Schlepptau. Auch der hatte einen Schlips umgebunden, trug darüber aber eine wattierte Arbeitsjacke. Düwel näherte sich den Kriminalisten und lächelte, so als habe er Kunden vor sich. Der Ältere hingegen machte ein betroffenes Gesicht. Nach der gegenseitigen Vorstellung war klar, dass er Tietze hieß, Chef der Deponie war und die Schlüssel hatte. Auf Geheiß seines Vorgesetzten öffnete er das Tor zu seinem Reich von Schutt und Asche und bat die Besucher in das Gebäude neben der Einfahrt, wo sich sein Büro befand.

»Sie entsorgen also Baustoffe«, sagte Barbara. »Was dürfen wir uns darunter vorstellen?«

»Nun, alles, was auf einer Baustelle oder beim Abbruch eines Gebäudes anfällt«, erklärte Düwel. »Wir zerkleinern Betonelemente, entfernen die Monierung, bereiten alte Ziegelsteine auf und so weiter. Herr Tietze hat bestimmt eine Broschüre für Sie. Außerdem bieten wir Bodenmanagement an. Auf einer Sonderdeponie lagern wir zum Beispiel kontaminierte Erden.«

»Haben Sie viel zu tun?«

»Mehr als genug. Sie wissen doch, die Bestimmung jedes Bauwerks ist die Ruine.« Düwel gehörte zu denen, die vermutlich auch Beileid mit einem Lächeln äußerten. Barbara mochte ihn nicht.

»Sie führen Buch über jede Fuhre?«

»Selbstverständlich. Herr Tietze?«

Der Angesprochene nickte und startete seinen Computer.

»Dieses Buch besteht inzwischen aus Dateien. Außerdem sammeln wir die Lieferscheine.«

»Die möchte ich gerne haben.«

Tietze warf einen raschen Blick zu einem Regal voll mit Aktenbänden. »Alle?«

»Erst einmal reichen die von gestern.«

»Okay.« Den aktuellen Ordner musste er nicht aus dem Regal nehmen, er lag noch auf seinem Schreibtisch. Barbara klemmte ihn sich unter den Arm.

»Gab es gestern eine besondere Lieferung?«

Bevor Tietze antworten konnte, klopfte jemand an die Tür. Ein Herr von Mitte fünfzig trat ein. Er trug unter dem Daunenanorak keinen Anzug, sondern einen Norwegerpullover, außerdem schwarze Jeans und Schnürschuhe. Ein beachtlicher Bauch berichtete von guter Hausmannskost. Das aschblonde Haar und der Bart, der wohl das Doppelkinn kaschieren sollte, waren kurz und sauber geschnitten.

»Schmude«, stellte er sich vor, und er hatte nicht etwa länger geschlafen, sondern einen weiteren Weg gehabt. Harald Schmude nannte sich auf seiner Visitenkarte Leiter Deponiewesen; offenbar unterhielt die *Güstrower Versorgungsbetriebe* AG als zweite Betreiberfirma der Parkentiner Deponie mehr als eine Müllkippe. Von Breithaupt wusste Barbara, dass er in Papendorf wohnte. »Was ist denn passiert?«

»Das müssen Sie auf dem Hinweg doch gesehen haben. Man hat in der Nähe der Deponie einen Mann erschossen.«

»Oh, Gott!« Schmude erschauerte. »Einen unserer Arbeiter?«

»Nein.«

»Also hat es mit uns gar nichts zu tun?«

»Vielleicht ja, vielleicht nein.«

»Ist es jemand aus dem Ort? Auf dem Feldweg von Parkentin führen die Leute manchmal ihre Hunde aus«, sagte
Schmude.

Barbara schüttelte den Kopf. Sie ließ es zu, dass Uplegger die
Lieferscheinsammlung unter ihrem Arm hervorzog.

»Sagt Ihnen der Name Medanauskas etwas?«, nahm ihr Kollege das Gespräch auf.

»Wie bitte?«, fragte Tietze.

»Me-da-naus-kas.« Uplegger setzte sich auf einen Stuhl beim
Fenster.

»Nein.«

»Nie gehört«, ergänzte Düwel.

»Dito«, sagte Schmude. »Klingt irgendwie ... nach Baltikum?«

»Lettland«, sagte Uplegger und schlug den Ordner auf.

»Ja, aber das ist doch ... Lettisch, sagen Sie?« Tietze schaute
seinen Chef an, der mit einem fragenden Blick reagierte.

Schmude klopfte derweil mit den Fingern auf Tietzes
Schreibtisch. »Wir haben einen lettischen Geschäftspartner«,
sagte er.

»Ja, und von dem kam gestern ein Transport«, sagte Tietze.

Dass Klingeln zum Geschäft gehörte, bewies der überaus
klangvolle Name der Firma, die Bauschutt von weither in die
Nähe von Rostock brachte. Die *B.C.I. Baltic Cleaning International A.S.* war ein russisch-lettisches Konsortium mit Büros in
Riga, Ventspils, Wyborg und Sankt Petersburg. Alle zwei, drei

Monate brachte ein LKW-Konvoi aus Riga die Überreste eines Baubooms, so jedenfalls drückte es Schmude aus.

»Warum ausgerechnet nach Rostock?«, erkundigte sich Uplegger. »Gibt es in Russland oder im Baltikum nicht genügend Entsorgungsmöglichkeiten?«

Schmude zuckte mit den Achseln. »Das müssen Sie den Vorstand fragen, der hat das Geschäft eingefädelt. *B.C.I.* zahlt gut, und wir müssen für die Stadt Güstrow Gewinne erwirtschaften.«

»Der Vorstand, sagen Sie? Herr Rauch?«

»Der war bestimmt maßgeblich an dem Deal beteiligt gewesen, weil er gute Kontakte nach Osten hat. Die Russen sind an seinem Kaviar interessiert. Vorgestern habe ich gehört, dass er ihnen seine Firma verkaufen will.«

Uplegger zog die Stirn zusammen. »Den Russen?«

»Wissen Sie, das ist eine komplexe Materie ...« Schmude legte den Anorak ab und setzte sich. »Hinter *B.C.I.* steckt eine Holding namens *East Baltic Invest Ltd.*, von der ich aber nichts Genaues weiß. Es heißt, nageln Sie mich nicht darauf fest, dies sei eine Art Heuschrecke, die Kapital in Russland, im gesamten Baltikum und wohl auch in Finnland sammelt. Nun sind sie auf Einkaufstour in Westeuropa.«

»Das sind ja völlig neue Aspekte.« Barbara wandte sich an die drei Herren. »Tut mir leid, Sie müssen das Büro verlassen. Alle Akten sind beschlagnahmt, und ich lasse es versiegeln.«

»Ich brauche dafür aber einen Beleg«, sagte Düwel.

Barbara versprach ihm alle Belege der Welt, Uplegger rief die Spusi.

Der Bauschutt aus dem Baltikum lagerte in einem weit von der Verwaltung entfernten Teil der Deponie. Tietze übernahm es, sie zu führen, Schmude begleitete sie, während Düwel sich verabschiedet hatte, da er für die Müllimporte nicht unmittelbar verantwortlich war. Schweigend gingen sie über das von Natriumlampen erleuchtete Deponiegelände. In der Ferne war der rötlich-gelbe Schein der Großstadt zu sehen, reflektiert von tiefliegenden Wolken. Zum Glück war der unbefestigte Boden gefroren. Barbara hielt ihren Mantelkragen mit einer Hand zu, Uplegger musste sich hin und wieder schnäuzen. Nach einer Weile begannen die empfindlichen Kapillargefäße in seiner Nase zu bluten.

»Dort!« Tietze zeigte auf eine große, kraterartige Vertiefung. »Mittlerweile sind die Lieferungen Routine, ich muss den Fahrern gar nicht mehr viel sagen. Ich weise einfach in die entsprechende Richtung und sage: Tam! Viel mehr Russisch ist nicht kleben geblieben, außer Da und Njet.«

»Die laden selbstständig ab?«

»Klar. Die haben modernste Lastzüge, die machen fast alles automatisch. Wir laufen hier nicht mit Schippen umher.«

Barbara trat an den Rand des Kraters, der nur einige Meter tief war. Betonblöcke, aus denen die Moniereisen ragten, Berge von Holzbalken, Teer- und Wellpappe, Fensterrahmen mit zersprungenen Scheiben, Halden von Ziegelsteinen, an denen manchmal noch Putz und sogar Tapete klebte, all das füllte die Grube. An ihrer breiten Zufahrt stand ein gelber Bulldozer von *Caterpillar*, etwas tiefer ein zweiter. Vor ihm und teilweise mit Schutt, Balken und Dachpappe bedeckt lagen an die drei Dutzend Fässer.

»Herr Tietze?«

»Ja?«

»Herr Schmude?«

»Ich bin hier.«

»Treten Sie bitte näher«, sagte Barbara. Uplegger zog sein Handy hervor und machte ein paar Aufnahmen. »Was ist das?«

»Was meinen Sie?«, fragte Schmude.

»Ich sehe dort Fässer.«

»In der Tat …«

»Seit wann werden Bauabfälle in Fässern transportiert?«

»Ja, äh …« Schmude schaute Tietze an, der schwieg. »Ich weiß nicht. Andere Länder, andere Sitten?«

»Die liefern immer so«, sagte Tietze.

»Bauschutt in Fässern! Bald kommt der Weihnachtsmann, und die Kinder bringt der Klapperstorch! Ich bin Laie, aber eins weiß sogar ich: Fässer haben eine viel zu geringe Kapazität.«

Uplegger hatte bereits eine Telefonnummer gewählt. »Sieht so aus, als würden wir ein zweites Spusi-Team brauchen.«

»Ich verstehe das alles nicht«, sagte Schmude.

Seine Lage war schlechter als zuvor, aber das hatte ja passieren müssen bei dem überstürzten Aufbruch. Eigentlich hatte er die Fahrkarte im Zug lösen wollen, aber als die Schaffnerin zwischen Schwaan und Bützow auf ihn zugekommen war, da war ihm siedend heiß aufgegangen, dass er sein Portemonnaie vergessen hatte. Er konnte nicht bezahlen, und er konnte sich nicht einmal ausweisen.

Die Zugbegleiterin hatte ihn mit einem Schwall hämischer Worte übergossen, sie hatte sich über ihn lustig gemacht und gefragt, ob er betrunken sei. Am schlimmsten hatten sich jedoch die Stimmen gebärdet, die ihn als Versager, als kompletten Idioten, hirnlosen Kretin beschimpft hatten: Er war es nicht wert, dem Weltforum zu dienen.

Zwei Uniformierte hatten ihn in Bützow aus dem Zug geholt und zu einem VW-Bus gebracht, auf dem Bundespolizei stand. Sie hatten zwei Fotos aufgenommen, en face und im Profil, und wollten seinen Namen wissen, seine Anschrift, sein Ziel. Da es keinen Zweck hatte, sie zu belügen, hatte er Auskunft gegeben; nur was das Ziel betraf, hatte er ihnen Sand in die Augen gestreut und einfach Halle gesagt, Halle an der Saale. Ein Lesegerät für den Chip in seinem Gehirn hatten sie offenbar nicht, sonst hätten sie sofort gewusst, dass er log. Die beiden hatten zuerst über ihr Walkie-Talkie mit ihren Auftraggebern gesprochen und dann eine Anzeige aufgenommen wegen etwas, das sie Leistungserschleichung nannten. Dann hatten sie ihn gehen lassen.

Er hatte alles hilflos über sich ergehen lassen. »Versager! Idiot! Kretin!«, pochte es in ihm. Da saß er nun in Bützow, ohne Geld und Papiere, mitten in der Nacht bei Eiseskälte auf einer Bank und hielt sich die Ohren zu, obwohl das nie Zweck hatte; irgendwie wurden die Stimmen auch per Chip übertragen. Der Bahnhof schien verwaist. Aber man konnte ihn nicht täuschen, von überallher drohte Gefahr. Wenn der Feind ihn töten wollte, hatte er nun die beste Gelegenheit.

Wie sollte er von hier fortkommen? Ihm blieb nur der Zug, auch wenn er keine Fahrkarten kaufen konnte. Täuschte er sich nicht, war der Regionalexpress nach Hamburg ein Doppelstockzug; vielleicht würde er sich an den Kontrolleuren vorbeischleichen können? In der S-Bahn hatte er das schon gemacht. Dort wurde sowieso selten kontrolliert, doch wenn jemand mit Knipser an Bord war, konnte man ihn umgehen. Bisher hatte er das immer geschafft.

Er zog den Weltempfänger aus dem Mantel. Die Polizisten hatten ihn bestimmt für verrückt gehalten, aber glücklicherweise hatten sie ihn nicht nach Gehlsheim gebracht, wo man im Auftrag des Feindes aus gesunden Menschen Geisteskranke machte. Der Moderator war auch zu dieser Stunde völlig aus dem Häuschen, aber er würgte ihn sofort ab. Als er das Rauschen und Knistern vernahm, atmete er auf. Gleich würde er Anweisungen erhalten.

Doch das Weltforum schwieg.

Barbara warf einen Blick zur Leiche. Pentzien hatte das Feld dem Gerichtsmediziner überlassen und erteilte seinen Leuten Befehle. Nachdem sich die gesamte Mordkommission außer Breithaupt am Tatort eingefunden hatte, hielt Doktor Geldschläger einen kurzen Vortrag, in dem vor allem die Worte *Ersteinschätzung*, *vorläufig* und *bis auf Weiteres* vorkamen, was niemanden verwunderte. Am meisten vage war seine Schätzung des Todeszeitpunktes; von Todeszeitbestimmung sprachen die Rechtsmediziner schon lange nicht mehr. Erst als Uplegger mit einem gewissen Nachdruck fragte, entlockte er ihm ein »vor etwa fünf bis acht Stunden plus minus«. Für einen Mann von Geldschlägers Profession war das eine präzise Auskunft.

Die Mitarbeiter der MoKo schauten alle etwa gleichzeitig auf ihre Armbanduhren und kamen zweifellos zu einem identischen Ergebnis: Riccardo Medanauskas hatte den Todesschuss zwischen 17:37 und 20:37 erhalten, plus minus. Gunnar Wendel legte daher fest, dass man *för't Eerste* von einer Tatzeit zwischen 17 und 21 Uhr ausgehen solle. Geldschläger, der sich auf den Arm genommen fühlte, trollte sich schulterzuckend zu seinen rauchenden Gehilfen.

An der Identität des Opfers bestanden kaum noch Zweifel, da die Spusi eine Geldbörse gefunden hatte mit Führerschein,

EC- und Kreditkarte sowie einem Ausweis des METRO-Groß-
marktes Hamburg-Harburg.

Manfred Pentzien richtete ein paar Worte an alle: »Ich bin
noch nicht dazu gekommen, euch einen Bericht zu schreiben,
also mache ich es mündlich. Die Nähe der Müllkippe inspiriert
mich dazu. Wir sind mit dem Inhalt der Abfallbehälter im Zug
fertig. Ich möchte vorläufig behaupten, dass wir nichts Rele-
vantes gefunden haben. Das gilt auch für den abgepumpten
Toilettentank. Da war neben dem, was man so erwartet, noch
allerlei Leckeres drin, Zigarettenkippen, Tampons, Kondome
samt Inhalt, sogar eine zusammengeknüllte Seite aus einem
FKK-Spezial-Heftchen und passend dazu ein Schnuller, Gott
sei Dank ohne das dazugehörige Baby …«

»Zyniker!«, schimpfte Ann-Kathrin Hölzel, die von einem
Fuß auf den anderen trat und das Thema wechselte: »Ich kann
mir nicht vorstellen, dass Riccardo freiwillig hier war. Die
Medanauskas sind Gastronomen, die Mutter hat ein Modegeschäft, mit Müll haben sie doch nichts zu tun.«

»Vielleicht mit den seltsamen Fässern«, überlegte Barbara.
»Wir fahren jedenfalls zu den Eltern, nicht wahr, Jonas?«

»Wenn kein anderer will …«

»Nee, nee, macht mal«, kam es aus mehreren Richtungen.

Barbara und Uplegger gingen in Richtung der abgestellten
Fahrzeuge. Im Kastenwagen sahen sie Geldschläger, der etwas
schrieb. Seine Gehilfen debattierten draußen rauchend und
lautstark mit Tietze, der sich zu ihnen gesellt hatte. Gerade
erklärte er, dass man sich in einem tiefen Tal wenden könne,
wohin man wolle, es ginge immer nur aufwärts. Beide Gehilfen nickten eifrig. Man war sich einig: *Hansa* würde weiter
aufsteigen.

Als die Kommissare ihren Wagen erreichten, trat Tietze auf sie zu.

»Es gibt etwas, das ich Ihnen vor den hohen Chefs nicht sagen wollte. Mit diesen Fässern stimmt was nicht.«

»Haben wir fast erwartet«, sagte Uplegger.

»Also ...« Tietze schaute sich zum Kastenwagen um. »Dass wir den Fahrern nicht beim Entladen helfen, beruht auf einer mündlichen Anweisung. Herr Rauch vom GüVB-Aufsichtsrat hat sie mir persönlich erteilt. Gleich nach dem ersten Transport vor ungefähr anderthalb oder zwei Jahren. Damals hieß die Lieferfirma noch anders ...«

»Und wie?«

»Tja ... Das war so ein ellenlanger Name. *Mare baltica chemical waste* ... Und am Ende dieses A-Punkt S-Punkt. Jedenfalls saßen die auch in Riga. Ach ja, die Abkürzung fällt mir wieder ein: *MarBaChem*. Finden Sie alles in den alten Lieferscheinen.«

»Aber die Ware ... sagen Sie so? Ja? Sie wurde immer schon als Bauschutt deklariert?«

»Wir haben uns natürlich ebenso gewundert wie Sie: Bauschutt in Fässern! Auf der Deponie sind alle sicher, dass die Fässer Gift enthalten. Wer längere Zeit in ihrer Nähe arbeitet, bekommt Kopf- und Gliederschmerzen, ähnlich wie bei einer Grippe. Ein Kollege ist deswegen schon seit Wochen krankgeschrieben.«

»Haben Sie denn nie gefragt ... die Gewerkschaft informiert? Oder die staatliche Behörde für Arbeitsschutz?«

Tietze schaute zu Boden und stieß mit dem Fuß ein paar Steinchen fort. »Daran gedacht habe ich schon. Es ist nur, dass die GüVB neuerdings zum Jahresende eine Sonderprämie zahlt. 300 Euro aufs Weihnachtsgeld. Niemand will darauf verzichten.«

Uplegger fuhr durch das nächtliche Parkentin, vorbei an der Kirche aus Feld- und Backstein mit dem hohen, schlanken Turm, die für ein Dorf ziemlich groß war.

»Die Gegend hier erinnert mich an Schulausflüge«, sagte er, bevor er nach Bartenshagen abbog.

»Mich auch.« Barbara gähnte herzhaft. »An Wanderungen in den Hütter Wohld.«

»Zu den Fischteichen, die von den Doberaner Mönchen zur Karpfenzucht angelegt worden sind?«

»Genau. Und dann weiter. Das Münster wurde gleich mitgenommen, war ja ein Aufwasch.«

»Vermutlich mussten Generationen Rostocker Schüler diesen Ausflug machen.«

»Ich hatte das eigentlich ganz gern. Ich stellte mir immer vor, wie das war, als hier noch Mönche lebten. Und dann hat natürlich der Geheimgang zum Nonnenkloster die Fantasie angeregt. Sie wissen schon, der, in dem die Babyleichen liegen.«

»Aber es gab weit und breit kein Frauenkloster.« Sie hatten Bartenshagen durchquert und näherten sich der B 105.

»Es hat auch solche Geheimgänge nie gegeben. Das ist alles nur Legende. Die Leute lieben nun mal romantisch-gruselige Geschichten.«

»Eine solche Geschichte haben wir im Moment eher nicht.«

Uplegger nahm die Bundesstraße unter die Räder. »Ich bekomme das nicht sortiert: die Medanauskas-Brüder, die S-Bahn und die Deponie.«

»Womöglich ist Kröner die Schlüsselfigur. Er war in Güstrow …«

»Ja, aber ein DJ kann sein Equipment wirklich nicht mit der Bahn transportieren.«

»Vielleicht hat er es später geholt. Oder er benutzte die hauseigene Anlage. Dann hätte er so gut wie gar kein Gepäck gehabt. Musik passt heute doch auf ein paar Silberscheiben oder einen Stick. Dass er in der S-Bahn nicht gesehen wurde, heißt nicht, dass er nicht drin war. Wir müssen das Mädchen ausfindig machen, mit dem er zusammengewesen sein will.«

»Irgendjemand hätte ihn im Zug sehen müssen.«

»Vielleicht ist er der Mann mit ungepflegtem Haar und Zottelbart, der in Papendorf ausgestiegen ist? Er könnte ja nur so getan haben, als würde er dort ein Fahrrad zu stehen haben.«

»Der Papendorfer wird von den Zeugen als älter beschrieben.«

»Zeugen!« Barbara blies geräuschvoll Luft aus. »Die irren sich doch ständig.«

Unverwechselbare Bauwerke kamen ins Bild, die jeden Besucher aus Richtung Bad Doberan auf Rostocks Schönheiten einstimmten: das *Dänische Bettenlager*, der *Praktiker* Bau- und Heimwerkermarkt, riesige Parkplätze, dann das *real* SB-Warenhaus und der *Media Markt*. Passend dazu hieß die Straße hier An der B 105. Als links das beleuchtete M von *McDonald's* erschien, trat Uplegger auf die Bremse und blinkte.

»Wie fahren Sie denn?«

»Über Land. Sievershagen, Lichtenhagen, Elmenhorst. So kommen wir am schnellsten nach Diedrichshagen. Außerdem dachte ich, wir machen einen Abstecher zu Kröners.«

Im Haupthaus des Hofes brannte noch Licht, und man konnte jemanden an einem Fenster vorbeigehen sehen, vermutlich einen Mann. Diesmal kam der Hofhund sofort angeschossen und sprang bellend gegen das geschlossene Tor. Er wedelte mit dem Schwanz, was Barbara zu der Bemerkung veranlasste, er möge sie. Uplegger wusste es besser: Schweifwedeln konnte auch starke Anspannung bedeuten und nicht nur Freude.

Sie mussten nicht klingeln, das Bellen hatte hinreichend auf sie aufmerksam gemacht. Vater Kröner kam aus dem Haus. Er trug wieder die wattierte Joppe und eine Schirmmütze, doch seine Füße steckten in Puschen. Rasch überquerte er den Hof. Am Tor angelangt, schnauzte er den Hund an, der sich beleidigt trollte.

»Haben Sie Morten gefunden?« Kröners gepresste Stimme verriet Sorge. Barbara schüttelte den Kopf.

Er löste den Riegel, öffnete einen Flügel. »Hoffentlich ist ihm nichts passiert.«

»Sie sind es doch gewöhnt, dass er bis in den Morgen fortbleibt?«

»Dann hinterlässt er eine Nachricht. Außerdem war schon Polizei da, die nach ihm gefragt hat. Was ist denn bloß los? Es hat doch nichts mit …?« Kröner brach erschrocken ab.

»… dem Tod von Andrea zu tun? Wenn wir das wüssten!«

Uplegger hatte eine Idee.

»Sagen Sie, Herr Kröner, dürften wir uns in Mortens Bungalow umschauen? Vielleicht finden wir einen Hinweis auf seinen Aufenthalt. Wir brauchen Ihr Einverständnis, da wir keinen HD-Beschluss haben.«

»Keinen was?«

»Hausdurchsuchungsbeschluss.«

»Heißt das nicht Befehl?«

»Nein.«

»Aber im Fernsehen … Ja, meinetwegen. Ich hole den Schlüssel.«

In Mortens Bude stank es nach Dope. Uplegger tastete neben der Tür nach dem Lichtschalter, und als er ihn gefunden hatte, gingen die Deckenstrahler an. Barbara förderte aus ihrer Handtasche ein Paar steril verpackter Latexhandschuhe zutage. Uplegger trug Lederhandschuhe, die für ihr Vorhaben ausreichten.

»Das war brillant«, sagte sie anerkennend. »Wir hätten auch auf Gefahr im Verzuge machen können, aber mit Einverständnis ist es besser. Ich nehme mir die Anbauwand vor.«

»Na, dann.« Uplegger ging zum Bett, schlug Kissen und Decke zurück, schaute unter das Laken und öffnete den Bettkasten. Dort fand er eine zusammengeknüllte ockerfarbene Acryldecke, einen sorgfältig gebügelten Schlafanzug und ein paar Pornohefte, von denen eines aufgeschlagen war. Uplegger nahm es heraus, hielt es ins Licht. Eine bis auf High Heels nackte Frau mit langem schwarzen Haar war auf eine Streckbank gefesselt, und zwar in einer dermaßen verkrümmten Haltung, dass sie eine Akrobatin sein musste. Über ihr schwang eine Person, von der nur der stark behaarte Arm zu sehen war, eine siebenschwänzige Peitsche.

Uplegger zeigte das Bild Barbara, die gerade ein Fotoalbum aus einem Schrankfach zog.

»Ob er das mit Claudia Brinkmann macht?«

»Vielleicht. Oder es ist nur eine Fantasiehilfe fürs Alleinsein. Ich habe mal gelesen, dass Männer meist zusätzliche sexuelle Vorstellungen haben, die sie mit ihren Frauen nicht ausleben können.«

»Ich nicht.«

»Erzählen Sie keine Märchen. Sie stehen doch heimlich auf Jungs.«

»Also da hört sich doch alles auf!« Uplegger warf das Heft zurück in den Bettkasten und schloss diesen wieder. Er ging auf die Knie und fuhr mit der rechten Hand unter das Bett. Was er dabei zu greifen bekam, waren Papiertaschentücher, deren getrockneter Inhalt ihren Zweck verriet. Da er solche Tücher auch schon einmal unter Marvins Bett gefunden hatte, wurde er rot. »Ich habe das *b sieben* ausschließlich aus Ermittlungsgründen aufgesucht.«

»In Ihrer Freizeit. Und wieso sind Sie dann rot geworden?«

»Ach, leckt mich doch alle!« Uplegger stapfte zu einem der Sessel und fuhr in die Ritzen zwischen Armlehne und Sitzpolster. Dabei spürte er, dass sein Gesicht glühte.

»Vulgär sein, das passt nicht zu Ihnen.« Barbara schlug das Album auf. Das erste Foto zeigte einen kleinen, schüchtern in die Kamera schauenden Jungen mit Schultüte.

Uplegger stürzte den Sessel auf die Rückenlehne. Barbara fand noch elf weitere Bilder von einem Schulanfang: den ABC-Schützen, stolze Eltern, ein Klassenfoto, eine gedeckte Tafel ohne Gäste, eine Schokoladentorte mit der Aufschrift *Morten zum 1. Schultag* – Erinnerungen, deren Bestimmung das Vergessen war.

Der Boden des Sessels bestand aus zwei Spanplatten, die ausgesprochen schlecht zusammengefügt worden waren. Der Stoß klaffte etwa drei, vier Millimeter auseinander, aber das war nicht so bemerkenswert wie ein Loch in Höhe der Lehne. Es war nicht sehr groß, aber offenbar nicht auf den Pfusch bei der Herstellung zurückzuführen.

»Ein Versteck!«, rief Uplegger. Barbara schlug sofort das Album zu und trat näher.

Uplegger steckte drei Finger in die Öffnung und war überrascht, wie leicht sich die Platte lösen ließ. Als er sie in der Hand hatte, wurde er des Rätsels Lösung gewahr: Sie war nur mit Magneten befestigt.

»Tatsächlich ein Versteck«, sagte Barbara.

Uplegger kippte den Sessel ein wenig an. Zehn Plastiktüten von der Größe einer Zigarettenschachtel, ursprünglich für Medikamente bestimmt, rutschten auf den Teppich, in jedem davon ein Pulver, weiß wie Schnee.

Manfred Pentzien fluchte. Ohne sich umzuziehen, hatte er den Tatort Deponie verlassen und war mit einem Kollegen erschienen, um Mortens Behausung auf den Kopf zu stellen, denn nun galt wirklich Gefahr im Verzuge. Auf dem Hof war auch die Mutter aufgetaucht, eine stattliche und resolut wirkende Person, die auf den Zentimeter so groß wie ihr Gatte zu sein schien. Wie Uplegger wusste, nannte man die gleiche Höhe der Köpfe in der bildenden Kunst Isokephalie. Er schüttelte den Kopf: Wie viel nutzloses Wissen man doch anhäufte ...

Frau Kröner trug eine dieser wieder modern gewordenen Hornbrillen, die nicht aus Horn, sondern wie die halbe Welt aus Plastik war. Fröstelnd stand sie da und betrachtete voller Unverständnis die beiden Beamten in den Schutzanzügen.

»Was hat das alles zu bedeuten?«, fragte sie ein ums andere Mal. Ihr Mann antwortete nicht, er war ebenso ratlos wie sie. Während Barbara die Spusi einwies, gesellte sich Uplegger zu ihnen.

»Wann genau hat Morten den Hof verlassen?«

Kröner hob die Schultern. »Ich war selbst unterwegs.«

»Viertel fünf«, sagte die Mutter.

»Und vorher, war er da schon einmal weg?«

»Kurz nachdem Sie gegangen sind, ist er weggefahren«, sagte Kröner. »So gegen halb drei kam er zurück, mit Riccardo. Ich wollte gerade los zur Versammlung vom Bauernverband. Die Spinner von der EU haben schon wieder eine neue Verordnung erlassen, gegen die wir uns wehren müssen. Die haben so viel Stroh in der Rübe, da kann eine Riesenherde monatelang drauf sch…«

»Achim, bitte!«

»Ist doch wahr!«

»Sind Morten und Riccardo befreundet?«

»Tja, sind sie das?« Herr Kröner hob langsam die Arme. »Sie hocken jedenfalls öfters zusammen. Rauchen dieses Scheißkraut und reden sich die Köppe heiß. So über Zukunftspläne. Ich bin zwar bloß Bauer, aber immerhin studierter Landwirt und nicht unbedingt döschig. Vielleicht wissen Sie, was der frühere Bundeskanzler Helmut Schmidt über Visionen gesagt hat? Wer sie hat, soll zum Arzt gehen.« Er beendete die für seine Verhältnisse ziemlich lange Rede mit einem erneuten Schulterzucken.

»Er hat Visionen in der Politik gemeint …«

»Spinner. Alles Spinner. In der Politik, bei der EU – und der eigene Sohn auch. Polohof! Er kann ein Polohemd kriegen, aber niemals einen Polohof.«

Frau Kröner wurde zur Glucke, die ihr Gössel verteidigte: »Er hat wenigstens noch Träume, und das ist etwas sehr Wertvolles.«

»Ja, deine Träume! All der Schietkram, Musik und Kultur und Sprachen … Was hat er davon bekommen? Einen vernünftigen Beruf? Nee, Grappen, nix als Grappen!«

»Die jungen Leute haben es heutzutage nicht mehr so leicht wie wir. Er muss sich doch erst orientieren.«

»Orientieren! Das macht der Bengel nun schon seit … ach, was! So, ich brauch' jetzt 'nen Lütten. Diese Welt voller Narren schnürt einem ja die Puste ab.« Sprach's, wandte sich um und ging ins Haus.

»Tut mir leid«, sagte Frau Kröner. »Er ist eigentlich ein sehr ruhiger Mensch. Aber wenn er sich aufregt, dann … dann regt er sich richtig auf.«

»Das ist gesünder, als alles zu schlucken«, meinte Uplegger und schämte sich sofort für diese billige Weisheit. »Ihr Sohn war also am Nachmittag mit Riccardo hier?«

»Ich habe oben gearbeitet«, sie deutete auf ein Gaubenfenster an der Traufenseite des Hauses, »und sah sie über den Hof gehen. Sie kamen von Mortens Auto. Ja, und als ich mir wenig später Tee aufsetzte, gingen sie zum Auto zurück.«

»Und fuhren weg?«

»Ja. Um viertel nach vier. Ich habe auf die Küchenuhr geschaut.«

»Hatten Sie etwas bei sich? «

»Ja, Morten hatte diese schwarze Umhängetasche für seinen Laptop dabei.«

»Einen Moment, bitte!« Uplegger lief zu Pentzien, der soeben im Bungalow verschwunden war. Barbara übernahm das Gespräch.

»Ist eine unruhige Nacht, was, Frau Kröner? In ein paar Minuten verlassen mein Kollege und ich Sie, dann bleiben nur die Männer von der Spurensicherung da.«

»Aber was soll das alles? Was haben diese Monster in Mortens Zimmer zu suchen?«

»Wollen Sie wissen, was wir gefunden haben?«

»Was denn?«

»Vermutlich Kokain.«

»Sie haben …? Nein, nein, nein, nein, nein!« Frau Kröner stampfte mit dem Fuß auf den harten Boden. »Nein! Nicht bei Morten! Sie wollen ihm was unterschieben.« Ihre Finger nestelten an den Knöpfen ihrer braunen Strickjacke. »Oder dieser Riccardo! Der kommt ja aus … Der hat da was versteckt. Dem traue ich das zu. Dieser verschlagene Blick.«

»Asiatischer Blick?«

»Drehen Sie mir nicht das Wort im Mund um!« Die Mutter verwandelte sich in eine Furie. »Dieser Rostocker Drogenboss … der wie ein Käse heißt. Brie? Ja, so ähnlich … Der kam auch aus einer ehemaligen Sowjetrepublik. Aber das müssen Sie doch wissen! Auch ein Lette …«

Barbara verdrehte die Augen. »Litauer.«

»Ist doch fast dasselbe. Und dann … Italien! Neapel! Da müssen Sie doch dran denken. Morten, nein, Morten kann mit so etwas nichts zu tun haben. Sie kennen ihn nicht. Aber ich!«

»Dass er kifft, ist Ihnen nicht entgangen, oder?«

»Gott, das ist doch harmlos.«

»Na ja.«

»Morten ist so begabt!«, rief seine Mutter völlig unpassend.

»Besonders für schwere Straftaten«, sagte Barbara und ließ die verzweifelte Frau einfach stehen.

Uplegger hatte sich in den Obstgarten begeben und einen Blick in den Schuppen geworfen, ohne etwas Besonderes zu entdecken. Als er zurückkehrte, öffnete Pentzien ein hofseitiges Fenster und sagte so laut, dass es alle hören konnten: »Der Laptop steht hüllenlos im Schrank.«

Barbara kehrte daraufhin noch einmal zur Mutter zurück.

»Sind Sie sicher, dass es seine Laptop-Tasche war?«

»Es war jedenfalls dieser Aufkleber darauf.«

»Welcher Aufkleber?«

»Keine Macht den Drogen!«

Uplegger hatte einen Tipp abgegeben, aber den Jackpot nicht geknackt: Entgegen seiner Voraussage brannte im Haus der Medanauskas' nirgendwo Licht. Im Carport stand nur der schwarze Mercedes.

Sie mussten lange läuten, bis schließlich ein verschlafener Hausherr ihnen öffnete, und da sie schon einmal als Unglücksboten gekommen waren, trat in sein Gesicht sogleich ein Ausdruck von Angst. Wortlos führte er seine Besucher ins Wohnzimmer. Wenig später erschien die Tochter. Sie erbot sich, Kaffee zu kochen und suchte das Weite.

»Schläft Ihre Frau?«, fragte Uplegger, bevor er sich in einen Sessel setzte. Auch Barbara nahm Platz.

»Krank. Nerven.« Medanauskas ging zur Schrankwand, öffnete ein Fach und nahm eine angebrochene Schachtel *Marlboro* heraus. Er klappte ein Fenster auf, zündete eine Zigarette an, blies den Rauch ins Freie. »Heute im Geschäft. Umgefallen. Ist einfach alles zu viel!« Er klopfte die Asche in einen Blumentopf.

Uplegger saß mit gebeugtem Haupt da und schaute auf seine Hände, Barbaras Zähne mahlten. Celerina trug ein Tablett mit Tassen und einem Zuckerdöschen herein, hielt ebenfalls den Kopf gesenkt. Aus der Küche war das Brodeln und Zischen der Kaffeemaschine zu hören.

»Herr Medanauskas, setzen Sie sich doch«, bat Barbara.

Er drückte die Zigarette in der Blumenerde aus.

»Hab wieder angefangen. Zehn Jahre ohne, aber ...«

Celerina sagte mit leiser Stimme etwas auf Lettisch zu ihm, ging auf ihn zu und entwand ihm die Zigarettenschachtel, dann verließ sie wieder den Raum.

»Ist Ihre Frau im Krankenhaus?«

»Nein.« Er wies zur Zimmerdecke. »Sie nicht wollte. Männer mit Krankenauto haben nach Hause gebracht. Sie schläft. Spritze bekommen.«

Die Atmosphäre in dem großen Raum war unerträglich, dabei war nichts anders als beim ersten Besuch. Es herrschte dieselbe penible Ordnung, nichts lag am falschen Platz, kein Staubkorn hatte eine Chance. Durch das halb geöffnete Fenster drang kalte Luft herein, aber Uplegger ließ etwas anderes frösteln. Er bekam die entsetzliche Nachricht einfach nicht über die Lippen. Hilfesuchend schaute er zu Barbara. Die blickte in die Dunkelheit vor dem Fenster.

»Sagen Sie es!«, verlangte Medanauskas plötzlich fast im Befehlston. »Warum Sie wieder gekommen? Mitten in Nacht?«

Barbara füllte ihre Lunge mit Luft, schloss für einen Moment die Augen.

»Riccardo. Auch er ist ...«

»Nē!« Etwas Gläsernes fiel in der Küche zu Boden und ging zu Bruch. »Nē, tētis!« Celerina kam hereingestürzt, die Mickey Mouse auf ihrer Brust in Kaffee gebadet, und warf sich ihrem Vater um den Hals. »Mans tētis! Papa! Nicht auch Riccardo!«

Perviltas war zur Salzsäule erstarrt. Sein Teint hatte die Farbe von Asche angenommen, die Augen füllten sich mit Blut. Uplegger schoss plötzlich der Titel eines Romans durch den Kopf, den er vor vielen, vielen Jahren gelesen hatte: *Vor den Vätern sterben die Söhne.*

»Stimmt?«, fragte der Vater ihm gegenüber mit eisiger Stimme.

»Leider. Ein weiteres Verbrechen.«

Celerina begann zu heulen wie eine Sirene. Ihr Körper zuckte im Krämpfen, wobei sie sich immer noch an ihren Vater klammerte. Uplegger erhob sich, ging auf sie zu. Bevor er irgendein beruhigendes Wort sagen konnte, ließ Celerina von ihrem Vater ab und warf sich auf ihn. Sie trommelte mit den Fäusten gegen seine Brust. Uplegger ergriff ihre Hände, schob sie zur Couch und nötigte sie, Platz zu nehmen.

»Ich bring ihn um!«, schluchzte sie.

»Wen?«

»Den Mörder.«

»Wissen Sie denn, wer es ist?«

Sie schüttelte den Kopf. Ihr Vater setzte sich langsam neben sie und legte einen Arm um ihre Schulter.

»Papa, Papa«, stammelte sie. »Unser Finanzminister ist …« Die Stimme versagte ihr.

»Was hat er eigentlich gemacht – als Ihr Finanzminister?« Barbara beugte sich vor.

Für einen Sekundenbruchteil erschien ein zärtliches Lächeln auf Medanauskas' Gesicht. »Alles mit Geld. Ganze deutsche Birokrātija. Kontoführung, Buchhaltung, Steuern … Finanzamt!«

»Für die Lokale oder auch für Ihre Frau?«

»Nein, Frau kann selber. Ist gut mit Geld. Ich nicht. Verstehe ich nicht: Abgabenordnung, Doppelsteuer … Wie heißt?«

»Doppelbesteuerungsabkommen.«

»Ja.«

»Aber das kommt für Sie gar nicht in Frage, oder? Sie haben doch keine Einnahme im Ausland?«

»Ich nicht verstehen«, sagte er.

»Wie wurde Riccardo umgebracht?«, fragte Celerina.

»Das darf ich Ihnen noch nicht sagen.« Barbara straffte den Oberkörper. »Wo bewahrte Riccardo die Finanzunterlagen auf?«

»Folgen Sie mir«, sagte Perviltas.

Riccardos Zimmer befand sich unter dem Dach. Es hatte zwei schräge Wände und machte schon auf den ersten Blick einen chaotischen Eindruck. Überall lagen Kleidungsstücke umher, über den Stühlen, auf dem Boden, auf dem ungemachten Bett. Der Teppich war seit Wochen nicht gesaugt worden, die Möbel, von dem Schreibtisch am Fenster abgesehen, bedeckte eine beachtliche Staubschicht. Mitten im Raum stand ein umgedrehtes Fahrrad, dessen Vorderrad abgeschraubt an der Wand lehnte. Daneben lagen auf einem ölverschmierten ausrangierten Bettlaken Schraubenschlüssel, ein Hammer, ein Klappmesser, Ventile und ein neuer Schlauch. Von einem Finanzminister hatte Barbara mehr Ordnungsliebe erwartet; umso gespannter war sie auf die Bücher. Auf jeden Fall stand dieses Zimmer in bemerkenswertem Gegensatz zur Reinlichkeit in den unteren Räumen.

Metallregale, die an der linken Wand bis zur Dachschräge reichten, enthielten die Ordner, deren Rücken mit Jahreszahlen und unverständlichen Kürzeln beschriftet waren. Barbara ließ es bei einem ersten Blick bewenden. Vom Schreibtisch allerdings wollte sie nicht lassen. Zuerst nahm sie die zuoberst liegenden Lieferantenrechnungen in Augenschein. Da sie kein frisches Paar Latexhandschuhe mehr dabeihatte, schob sie die Papiere mit ihrem Kugelschreiber auseinander und stellte fest, dass auch Rechnungen für *La moda* dazugehörten. Die einzelnen Posten waren sowohl in Italienisch als auch in Deutsch aufgeführt, wobei sich die Übersetzung durch das Fehlen von Umlauten auszeichnete. Aussteller der Rechnungen war die Firma *Abbigliamento internazionale S.p.A., Zona industriale, Secondigliano, NA.*

Barbara nahm ihr Taschentuch, um die Schubfächer zu öffnen. Das Chaos setzte sich fort. Diverse Unterlagen, Kabel für den PC, ein paar Fotos, die ihn als Jugendlichen mit Basecap und nacktem Oberkörper irgendwo an einem Strand zeigten, geküsst von mehreren Mädchen, eine offene Schachtel mit Stickern vom *Meli-Club* und vom *LT*, eine Blechdose mit Blättchen und ein bisschen Dope, und in der untersten Lade fanden sich eine Tauchbrille und ein einzelner Badeschuh. Etwas ordentlicher ging es im zweiten Schubfach von oben zu, in dem, neben anderen Papieren, zwei Mappen mit Kontoauszügen lagen. Vorsichtig schlug Barbara die Mappe mit dem *Commerzbank*-Logo auf und blätterte, so gut es mit dem Kugelschreiber ging. Schon auf dem zweiten Ausdruck fand sie etwas, das sie sofort innehalten ließ: Zwei Bareinzahlungen im Laufe einer Woche, eine über 14.500, eine über 13.000 Euro. Es sah ganz danach aus, als hätte Ricardo das Geldwäschegesetz gekannt.

In dem Haus, in dem sich soeben der zweite Akt einer Familientragödie abgespielt hatte, war es still wie in einem Grab. Barbara versiegelte das Zimmer, dann stieg sie die Treppe hinunter. Im zweiten Stockwerk ging eine Tür auf, und Lukrecija Medanauskas schwankte barfuß und im Rüschennachthemd auf den Gang. Sie sah wie eine Schlafwandlerin aus. Als sie Barbara wahrnahm, begann sie zu schreien. Die Tragödie näherte sich unaufhaltsam der Katastrophe.

Der Kastenwagen der Gerichtsmedizin war mit der Leiche bereits fortgefahren, doch die Zahl der Fahrzeuge und Menschen auf der Deponie hatte sich vermehrt: Feuerwehrwagen umzingelten einen Spezialwagen des THW, vor Ort waren auch zwei Busse der Bereitschaftspolizei, die gerade Suchmannschaften bildete, VW-Transporter der Spurensicherer vom Landeskriminalamt und zum allgemeinen Ärger der Ermittler ein Fernsehteam. Ein Hubschrauber kreiste scheinwerferleuchtend über dem Gelände und scheuchte die Parkentiner aus dem Schlaf. Uplegger setzte seine Partnerin bei einem Feuerwehrauto mit der Aufschrift *Atemschutz* ab. Er selbst wollte in der Dienststelle mit den angefallenen Schreibtischrecherchen beginnen. Bevor Barbara die Tür schloss, sagte sie noch: »Grässlich! Bestimmt tritt sich hier ein halbes Dutzend Einsatzleiter gegenseitig auf die Füße!«, was er mit einem Augenrollen quittierte. Als ein aufdringlicher Kameramann seine Kollegin ins Visier nahm, fuhr Uplegger so dicht an ihm vorbei, dass dieser fluchend zurücksprang. Barbara nutzte die Chance und enteilte.

Auf dem Weg glänzte gefroren die blutige Masse, in der unlängst noch Riccardos sterbliche Hülle gelegen hatte, und die Spurensicherer suchten mit gebeugten Häuptern Zentimeter für Zentimeter der Umgebung ab. Etwas hatten sie bereits gefunden, und Pentzien präsentierte es in zwei durchsichtigen Hüllen: ein leicht deformiertes blutbeflecktes Geschoss und eine Patronenhülse.

»Da die Hülse ausgeworfen wurde, wurde also eine Pistole benutzt«, dozierte er, als ob Barbara das nicht schon in der Polizistenkrippe gelernt hätte. Der Hubschrauber beleuchtete ein Stück Wegrain und drehte wieder ab. Am Himmel über

Rostock zeigte sich ein zaghafter früher Lichtstreifen. »Die Kurzwaffenmunition ist leider Massenware, 9-mm-Parabellum. Ich hab bäten mit der Lupe hantiert: Auf dem Hülsenboden befinden sich die Initialen GFL. *Giulio Fiocchi*, Lecco.«

»Italienische Munition?«

»Jo.«

»Dazu würde eine italienische Pistole passen. Was fällt mir da ein? Eine *Beretta*.«

»Möglich. Aber es gibt so viele Pistolen, mit denen man 9-mm-Para verschießen kann, da müssen die Ballistiker ran.«

»Lecco, ist das irgendwo bei Neapel?«

»Das musst du deinen Spezi fragen. Oder guck doch in den Autoatlas. Ich glaub, wir haben einen im Wagen.«

»Später. Habt ihr noch etwas in Elmenhorst gefunden?«

»Wir sind noch nicht fertig. Vor allem haben wir was eingesackt. Den PC und Papiere. Eine Skizze für den Polohof Kröner, den Entwurf einer Konzeption sowie einen Kreditantrag an die *Ostsee-Sparkasse*. Seine Vision scheint dem Jungen ziemlich ernst zu sein.«

Ann-Kathrin Hölzel nahm Barbara mit in die Dienststelle, wo diese sich sofort auf den Kühlschrank stürzte, nur um festzustellen, dass sie Nachschub brauchte. Noch während der Fahrt hatte Miriam Jegorow aus Güstrow angerufen. Die Journalistin hatte herausgefunden, wo Andriejus die letzten Stunden seines Lebens verbracht hatte: Im *Ristorante Pavarotti* mit einem Funktionär der Gewerkschaft Nahrung-Genuss-Gaststätten. Das Rätsel um die fehlende Zeit zwischen Feierabend und Verbrechen hatte eine simple Lösung gefunden, die Barbara enttäuschte.

Mittlerweile war es kurz vor zehn, und Uplegger führte nervenzehrende Telefonate auf Englisch. »Yes, yes, German Police«, erklärte er gerade. »From Rostock. Yes, the former G.D.R. Yes, yes ... Himmel!« Er warf Barbara einen verzweifelten Blick zu. »Mein Bildungsniveau steigt im Minutentakt; ich weiß nun, dass das lettische Innenministerium Latvijas Republikas Iekšlietu ministrija heißt, die Staatspolizei Valsts policija, ein Kriminalpolizist Detektīvs und die Division zur Bekämpfung von Wirtschaftskriminalität Ekonomisko noziegumu apkarošanas pārvalde. Ich weiß sogar, dass die in Riga in der Stabu iela 89 sitzen. Und was fange ich damit an? Niemand versteht mich.«

»Und jetzt?«

»Irgendwer stellt mich gerade zu irgendwem durch. Ich höre ein Volkslied. Na ... oh! Yes, yes, German Police. Yes, Rostock. You've been here? When? Yeah? It's nice, isn't it?« Er deutete auf einen Ausdruck, den er Barbara auf den Schreibtisch gelegt hatte. Sie las zuerst die handschriftliche Bemerkung: ›Lecco befindet sich in Norditalien, in der Lombardei, 50 km nördl. von Mailand. Der Ort im Süden heißt Lecce. Herzlich J.U.‹

»Hübsch«, sagte Barbara. Uplegger schnitt ihr mit einer heftigen Handbewegung das Wort ab.

»Sie sprechen Deutsch? Sehr gut.« Man konnte sehen, wie ihm ein Stein vom Herzen fiel. »Nein, ich bin nicht jeder. Ein Detektīvs von der Rostocker Polizei. Nein, ich kann kein Lettisch. Nein ... Ja ... Vielleicht ...« Er legte die Hand auf die Sprechmuschel. »Er will einen Beweis für meine Identität.«

»Scannen Sie doch Ihren Dienstausweis ein und schicken die Kopie als Mail-Attachment.«

»Gute Idee. – Wir stehen unter Zeitdruck, verstehen Sie? ... Natürlich bekommen Sie noch eine offizielle Anfrage von Iekšlietu ministrija zu Iekšlietu ministrija. Nein, wirklich, ich spreche kein Lettisch. Leider nicht. Es muss eine sehr schöne Sprache sein …«

Barbara widmete sich ihrer Lektüre: Die Firma *Fiocchi Munizioni* war 1876 in Lecco gegründet worden. Giulio Fiocchi, der noch in den Initialen auftauchte, hatte mit Kleinkalibermunition angefangen, 1930 – unter Mussolini – startete der Export. 1945 wurde das Werk durch Bomben zerstört, ein Jahr später begann der Wiederaufbau, und ab 1970 überrollte man den europäischen Markt. Mittlerweile betrieb *Fiocchi* Produktionsstätten in den USA, in Ungarn und seit 2008 in Großbritannien. Barbara war es etwas peinlich, dass sie von diesem Global Player im Geschäft mit dem Tod noch nie gehört hatte.

Uplegger hatte inzwischen seine Ausweiskopie nach Riga geschickt und erwartete, nervös an einem Bleistift kauend, den Rückruf.

»Heute trainieren wir beide unsere Fremdsprachenkenntnisse«, sagte Barbara und las vor: »Fiocchi Qualifications and Certifications of prestige attest the level of quality …«

Dann schrillte das Telefon. Barbara verließ den Raum. Auch sie hatte ein Ferngespräch zu führen, bei dem es womöglich lauter werden konnte, und sie wählte dafür den Apparat der Sekretärin. Es wurde ein langes Gespräch, arrangiert um den Kernsatz ›Wo ein Wille ist, ist auch ein Weg‹. Auch sie wurde hin und her und her und hin gestellt, und sie benutzte die gesamte Klaviatur ihrer sprachlichen Möglichkeiten: Sie war süßlich, schmeichlerisch, fordernd, grob. Am Ende machte sie Terror. Sie tobte und brüllte, sie drohte mit der Öffentlichkeit, mit Strafverfolgung, einer Meldung an die Bundesnetzagentur und beinahe mit Gottes Zorn. Endlich, Barbara war völlig durchnässt und sehr durstig, sicherte ihr ein stellvertretender Geschäftsführer zu, sie würde die Verbindungsdaten der gewissen Nummer umgehend erhalten.

Es stellte sich dann zwar heraus, dass umgehend keineswegs sofort bedeutete, aber da Uplegger mit spannenden Neuigkeiten aufwarten konnte, fasste sie sich in Geduld.

»Die lettischen Kollegen von Ekonomisko und so weiter befassen sich seit geraumer Zeit mit dieser Entsorgungsfirma, mit *B.C.I. Baltic Cleaning International A.S.* A.S. ist übrigens die Abkürzung für Aktiengesellschaft auf Lettisch. Interessant ist die Vorgängerfirma *MarBaChem*. Ich muss ein bisschen ausholen, aber es lohnt sich. Also, in den 50er und 60er Jahren hat die schwedische Papierindustrie ganz legal ihre Abfälle in der Ostsee versenkt. Rund 21 000 Fässer voll Quecksilber, mit Beton vermischt. Insgesamt zehn Tonnen reines Quecksilber, das nun die Umwelt bedroht: Tritt es ins Wasser aus, verwandeln Bakterien es in Methylquecksilber, das noch zwanzig Mal giftiger ist.«

»Ich meide ab sofort Ostseefisch.«

»Besser ist das wohl. Jedenfalls wird nun ja diese Ostsee-Pipeline gebaut, und die Betreiberfirma *Nord Stream AG* hat noch vor Baubeginn die *MarBaChem* beauftragt, in der Nähe der künftigen Gasleitung Giftfässer zu suchen und diese fachgerecht zu entsorgen. *MarBaChem* barg daraufhin mit einer sehr eigenen Definition von fachgerecht etliche Fässer und kippte sie einfach auf eine normale Deponie nahe der Hafenstadt Ventspils. Als die Behörden ihnen auf die Schliche kamen, verschwand die *MarBaChem* aus dem Handelsregister, um kurz darauf als *B.C.I.* wie Phönix aus der Asche wieder aufzuerstehen. *B.C.I.* gab sich eine Umweltcharta und räumte die Deponie – wofür das Unternehmen erneut kassierte. Und wo die rostigen und teilweise lecken Fässer diesmal geblieben sind …« Uplegger hob demonstrativ die Schultern.

»Auf Klassenfahrt in Parkentin.«

»So sieht es aus.«

In der Polizeikantine nahm Uplegger zur Feier des Tages das Schnitzel. Kollegin Ramme war schnell über die Straße gedampft, um sich den Flachmann zu holen, mit dem sie ihren Verdauungskaffee zu verlängern gedachte. Sie musste das nicht ansagen, sie wusste, dass er wusste – das übliche Spiel.

Während Uplegger sein Fleisch zersäbelte, warf er einen Blick auf die Liste, die der Netzbetreiber gemailt hatte, wobei er die mahnenden Worte seiner Mutter im Ohr hatte, dass man während des Essens nichts anderes tun solle als gut kauen und langsam schlucken.

Morten hatte Riccardos Handy benutzt, und die Funkwabe, aus der er angerufen hatte, befand sich südlich von Lübeck. Das Handy war noch immer dort. Vielleicht hatte er es weggeworfen.

Uplegger schob einen Bissen in den Mund und starrte auf eine weitere Liste mit den Rufnummern aller in den Fall verwickelten Personen. Dreimal hatte Morten das Mobiltelefon benutzt. Uplegger verglich die Listen. Der erste Anruf um 18:43 Uhr ging an eine noch unbekannte Person, der letzte an den Notruf. Dazwischen …

Uplegger stellte das Kauen ein.

Von 18:58 bis 19:01 hatte Morten Kröner mit Lukrecija Medanauskas telefoniert.

Barbara kam herein und ging schnurstracks zur Essensausgabe. Uplegger bekämpfte den Impuls, sofort aufzuspringen und zu ihr zu eilen. Als sie mit ihrem Tablett an seinen Tisch trat und er die Königsberger Klopse auf dem Teller sah, bekam er Sodbrennen.

»Sie sehen angefressen aus«, bemerkte Barbara denn auch.

»Hier!« Er legte beide Listen vor sie und tippte auf die Einträge. »Morten hat nach dem Mord …«

»Ich seh's!« Barbara vergaß Essen, Kaffee, Flachmann. »Im Winterhalbjahr schließt Frau Medanauskas *La Moda* 18:30 Uhr. Sie wird dann noch Kasse machen, Ordnung schaffen, was weiß ich. Der Anruf wird sie also im Laden erreicht haben. Dann ist sie zusammengeklappt. Wer aber hat sie gefunden, wenn der Laden zu war?«

Uplegger zuckte mit den Schultern. »Wichtiger ist für mich die Frage, warum Morten angerufen hat. Wenn er Riccardo erschossen haben sollte, dann wird er doch nicht der Mutter sagen wollen: ›Hey, ich habe soeben Ihren Sohn erledigt. Tut mir leid, aber es musste sein.‹«

»Überhaupt scheint mir die Tat für Morten erstaunlich professionell. Vielleicht war noch eine dritte Person dabei, jemand, der kaltblütiger ist als dieser Kiffer.«

»Könnte sein. Rauch zum Beispiel?«

»An den dachte ich auch. Er hat mit der Heuschrecke zu tun, die hinter *B.C.I.* steckt und die sein Loser-Unternehmen kaufen will. Er muss etwas von dem Giftmüll wissen.«

»Da ist noch das Kokain.«

»Eben. Erinnern Sie sich an den aufgeputschten Zustand, in dem er uns diesen blöden Witz erzählt hat? Vielleicht hatte er sich eine Line gegönnt, während wir mit Konwitschny redeten.«

»Wir besuchen ihn noch einmal.«

Barbara nickte. Sie aß etwas von den Klopsen und der Soße, hatte aber so recht keinen Appetit mehr. Während sich Uplegger um einen Wagen kümmerte, ging sie zu bella Ann-Kathrin und bat sie, den Inhaber der dritten von Morten gewählten Nummer zu ermitteln. Danach besuchte Barbara die Toilette und leerte den Flachmann.

Simon Rauch war an diesem Tag nicht in seinem Glaskasten erschienen, sondern hatte sich krank gemeldet, wegen erster Anzeichen einer heftigen Erkältung. Uplegger verkniff es sich, die Sekretärin zu fragen, wie ihr Chef anhand erster Anzeichen die Schwere einer Krankheit bestimmen könne.

Uplegger hatte den Weg zur Rauchschen Privatadresse per GPS erkundet, und während er die Speicherstraße entlangfuhr, ertönte *Lady Greensleeves* in Barbaras Handtasche. Das Kürzel *AnnKaH* auf dem Display entlarvte die Anruferin. Zwar hatte Ann-Kathrin den Teilnehmer von Mortens erstem Gespräch noch nicht identifiziert, aber sie hatte gleichwohl eine erfreuliche Nachricht, die Barbara sofort an ihren Chauffeur weitergab:

»Von den Leuten, die Sokolowski im 9511 gesehen haben will, fehlten uns bisher A: die verhuschte Person, B: die Frau in einer Art Uniform, C: die junge Frau, die in Hucksdorf eingestiegen ist und aussah wie alle jungen Frauen und schließlich D: der Mann mit unordentlichen Haaren, Zottelbart und einem Fahrrad in Papendorf. Richtig?«

»Wenn Sie schon bisher sagen … also, wer ist aufgetaucht?«

»Die Uniformierte kam gerade in die KPI spaziert, so nach dem Motto: Hallo, hier bin ich. Sie ist Stewardess auf der Fähre nach Gedser, heißt Gisela Möller, wohnt in Mistorf und war zum Seehafen unterwegs.«

»Und warum hat sie sich nicht früher gemeldet?«

»Weil die kleinen Mitarbeiter von Fährgesellschaften bis aufs Blut ausgebeutet werden. Erst an ihrem freien Tag hat sie die Zeitung gelesen und mitbekommen, was im Zug passiert ist.«

Rauch wohnte in einer Gründerzeitvilla am Stadtrand, über deren säulenbewehrtem Entree sich ein Balkon von der Größe einer Terrasse erstreckte. Sowohl im Erdgeschoss als auch hinter den Balkonfenstern brannte Licht. Uplegger betätigte die Sprechanlage neben dem schmiedeeisernen Tor, die mit einer winzigen Videokamera ausgerüstet war. Es dauerte nicht lange, da fragte eine helle Mädchenstimme: »Ja, bitte?«

»Kriminalpolizei.«

»Können Sie uns denn nicht endlich in Ruhe lassen?«

»Nein.«

»Mein Mann ist nicht da.«

»Macht nichts«, sagte Uplegger, obwohl es durchaus etwas ausmachte. Die Frau betätigte den Türöffner, und die beiden Kommissare betraten den leicht gewundenen, mit rötlicher Erde bedeckten Weg, der zwischen bereiften Bodenkoniferen hindurch zur Freitreppe führte. Ein Flügel der Doppeltür unter dem Vorbau wurde geöffnet, ein Junge von fünf, sechs Jahren und mit arabisch-nordafrikanisch anmutendem Gesichtsschnitt erschien und betrachtete neugierig die Kriminalbeamten.

»Papa ist nicht da«, erklärte er. Dann stürmte er aus dem Vestibül, vorbei an einer jugendlichen Frau, die wie ein Hausmädchen aussah, sich aber mit dem Namen Rauch vorstellte. Sie trug offenbar ihre legere Hauskleidung, Jeans und ein rotes Sweatshirt der University of Southern California, und auf sie traf Sokolowskis Wort von der verhuschten Person geradezu perfekt. Ihr Blick war unstet, es war ihr nicht gegeben, anderen Menschen in die Augen schauen zu können. Zierlich war sie und durchaus nicht hässlich und zweifellos etliche Jahre jünger als ihr Gatte. Schlank war auch Penelope, aber bei ihr bekam Rauch doch mehr Weib für sein Geld. Seine Ehefrau wirkte auf den ersten Blick wie die Prinzessin auf der Erbse, überempfindlich, launisch und egozentrisch, und gemahnte an ein flatterndes Vögelchen, das in der französischen Literatur des 19. Jahrhunderts zweifellos an Schwindsucht gestorben wäre. Viel, was sich in zarter rotgefleckter Blässe auflösen konnte, war sowieso nicht vorhanden.

»Süßer Junge«, schleimte Barbara, die Kinder nicht ausstehen konnte, Marvin ausgenommen.

»Ein libysches Waisenkind. Wir haben ihn vor einem Dreivierteljahr adoptiert.«

»Sie haben keine eigenen Kinder?«

»Simon schon.« Frau Rauch, sie hieß nach Aktenlage Dorothée, führte die Besucher in den »Salon«.

»Wir wollten schon lange ein gemeinsames Kind, aber Gebären verdirbt die Figur.«

Im »Salon« mischten sich die Stile. Uplegger unterschied im Stillen Biedermeier, Louis VI. und eben Gründerzeit. Ganz im Gegensatz zum hochmodern kühlen Büroschick der Kaviarfabrik ähnelte dieser üppig beladene Raum einem Antiquitätenmarkt. Der Schrei der Farben eines Gemäldes über der Ottomane war der Faustschlag auf dem »I« des Inventars: Ein Kentaur in Orange unterwies unter giftgrünem Himmel einen glutroten nackten Jüngling im Lyra-Spiel. Das mit »PP« signierte Bild war nicht jugendfrei, denn der Pferdemensch verschlang den Knaben mit seinem Blick.

»Sie kennen die Künstlerin?«

Dorothée Rauch verzog stumm das Gesicht, als hätte sie in eine Zitrone gebissen.

»Waren Sie nicht bei der Vernissage in der *Wollhalle*?«

»Was sollte ich da? Ich stamme aus München und bin quasi in der Alten Pinakothek aufgewachsen. Mein Vater ist Kustos für die Niederländer des Goldenen Zeitalters. In Mecklenburg finde ich nichts, was mich interessiert. Die Kunstmühle in Schwaan, nun ja, das ist alles ganz hübsch. Aber doch nichts, was mit Worpswede konkurrieren könnte.« Das sagte sie ganz ohne Leidenschaft.

Uplegger fühlte sich zum Widerspruch berufen. »Die Landschaften von Franz Bunke finde ich persönlich ganz ausgezeichnet. Ich meine, dass sich die Künstlerkolonien von Schwaan, Ahrenshoop und Hiddensee durchaus mit Worpswede und sogar mit Barbizon messen können. Außerdem haben wir Barlach.«

Barbara kürzte ab, indem sie fragte: »Sind Sie selbst Künstlerin?«

»Das nicht. Ich habe vier Semester Kunstgeschichte studiert.«

»Und arbeiten als …?«

»… derzeit als Ehefrau und Mutter. Das fordert mich genug. Und nun sagen Sie mir bitte, was ich für Sie tun kann?«

»Ist Ihr Mann nicht krank?«

»Nicht dass ich wüsste.« Sie zog an ihren schmalen, exakt manikürten Fingern, als wolle sie diese ausreißen. Ihre Lider zuckten, während die Augen hierhin und dahin rollten. »Er musste heute Vormittag überraschend auf Dienstreise.«

»Wohin?«

»Das weiß ich nicht.«

»Ihr Mann hat Ihnen nicht gesagt, wohin er so plötzlich reisen muss?«

»Er hat gar nicht mit mir gesprochen, sondern mir einen Zettel hingelegt. Ich habe ja noch geschlafen …«

»Ich denke, er ist am Vormittag aufgebrochen? Wenn Sie noch geschlafen haben, wer kümmert sich dann um das Kind?«

»Unser ukrainisches Dienstmädchen«, bekannte Frau Rauch.

»Wo ist der Zettel?«

»Den habe ich weggeworfen.«

»Was stand darauf?«

»Lieber Schatz, muss auf Dienstreise wegen der Russen. Rufe dich an. Küsschen, Küsschen, Küsschen. So ungefähr.« Abermals verzog sie das Gesicht. Wahrscheinlich schlief sie in seidener Bettwäsche, aber die Erbse tat ihrem Seelchen ganz schön weh.

»Er meint sicher den Verkauf von *Golden World* an *East Baltic Invest*?«

»Simon wird doch sein liebstes Geschöpf nicht verkaufen. Es geht um Investitionen. Die Firma heißt schließlich *Invest*.«

Zwischen dem Gründerzeit-Vertiko und der Biedermeier-Anrichte befand sich eine breite Schiebetür, die in diesem Moment langsam geöffnet wurde. Der Blick fiel in ein Esszimmer, aus dem nun der Knabe eintrat, ein Plüschkamel in der Hand.

»Hast du fein aufgegessen, Tamir?«, flötete die Adoptivmutter.

Tamir nickte und ging zum Rauchtisch, wo statt Tabakstäbchen eine Tafel Schokolade im großen Messingascher lag.

»Tamir bedeutet reich«, erklärte Dorothée. »Aber nur ein Stück, ja? Tamir, hörst du? Nur ein Stück! Du weißt, zu viel Schokolade ist ungesund.«

Vielleicht wusste er es. Er legte das Stofftier auf die Dielen, nahm die Tafel und zerbrach sie in der Mitte.

»Tamir!«, rief Frau Rauch, blieb aber sitzen. »Wir legen großen Wert auf gesunde Ernährung. Kein Fastfood, keine Cola, nur wenig Süßes. Ta-mir!«

Mit der halben Tafel rannte der Junge hinaus und überließ das Wüstenschiff seinem Schicksal.

»Ich glaube, unser Kindermädchen zieht nicht mit uns an einem Strang.« Erschöpft lehnte sich die Erziehungsberechtigte zurück.

Uplegger wechselte das Thema: »Sie gehen doch sicher auch mal aus, Frau Rauch?«

»Natürlich. Simon lädt mich gern zum Essen ein.«

»Und tanzen?«

»Selten. Zu selten.«

»Kennen Sie vielleicht einen Diskjockey namens Morten Kröner?«

»Ich kenne überhaupt keine Diskjockeys.«

»Mögen Sie das *Al Faro* in Warnemünde?«

»Einmal waren wir dort. Anständige Küche.« Das klang, als sei sie Besseres gewöhnt.

»Das *Piano nobile* am Alten Markt in Rostock?«

»Ja, da waren wir auch schon. Im Sommer.«

»Kennen Sie Andriejus Medanauskas?«

»Ist das nicht der junge Mann, der im Zug erstochen wurde?«

»Er war der Produktionsleiter Ihres Mannes!«

»Ja, ja, ich weiß. Schrecklich!« Der Ton verriet, dass ihr fremdes Elend vollkommen gleichgültig war. Wenn ein Mensch auf dieser Welt litt und leiden durfte, dann war sie es. Barbara tippte auf Migräne und ein wenig Endometriose als Gesprächsthema für den Frisörbesuch, denn über Kunst konnte sie sich bei ihrem hohen Anspruch wohl kaum mit Kleinstädterinnen unterhalten, über Unterleibsschmerzen immer; kaum eine Frau, die da nicht aufblühte.

»Frau Rauch, Sie haben doch schon Erfahrungen mit Hausdurchsuchungen?« Uplegger hatte sich mit dem Lächeln maskiert, das selbst steinerne Frauenherzen erweichen konnte.

Gespannt wartete Barbara, was nun passierte.

»Hören Sie auf damit! Daran will ich gar nicht denken. Ich meine, die Leute haben sich ja Mühe gegeben, aber wir haben trotzdem Stunden gebraucht, um Ordnung zu schaffen.«

»Wir?«

»Ich und unsere Putzfrau.«

»Aus der Ukraine?«

»Rumänien.«

Er stand auf, ging ein paar Schritte, nahm im Rücken der Frau Aufstellung. Das Lächeln machte einer frostigen Miene Platz, und scheinbar unvermittelt fragte er: »Sind Drogen im Haus?«

»Bitte?« Sie schmolz geradezu in dem klobigen Sessel, und Tränen füllten die Leere in ihren Augen. Barbara war begeistert.

»Ihr Mann nimmt doch etwas ein?«

»Manchmal ein Schlafmittel. Aber das sind doch keine Drogen. Ich muss Sie nun bitten zu gehen. Ich habe Tamir versprochen, mit ihm zu spielen.«

Jetzt war Barbara dran: »Was?«

»Wie meinen Sie das?«

»Was wollen Sie mit ihm spielen?«

»Na ja …« Dorothée Rauch schaute sich um, als könne das auf Hochglanz polierte Vertiko ihr eine Antwort einhauchen.

»Was er möchte … Lego.« Sie atmete auf. »Das ist pädagogisch wertvoll.«

Wieder Uplegger: »Um Ihnen eine weitere Durchsuchung zu ersparen, wiederhole ich meine Frage: Sind Drogen im Haus?«

»Hören Sie, ich …«

»Ja oder nein? Ehrliche Antwort oder mehrere Stunden Arbeit für Sie … und die Putzfrau.«

Sie schniefte: »Ein bisschen Kokain.«

»Für wen?«

»Na, für mich.« Dann bekam sie einen Weinkrampf. Barbara war selig und rief die Güstrower Kollegen an.

Die Szenebriefchen klebten hinter Penelopes Leinwand, was Barbara besonders gut gefiel. Ein Polizeiobermeister fotografierte, während Uplegger die in Alufolie gehüllten Päckchen sicherte und auf den Tisch legte, wo Barbara sie mit spitzen Fingern öffnete. Auch das nahm der POM natürlich auf, während sein Kollege, ein Kommissar, Frau Rauch zu trösten versuchte, die heulte wie ein Schlosshund. Immer wieder kam der verstörte Knabe in den Salon, immer wieder wurde er hinausgeschickt. Die Adoptivmutter war vollkommen überfordert: Tamir war für sie ein an-, aus- und aufziehbares Spielzeug, dessen Mechanismus im Moment nicht so reibungslos funktionierte wie gewohnt. Ohne das Kindermädchen, das seinen freien Nachmittag hatte, war sie dem Leben nicht gewachsen. Womöglich auch nicht ohne Koks.

Am Ende lagen vier oder fünf Gramm auf dem Tisch, eine Menge, die für eine Festnahme, aber wohl kaum für einen Haftbefehl reichte. Kein Richter schickte gern eine Mutter in den Knast, die den Kokainschatz ihres Mannes hütete und ab und zu davon naschte. Anders würde es aussehen, wenn man vier oder fünf Kilos fände. Vielleicht gab es irgendwo im Haus noch ein Depot. Drei Uniformierte suchten danach.

Barbara verließ ihren Platz und streckte den Rücken, den sie nach längerem Sitzen manchmal spürte. Sie legte eine Hand auf die Schulter der weinenden Prinzessin, die aber sofort zurückfuhr, als hätte sie etwas Ekliges berührt. Barbara nahm es gleichmütig zur Kenntnis und nickte zu dem Gemälde.

»Was stellt das Bild eigentlich dar?«

»Chiron unterweist Apoll im Spiel der Lyra.«

»Sieht aber aus, als wolle der Pferdemensch Apoll noch etwas anderes zeigen.«

»Na ja, Penelope Pastor hat es mit der Psychoanalyse. Alles, was sie malt, hat irgendwie mit Sex zu tun.«

»Sie hat auch Sex mit Ihrem Mann«, sagte Barbara brutal.

»Dieses Flittchen!«, stieß Frau Rauch hervor. »Wenn sie wenigstens etwas könnte!«

Als Barbara und Uplegger das Vestibül durchquerten, sahen sie Tamir auf der breiten Treppe ins Obergeschoss sitzen, mit schokoladenverschmiertem Mund und neben sich eine große Packung Grabower Negerküsse, die man so nicht mehr nennen durfte, wollte man nicht als Ewiggestriger dastehen. Barbara grinste, Uplegger machte die Daumen-hoch-Geste. Der Junge langte in die Packung und stopfte sich den nächsten Schaumkuss in den Mund.

»Dass Sie unsere Heimat verteidigt haben, hat mir gefallen«, sagte sie, während sie das Haus verließen. »Ich kann dieses Gerede, die Kultur in Mecklenburg sei hinterwäldlerisch, nicht mehr hören. Vor allem nicht von einer Tussi, die aus der bayrischen Provinzresidenz kommt.«

»Ich sage immer, Provinz hat etwas mit Herz und Hirn zu tun und nichts mit dem Ort, an dem man lebt. Auf dem Dorf können weltoffene Menschen wohnen und in einer Millionenstadt engstirnige und mediokre Typen. Absolut betrachtet, dürfte die Zahl der Spießer in Berlin weit höher sein als in Rostock.«

»Und in München erst mal. Dort leben keine Menschen, sondern Bayern.« Barbara zog ihr Handy aus der Manteltasche. Sie hatte es stumm gestellt und schaute nach Anrufen. Uplegger, ganz Weltbürger, hielt ihr das Gartentor auf.

AnnKaH hatte eine Nachricht auf der Mailbox hinterlassen. Barbara hörte sie ab, Uplegger öffnete für sie die Beifahrertür. Seine Charmeoffensive machte sie misstrauisch, aber es gab Wichtigeres, als ihn darauf anzusprechen.

»Auf dem Weg nach Rostock sollten wir einen Zwischenstopp einlegen«, sagte Barbara beim Einsteigen. »Und nicht, wie Sie jetzt sicher denken, an einer Tankstelle. Mortens erster Anruf ging an Rauch. Empfangen in Schwaan oder Umgebung. Rauch muss vor Schreck in Penelope steckengeblieben sein.«

»Na, na!«

»Sorry. Überraschen wir sie mit einem spontanen Besuch? Ich hab ja mit ihr sowieso ein etruskisches Hühnchen zu rupfen.«

»Ich kann nicht behaupten, dass ich mich darauf freue.«

»Aber ich. Avanti, popolo!«

Für die Fahrt nach Schwaan benötigten sie kein GPS. Barbara wies den Weg. Die Weihnachtskonifere auf dem Güstrower Markt erhielt gerade ihre Lichterkette; Kinder schauten den zwei Arbeitern auf der Hebebühne zu. In Neu Wiendorf überzeugte sich Barbara, dass die Aushänge im Schaukasten nicht geändert worden waren, und warf dann einen Blick auf das Grundstück: Ungefähr von hier musste das unscharfe Foto aufgenommen worden sein, das BILD veröffentlicht hatte.

Penelope Pastor ließ sich lange bitten. Schließlich kam sie doch aus ihrem Bau. Wieder trug sie das bekleckerte Fleischerhemd, und Farbe hatte sie auch im Haar und an den Händen. Uplegger nickte ihr zu.

»Sie kenne ich doch«, sagte die Künstlerin sofort. »Sie waren im Sommer hier mit ihrem bezaubernden Sohn und haben *Ohne Ausweg* gekauft.« Uplegger brummte eine Bestätigung. »Dass Sie ein Bulle sind, enttäuscht mich. Und, hängt das Bild noch?«

»Noch hängt es.«

»Prima. Ich bin mitten in der Arbeit und kann Sie nicht empfangen.«

»Viel zu tun?«, erkundigte sich Barbara. »Das Foto im Revolverblatt war gute PR, hm?«

»Ich habe damit nichts zu schaffen. Dahinter stecken irgendwelche Nachbarn, die Sie gesehen haben müssen.«

»Behaupten Sie allen Ernstes, die Aufnahme nicht bemerkt zu haben? Das halte ich für wenig wahrscheinlich. Außerdem kann ich mir nicht vorstellen, dass man mich für eine Polizistin hält. Aber Schwamm drüber! Wo ist Rauch?«

»Daher weht der Wind.« Penelope Pastor stieß einen Seufzer aus. »Ein für allemal, ich bin nicht der Terminkalender dieses Herrn.«

»Na, vielleicht etwas anderes. Haben Sie noch Ihren hervorragenden Wein?«

»Ich werde Sie also nicht los?«

»Wenn ich durstig bin? Nein.«

»Also gut. Bringen wir es hinter uns.« Sie öffnete die Gartenpforte und ging voraus zum Atelier. Das neue Werk war schon weit fortgeschritten: Ein gefesselter junger Mann mit nacktem rotbraunen Oberkörper wurde von einem Hund zerrissen, der gerade einen Arm davontrug, der Mann mit der Maske stand dabei und griff sich in den Schritt. Neben der Mischpalette lag aufgeschlagen Jungs *Symbole der Wandlung*, ein zur Hälfte geleertes Weinglas beschwerte die linke Seite. *Das Matriarchat. Mythen und Archetypen* war zu Boden gefallen, doch war ein neues Buch hinzugekommen, *Das Ich und die Abwehrmechanismen* von Anne Freud. Ein grüner Farbfleck zierte den blauen Umschlag. Die arme Sedna indes war auf die andere Staffelei verbannt, unvollendet, wie es schien, aber wer wollte das so genau wissen.

Uplegger und Barbara bekamen ein Glas in die Hand, dann setzte sich die Herrin des Hauses auf ihren Drehstuhl und pulte Farbe von den Fingern.

»Lassen Sie mich raten.« Barbara deutete mit dem Glas auf die Leinwand. »Phersuna II.«

»Oho, Sie haben sich näher mit meinen Arbeiten befasst.«

»Ich nehme großen Anteil an Ihrem Œuvre. Können Sie es mir erklären?«

»Kunst erklärt sich selbst.«

»Vielen Dank. Ich habe Ihrer Internetseite entnommen, dass phersuna etwas mit der Persönlichkeit zu tun hat und Sie sich mit Persönlichkeitsstörungen befassen. Haben Sie das nötig?«

»Es ist ein wichtiges gesellschaftliches Thema. Wir vernachlässigen alle unsere Seele, kümmern uns zu wenig um unseren emotionalen Wohlstand. Wenn der materielle steigt, nimmt der emotionale für gewöhnlich ab.«

»Gut zu wissen. Wenn das Zerfetzen von schönen Männerkörpern emotionalen Wohlstand schafft, dann ...« Barbara zwinkerte Uplegger zu, der sich sehr unbehaglich fühlte.

»Um ihn wäre es schade«, meinte Penelope. Er wurde sofort rot.

»Was hat es denn nun auf sich mit diesem Spiel? Es ist doch ein Spiel?«, insistierte Barbara.

»Phersu ist vermutlich ein etruskischer Unterweltdämon, und man nimmt an, dass die Römer ihre Gladiatorenkämpfe den Etruskern verdanken. Sie sehen ja, was passiert: Ein Maskierter hat einen Hund auf einen Gefesselten gehetzt. Wie bei jeder Form männlicher Gewalt gibt es einen sexuellen Hintergrund. Oder besser: Untergrund. Allerdings ist nicht ganz klar, ob es sich um ein gewöhnliches Bestattungsspiel handelt oder um die Hinrichtung eines Verbrechers zu Ehren des Verstorbenen.«

»Hinrichtung ist ein brillantes Stichwort. Wann haben Sie Riccardo Medanauskas zum letzten Mal getroffen?«

»Wen?«

Barbara bluffte: »Na, Ihren Koksdealer. Oder ist das Morten?«

Die derart Attackierte plusterte sich auf. »Hören Sie, ich habe keinen Dealer, weder für harte noch für weiche Drogen. Ich trinke gern Wein, aber damit hat es sich.«

»Hat denn Simon nicht mal ein bisschen Stoff mitgebracht? Für eine gepflegte Line am Kamin? Ich hab gehört, nach Kokaingenuss bekommt man einen kosmischen Orgasmus. Oder war es ein komischer?«

»Was Sie so hören! Und was Sie alles nur vom Hörensagen kennen …« Die Künstlerin grinste schief. Ihr linkes Augenlid hing herunter, was ihr das Aussehen einer Betrunkenen verlieh.

Barbara blieb cool. »Rauch war gestern bei Ihnen?«

»Nein.«

»Er hat um 18:43 Uhr auf seinem Handy einen Anruf empfangen. Hier bei Ihnen. Das ist technisch nachweisbar.« Bluff
Nummer zwei.

Endlich einmal wurde die Pastor blass. Für einen Moment
wich sie Barbaras Blick aus, ihr Brustkorb hob und senkte sich
stärker, und das Pulsieren der Ader an ihrem Hals wurde sichtbar. Jetzt befand sie sich in der Bredouille, aber die Irritation
währte nur kurz.

»Wir haben eine neue Ausstellung besprochen. Im Foyer des
Barlach-Theaters.«

»Also war er hier? Oder nicht? Oder doch? Ich nenne das
Salamitaktik: Scheibe für Scheibe einräumen, was wir beweisen
können.«

»Pfff!« Möglicherweise war das abfällig gemeint.

»Sie bleiben dabei, dass Sie kein Verhältnis zu Herrn Rauch
haben?«

»Ja.«

»Obwohl man Sie beim Knutschen beobachtet hat?«

Sie lachte. »Wer hat das? Und wo?«

»Wer ist egal. Bei der Rostocker Kunstnacht, vor der Galerie
Art's Art, in Rauchs Wagen.«

»Mein Gott, sind Sie naiv! Halten Sie jedes Knutschen für
ein Zeichen von Liebe? Oder glauben Sie sogar, dass dabei die
Kinder entstehen?«

»Nein, die bringt der Storch. Nun aber Klartext! Beschreiben
Sie mir en detail, was Sie zwischen gestern Abend um fünf und
heute Vormittag getan haben. Sagen wir, um es einzugrenzen,
elf Uhr.«

»Minute für Minute?«

»Sekunde für Sekunde! Und wehe, Sie vergessen etwas!«

»Tja … Gemalt, gegessen, geschlafen, gegessen, gemalt …«

»Mit Rauch die Ausstellung besprochen«, warf Uplegger ein.

»Oh, er kann sprechen!«

»Eigentlich bin ich Stotterer. Was geschah, nachdem Rauch den Anruf um 18:43 Uhr empfangen hat?«

»Nichts.«

»Frau Pastor!« Barbara hätte ihr am liebsten den Wein ins Gesicht geschüttet, den sie bisher nicht angerührt hatte. »Rauch wurde bei diesem Anruf informiert, dass einer seiner Komplizen ermordet worden ist. Da wird er ja wohl eine Reaktion gezeigt haben?«

»Was für ein Komplize?« Penelope wehrte sich noch, aber die Mauern ihrer Festung waren bereits unterminiert, denn nun hing auch das zweite Lid. »Er hat Geschäftspartner, keine Komplizen.«

»Er ist ein Verbrecher, und das wissen Sie. Seine Firma basiert auf Lug und Trug, und wir haben ihn in Verdacht, illegal Giftmüll importiert zu haben. Warum schützen Sie ihn? Damit er Ihnen ein paar Ausstellungen finanziert? Vergessen Sie es! Sie haben Ihren Hauptsponsor verloren. Aus und vorbei! Oder stecken Sie selbst mit drin?«

»Ein Mord, sagen Sie?«

»Ja, der zweite innerhalb weniger Tage. Jetzt hat es den Bruder des Mannes getroffen, der in der S-Bahn starb. Begreifen Sie? Eine Familie namens Medanauskas hat zwei Söhne verloren.«

»Das ist …« Penelope stürzte ihren Wein hinunter. »Und Sie sind sicher, dass Simon damit etwas zu tun hat?«

»Absolut.«

»Giftmüll, Morde?«

»Jaha!«

»Okay.« Sie schenkte sich nach. »Als er den Anruf bekam, war er völlig fertig. So habe ich ihn noch nie erlebt. Ich konnte mir bisher nicht vorstellen, dass ein Mensch innerhalb von Sekunden altern kann. Aber es geht … Plötzlich hingen seine Schultern, der Rücken wurde krumm – eine echte Metamorphose.« Sie sprang auf, lief durch den Raum, verschüttete Wein. »Ovid, das wäre auch mal ein Thema. Ich meine, ihn psychologisch auszuloten. Wie Nicolas Poussin …«

»Frau Pastor!«

»Pardon. Er sagte … fragte, ob er über Nacht bei mir bleiben könne, er müsse sich anlehnen, brauche Trost. Ich als Männertrösterin! Ja, aber weil er wirklich elend aussah … Er trank eine ganze Flasche, allein! Ja, und er nahm auch Koks. Das machte er manchmal, und er hat mir auch davon angeboten. Ein einziges Mal habe ich probiert. Ist nichts für mich. Wirklich nicht.«

»Haben Sie ihn mal gefragt, woher er den Stoff hatte?«

Penelope nickte und setzte sich wieder.

»Er hat gesagt, den gäbe es fast überall. Er kenne da ein Lokal, wo man es ihm über den Tresen schiebt. Mit dem Namen kann ich allerdings nicht dienen.«

»Wir haben so eine Ahnung«, sagte Barbara.

Uplegger fragte: »Er blieb also über Nacht?«

»Hm. Aber er schlief nicht. Ich habe ihm eine Bettstatt im Wohnzimmer gemacht. Da ist er die halbe Nacht auf und ab marschiert. Hat einige Male telefoniert. Ich hab wenig verstanden, die meisten Gespräche hat er auf Englisch geführt. Und er war an meinem Computer, ich habe nämlich die Windows-Fanfare gehört.«

»Das haben Sie ihm erlaubt?«

»Dass er an meinen PC darf? Eigentlich nicht. Heute habe ich endlich ein Passwort eingerichtet. Ich bin in diesen Dingen etwas nachlässig.«

»Was kann er auf Ihrem Computer gesucht haben?«

»Er war im Internet.« Sie senkte den Kopf. »Ich habe in der Chronik nachgeschaut. Er hat einen Flug gebucht. Klingt vielleicht unglaubwürdig, aber … nach Montevideo. Mit *Iberia* von Berlin aus.«

Uplegger entschlüpfte ein »Ach, du dickes Ei!«, was dazu führten, dass beide Frauen ihn anstarrten. Diesmal wurde er aber nicht rot, sondern erklärte seinen Ausruf: »Zwischen Deutschland und Uruguay gibt es kein Auslieferungsabkommen.«

»Was Sie alles wissen!« Barbara bedachte ihn mit einem anerkennenden Blick, dann wandte sie sich wieder an ihre Zeugin: »Wann hat Rauch Sie verlassen?«

»Es war so gegen fünf. Er ging klammheimlich, aber ich habe es gehört und auf den Wecker geschaut. Kein Wort des Abschieds. Immerhin hat er mir 400 Euro dagelassen, wahrscheinlich alles, was er bei sich hatte.«

»Ich nehme an, seine Flucht überzeugt Sie vollends, dass er viel Dreck am Stecken hat.«

»Ich habe keine Zweifel mehr. Dass ich mit dem Teufel frühstücke, war mir immer klar. Allerdings habe ich gedacht, mein Löffel sei lang genug.« Penelope Pastor wirkte jetzt sogar etwas traurig. »Na ja, was hilft's. Hier!« Sie hob Anna Freud an, und vier Banknoten kamen zu Vorschein, die sie ergriff und Barbara reichte. »Ich will das Geld nicht.«

»Weil Blut daran kleben könnte?«

»Weil ich mit meinen Bildern genug verdiene.« Sie leerte das Glas, stand auf, ging zur Tür. »Oder haben Sie noch was?«

»Im Augenblick nicht. Kommen Sie trotzdem morgen zur Vernehmung, wir müssen alles schriftlich festhalten.«

»Nur kurz noch«, schaltete Uplegger sich ein. »Sie haben gesagt, Simon Rauch wäre gegen fünf Uhr aufgebrochen. Laut seiner Frau ist er angeblich erst am Vormittag zu Hause aufgetaucht. Ich möchte Sie nicht verletzen, aber gibt es noch andere Frauen, von denen er sich verabschieden muss?«

»Simon?« Penelope lachte, ein trübes Lachen. »Seit wann nimmt einer wie er von seinen Frauen Abschied?«

Es war unmöglich, Kontakt zu bekommen. Der Feind störte den Empfang. Schwarze Autos fuhren vorbei. Es war bitterkalt, er fror erbärmlich. Ein wenig stolz war er aber auch: Es war ihm tatsächlich gelungen, die Kontrolleure auszutricksen und nach Hamburg zu gelangen.

Beim Verlassen des Hauptbahnhofs jedoch war er direkt diesen Männern in die Hände gefallen, die nun neben ihm auf der Bank am Bus-Port saßen und die Sangria-Flasche kreisen ließen, ab und zu beäugt von Polizisten. Sie nötigten ihn, auch einen Schluck zu nehmen, und weil er es sich mit ihnen nicht verderben wollte, nippte er wenigstens. Als er den Weltempfänger zur Hand genommen hatte, hatten sie ihn gezwungen, einen Hamburger Sender einzustellen. Nun dudelte Musik, und wenn er versuchte, die Senderwahl geringfügig zu ändern, erntete er Protest.

Diese Obdachlosen, diese Trinkkumpane, diese Junkies waren nicht unfreundlich, sondern von fast überschwänglicher Herzlichkeit gegenüber dem Fremden aus der Provinz, aber er wusste, dass sie Beauftragte waren. Ständig veränderten sich ihre Gesichter, wurden monströse Fratzen, nahmen die Züge von Ärzten, Pflegern, Nachbarn an – und die des Toten. Des Toten aus der S-Bahn.

Er biss die Zähne zusammen, biss sich die Lippe blutig. Der Feind hatte beschlossen, ihn verrückt zu machen.

Leichenwagen fuhren vorüber. Eine Polizistin schaute angewidert. Plötzlich krochen Würmer aus ihren Augen. Fast hätte er laut aufgeschrieen.

Irgendwann am Abend war die Erinnerung mit der Gewalt einer Sturzflut über ihn hereingebrochen. Sie hatte ihn aus dem Haus getrieben, hatte ihn zu Fuß von Sildemow zur Endstelle der Straßenbahn in der Südstadt gehetzt, ein weiter Weg, doch hatte er die Kälte nicht gespürt, sondern nur Angst. Er hatte seine Daunenjacke waschen wollen, hatte, bevor er sie in die Maschine steckte, sämtliche Taschen geleert, und da war es gewesen: das blutbefleckte Messer. Sein Messer.

Er hatte den jungen Mann erstochen. Er war es gewesen. ER!

Er sah es vor sich, wieder und wieder. Es war ein Feind. Einmal war er ihm bereits begegnet, in der Paulstraße, im Wartezimmer von Dr. Zimmer. Hatte der andere ihn damals schon durchschaut? Er wusste es nicht. Doch als er dann im Zug aufgetaucht war mit seinem Rucksack, als er ihm einen wissenden Blick zugeworfen hatte, da gab es keinen Zweifel mehr, dieser Mann war ausgeschickt worden, um ihn zur Strecke zu bringen. Die beiden Glatzköpfe in ihren Motorradjacken hatten es bestätigt. Die Stimmen hatten es bestätigt. Sein Gefühl hatte es bestätigt. Im Oberstock saß der auf ihn angesetzte Killer.

Er hatte getan, was getan werden musste.

VI Geld

Uplegger stand im Herrenklo der Dienststelle vor einem Spiegel und rasierte sich mit einem Einwegrasierer, der am Anfang so scharf war, dass er sich schnitt, und dann so rasch stumpf wurde, dass er sich Hautfetzen von den Wangen schabte. Die ganze Nacht war er auf den Beinen gewesen, denn auf Anordnung des Kripo-Chefs hatte es in allen Klubs, in denen Morten aufgelegt hatte, Razzien gegeben. Die Mordfälle waren nicht nur ihren Kinderschuhen entwachsen und hatten laufen gelernt, sie hatten angefangen zu rasen. Kurz nach zwei Uhr in der Frühe war die Nachricht eingetroffen, dass die polnische Polizei die Transporter der *B.C.I.* an einer Raststätte in der Nähe der litauischen Grenze aufgespürt, die Fahrer festgenommen und in einem Laster eine Pistole gefunden hatte, eine *Jarygin PJa*, laut Manfred Pentzien eine russische Polizei- und Militärpistole. Diese Nachfolgerin der *Makarow PM* war eingeführt worden, weil die Armeeführung beschlossen hatte, die NATO-Munition 9 mm *Para* zu benutzen.

Uplegger beseitigte die Spuren vom Schlachtfest mit einem Papiertaschentuch, so gut es ging. Gut ging es nicht. Er wusste, dass die *Dampframme* eine Anspielung machen und etwas von Streuselkuchen sagen würde, aber er war viel zu müde, um sich davor zu fürchten.

Barbara war ein echtes Phänomen: Gemeinsam mit den Kollegen vom Rauschgift hatte sie stundenlang Vertreter der Rostocker Jeunesse dorée verhört, die sich mit Dope, Speed oder Koks in Stimmung brachten. Ohne zu murren, sie war dabei sogar immer heiterer und scheinbar auch immer frischer geworden. Als Uplegger ins Büro zurückkehrte, rieb sie sich zufrieden die Hände.

»Mein Gott, was ist mit Ihrem Gesicht?«, rief sie.

»Rasierunfall«, murmelte er.

»Sie sehen ja wie ein Streuselkuchen aus! So kann man Sie gar nicht der Öffentlichkeit präsentieren.« Sie griff in eine Schublade und stellte ihm einen Flachmann vor die Nase. »Hier, das adstringiert, desinfiziert und mumifiziert.«

»Nein, danke.« Uplegger ließ sich auf seinen Drehstuhl plumpsen, der vor Altersschwäche aufschrie.

»Wir haben's«, jubelte Barbara. »Morten und Riccardo haben die Rostocker Szene mit Stoff versorgt. Nicht in der höchsten Liga, aber in der Kreisklasse waren sie Nummer Eins. Damit haben sie sich bei den wahren Herren des Drogenbusiness bestimmt keine Freunde gemacht.«

»Es geht also voran.«

»Oh, es kommt noch besser. Morten hat ja aus der Nähe von Lübeck angerufen, und da haben unsere Freunde von der Schutzpolizei die A 1 und die A 20 abgeklappert. Riccardos Handy lag in einem Müllbehälter der Raststätte *Auf dem Karkfeld*. Ziemlich unprofessionell. Außerdem habe ich mit dem Rettungsdienst telefoniert. Lukrecija Medanauskas ist nicht im, sondern vor ihrem Laden kollabiert. Offenbar hat Morten sie in dem Augenblick erwischt, als sie die Tür abschloss.«

»Etwas Neues von Rauch?«

»Nur Mist!« Barbaras Heiterkeit verflog. »Was haben wir Substanzielles in der Hand? Nichts. Der Mann kann fliegen, wohin er will. Als er um 22.35 Uhr in Madrid ankam, war schon ein Anwalt zur Stelle. Er hat also damit gerechnet, dass die spanischen Kollegen ihm ein paar Fragen stellen werden. Er war so nett und hat mit ihnen gesprochen – er hat die Angaben in seinem Pass bestätigt, und das war's. Sie mussten ihn ziehen lassen. Verdammter Rechtsstaat. Unter Franco wäre das nicht passiert.«

»Das war jetzt keine besonders qualifizierte Aussage …«

»Ja, kritisieren Sie mich ruhig. Die Vorstellung, dass sich der ehrenwerte Herr Rauch über dem Großen Teich befindet und Tequila schlürft oder Mezcal oder *Bloody Mary*, dat argert mi!«

»Dass er fliegt – oder die Getränke?«

»Äh, bäh … Schluss mit dem Greinen! Bereiten wir uns lieber auf unseren großen Tag vor. Vernehmungsraum 1 und 3 sind für uns reserviert. Ich habe für die Zeit zwischen acht und elf alle Zeugen bestellt, und ab eins stellen wir die Fahrt des 9511 nach, quasi als eine Art Trockenschwimmen. Der Zug bleibt auf dem Abstellgleis, aber alle setzen sich dorthin, wo sie in jener Nacht saßen, Sokolowski macht seine Runden, die Stationen werden angesagt, man steigt aus und ein und so weiter. Gunnar hat das arrangiert.«

»Und ich dachte schon, das wäre Ihr Einfall.«

»Nee, nee, ist es nicht. Aber er könnte von mir sein.« Mit einem verschmitzten Grinsen langte Barbara nach Stift und Papier. »So, wen möchten Sie übernehmen? Den sozialpädagogischen Widerling oder die likörtrinkende Oma? Oder gar Penelope?«

***

Christian Löffler langweilte sich. Er saß in einem ungemütlichen und wenig möblierten Büro, das sich die Bundespolizei mit der DB-Sicherheit teilte, und wärmte die Hände an einer Kaffeetasse. Sein Kollege war pinkeln, was überraschend lange dauerte, er schäkerte wohl wieder mit irgendeiner Bahntussi. Löffler war 22 und bereits frustriert. Seinen Job bei der Bundespolizei hatte er sich anders vorgestellt, weil er so naiv gewesen war, auf Hochglanzbroschüren zu vertrauen. Er hatte seine Haut zu Markte tragen und Abenteuer erleben wollen, tagtägliche Herausforderungen, einen ständig erhöhten Adrenalinspiegel. Ursprünglich hatte er zum Flugdienst oder besser noch zur GSG 9 gewollt, und bei der Einstellung hatte man gesagt, ihm stünden alle Wege offen. Doch bereits am Bundespolizeiaus- und -fortbildungszentrum Neustrelitz war ihm aufgegangen, dass der Mittlere Vollzugsdienst etwas für Weicheier und Warmduscher war, für Typen mit einem Büro im Gehirn; allein die vielen Vorschriften und Gesetze und das ewige Gerede von Demokratie und Bürgernähe hatten ihn genervt. Christian hatte noch nicht einmal die Waffe ziehen müssen. Er verkümmerte als Polizeiobermeister mit Besoldungsgruppe A 8 im öden täglichen Vollzugsdienst, bei dem er Säufer vom Bahnhof weisen, desorientierten alten Weibern den Weg zeigen und ab und zu dämliche Kids von den Schienen holen musste; es war ja schon Hochspannung, wenn Kupferkabel gestohlen wurden oder Züge im Schnee stecken blieben und die Fahrgäste durchdrehten. Die größten Höhepunkte waren die Heimspiele von *Hansa*, bei denen die Hooligans in Scharen anrückten und Bambule machten und er ihnen den Schlagstock zeigen durfte. Wahrscheinlich gab es sogar beim Bundespolizeiorchester mehr Spaß.

Jemand klopfte. Christian brummte ein »Herein!«.

Ein richtig süßes Mädel trat ein, auf dessen lila Sweatshirt mit dem Wort *Hingucker* die volle Wahrheit stand. Ihre enge Jeans war prall gefüllt und Christian merkte, dass sich in ihm manches regte. Nun war er froh, dass sich sein Kollege vom Acker gemacht hatte, der ohnehin immer nur vom Segeln schwadronierte.

»Sie wünschen?«

»Es geht um diese Sache im Zug.« Das Mädchen schien schüchtern zu sein und hatte dazu doch nun wirklich keinen Grund.

»Ja?« Um Sachen in Zügen ging es hier meistens.

»Wo dieser Mann ... ermordet ...«

Christian war sofort in innerer Habachtstellung. Der Mord im 9511 beschäftigte natürlich auch die Bundespolizei, und er selbst war dabei gewesen, als man die Tatwaffe gesucht hatte.

»Sie haben etwas gesehen?«

»Ich habe in dem Zug gesessen.«

Ruhig, Chris, ganz ruhig! Er wusste, ein paar Zeugen fehlten noch. Dass sich dieses süße Häschen ausgerechnet an ihn wandte, musste ein Glücksfall sein.

»Bitte, setzen Sie sich doch.« Er sprang auf und rückte ihr einen Stuhl zurecht, der so schimmlig wirkte wie die ganze Bahn hinter den Kulissen. »Wie ist Ihr Name?«

»Werden meine Angaben wirklich vertraulich behandelt?«

»Aber natürlich.« Er setzte sich, zog einen Kugelschreiber aus der Brusttasche, schlug das Wachbuch der DB-Sicherheit auf, in dem man die Telefonnummern der Mordkommission notiert hatte. Wenn er jetzt clever handelte, klappte es vielleicht mit der Versetzung zur Bundespolizeiinspektion Kriminalitätsbekämpfung hier in Rostock.

»Also?«

»Schwacke, Sandra.«

»Wie alt sind Sie?«

»19.«

Mann, Alter! Genau seine Kragenweite! Nur dass er mit seinen 1,67 m zu ihr würde aufschauen müssen, machte ihm zu schaffen. Das konnte er aber wettmachen, denn als Polizeibeamter hatte er eine Menge Läuschen un Rimels auf Lager; er konnte ihr praktisch das Leben erklären.

»Ich möchte nicht, dass meine Eltern erfahren, bei wem ich war«, sagte die Schöne.

»Bei wem waren Sie denn?«

»Bei meinem Freund. Ich wohne in Huckstorf und habe den Alten erzählt, dass ich in Güstrow eine Freundin treffe, aus der Schulzeit. Das stimmte aber nicht. Die dürfen nicht wissen, dass ich nach Ha-Er-O unterwegs war, dann ahnen die, wo ich gewesen bin. Mein Freund ist nämlich Grieche und fünf Jahre älter.«

»Ich schweige wie ein Grab«, gelobte Christian. Er war enttäuscht. Die besten Weiber waren immer schon vergeben, und dann noch an einen Griechen, an einen von diesen Typen, die nicht mit Geld umgehen konnten und nicht arbeiten wollten, weil sie den ganzen Tag Suzuki tanzten. Nee, so hieß das nicht, das war … egal.

»Ihre Eltern mögen keine Griechen?«

»Was denken Sie denn? Die leben noch immer halb in der DDR und erzählen dauernd, wie schlimm die Algerier waren.«

»Algerier?«

»Vergessen Sie's! Griechen, Algerier, Türken, Araber – alles, was dunkle Haut und schwarze Haare hat, ist für die eins.«

Christian Löffler blätterte im Wachbuch, nachdem er die Zeugin nach draußen geschickt hatte. Er stieß dabei auf einen Briefumschlag, der an ihn adressiert war: *Chrissi, bring das mal in die Dienststelle zu Kurt.* Wie er es hasste, wenn man ihn Chrissi nannte!

Auch wenn er die Schrift nicht erkannt hätte, so hätte er doch gewusst, wer ihm dieses Ei ins Nest gelegt hatte, nämlich Udo Backhaus, der fetteste und faulste Kollege im Bereich der Bundespolizeidirektion Bad Bramstedt. Der hatte in der Nacht Dienst gehabt und offenbar am Morgen keine Lust, irgendetwas irgendwohin zu bringen – das konnte ja Chrissi erledigen!

Löffler öffnete das Kuvert, das zwei Fotos und ein zusammengefaltetes, mit Kaffee und Dönersoße beflecktes Anzeigenformular enthielt. Backhaus und sein Begleiter, Pommes Friedrich, auch so ein Loser, hatten in Bützow einen Schwarzfahrer aus dem Zug geholt und die dazugehörige Anzeige ausgefüllt, mit der Hand und ohne Duden. Leistungserschleichung, Straftat nach § 265a StGB, was für ein Verbrechen! Die größte Herausforderung des Vollzugsdienstes: Schwarzfahrer mit dem Kugelschreiber abknallen! Manche von denen wurden alle paar Wochen erwischt, und sie lachten einem noch ins Gesicht, weil sie schon seit Anno Krug unterhalb der Pfändungsfreigrenze lebten.

Die Fotos waren auf der Rückseite mit dem Namen, dem Geburtsdatum und der Anschrift des Mannes beschriftet, der sich hatte ertappen lassen: Thomas Camps, 22.5.1974, 18059 Sildemow, In der Seekoppel 5.

Christian drehte die Bilder um. Beinahe fiel ihm das Frühstück aus dem Mund. Wenn er sich nicht irrte, war die BPOLI KB unverhofft in greifbare Nähe gerückt.

Sildemow, obgleich nur wenige Kilometer südlich von Rostock gelegen, erschien in keinem Reiseführer, und manch einer mochte wohl behaupten, dass sich dort nicht einmal Fuchs und Hase etwas zu sagen hatten. Barbara fand es eigentlich ganz hübsch. Der kleine Ort war ein Teil von Papendorf, und weil es ein Dorf war, sah es eben auch so aus: Eine Handvoll Straßen, ein Gutshaus, Bauerngehöfte und Einfamilienhäuser, Gärten und immerhin ein See gehörten dazu sowie das unvermeidliche Erschließungsgebiet, das nach der Wende entstanden war und den Charme extremer sozialer Kontrolle versprühte. Thomas Camps wohnte am Rande, nicht weit vom See.

Dass sie überhaupt hier waren, verdankten Barbara und Uplegger einem jungen POM von der Bundespolizei. Das Foto eines Schwarzfahrers hatte ihn stutzen lassen, und nachdem er es Sokolowski vorgelegt hatte, stand felsenfest, dass Camps der Mann war, der den 9511 in Güstrow bestiegen und in Papendorf verlassen hatte. Von dort war er dann offenbar nach Sildemow geradelt.

Zuerst hatte man den KDD nach Sildemow geschickt, Helmich und Krüger. Camps hatten sie nicht angetroffen, aber sie hatten sich umgehört bei aufmerksamen Anwohnern. In der Nachbarschaft galt Camps als eigenbrötlerisch und seltsam. Manchmal bekam er nachts einen Rappel und schoss in seinem Garten umher. Er benutzte wohl ein Luftdruckgewehr.

Die Kinder hatten Angst vor Camps. Es gab keinen bestimmten Grund dafür, er bedrohte sie nicht, schoss nicht auf sie, tat überhaupt nichts, aber Kinder hatten mitunter ein feines Gespür für Gefahr.

Manche Erwachsene nannten Camps verwahrlost und verrückt. Sie hatten gesehen, wie er auf der Straße mit sich selbst sprach. Sie hatten bemerkt, dass er in abgestellte Autos schaute. Was sie jedoch vor allem beunruhigte, war der Umstand, dass seit Monaten in seinem Haus kein Licht brannte, auch wenn er zu Hause war. Der Mann saß abends, saß nachts im Dunkeln. Nicht einmal die Schattenspiele eines Fernsehgerätes erfüllten die toten Räume.

Nachdem sie all dies von Helmich erfahren hatten, beschlossen Barbara und Uplegger, sich selbst ein Bild zu machen.

Das Haus in der Seekoppel unterschied sich von denen der Umgebung nur dadurch, dass es frischen Putz vertragen konnte; ansonsten war es ein gewöhnliches Einfamilienheim mit spitzem, ziegelgedecktem Dach. Es trug auch nicht diese hässlichen glasierten Ziegel, sondern solche, die Moos ansetzten, was gar nicht ungemütlich wirkte. Und trotzdem spürte Barbara sofort, dass mit dem Haus etwas nicht in Ordnung war. Sie glaubte nicht daran, dass Häuser eine unheimliche Ausstrahlung haben konnten, aber dieses hier hatte eine.

Es lag nicht an dem verwilderten Vorgarten und auch nicht an dem Gerümpel unter den nie beschnittenen Bäumen. Es lag nicht an den zerbrochenen Gehwegplatten. Woran aber lag es dann?

»Komisches Anwesen«, sagte sie zu Uplegger. »Mir läuft es kalt über den Rücken, ohne dass ich sagen kann …«

»Die Fenster.«

»Was?«

»Es sind die Fenster. Auch wenn es keine Gardinen gibt, ahnt man doch wenigstens das Dahinter. Hier nicht. Man sagt ja, dass die Fenster die Augen eines Hauses sind. Dies sind die Augen einer Leiche.«

»Richtig.« Barbara spürte, wie sogar ihre Fingerspitzen erkalteten. So etwas passierte ihr nur äußerst selten, und sie wandte sich zu Helmich und Krüger um. »Haben Sie sich schon auf dem Grundstück umgeschaut?«

Die beiden schüttelten den Kopf und gingen voran über die brüchigen Platten in den Garten, der seit vielen Jahren die Hand eines liebevollen Pflegers vermissen musste. An den Obstbäumen wucherten die Wassertriebe, den bereiften Boden bedeckten Äpfel und Birnen in verschiedenen Stadien der Fäulnis, eine rostige Harke streckte die Zinken nach oben. An der Hauswand lehnte ein Fahrrad, weiter links stand ein Schuppen aus roh gefügten Balken. Die Tür war nur angelehnt. Helmich zog sie auf, was ihm einige Mühe abverlangte, denn auch die Scharniere waren verrostet.

Neben allerlei Gartengerät und Werkzeugen, alles in desolatem Zustand, befand sich auch eine Werkbank mit einem Schraubstock in der Bude. Auf der Werkbank lag eine Plastiktüte von *netto*, die viel zu klein war für den Inhalt, den man in sie gestopft hatte: eine helle Daunenjacke. Auf den ersten Blick war zu erkennen, dass sie mit Blut befleckt war, das einen rostroten Ton angenommen hatte.

Barbara wandte sich an die Männer vom KDD: »Brechen Sie die Haustür auf!«

Uplegger ging zuerst ins Haus. Schon in der kleinen Diele schlugen ihm die Kälte und der muffige Geruch einer Gruft entgegen, sein Herz krampfte sich zusammen. In der Diele gab es kaum Möbel, eine Wandgarderobe, einen Garderobentisch, einen Schuh- und einen Besenschrank. Alles war zertrümmert, die Garderobe von der Wand gerissen. Kleidungsstücke lagen auf dem Boden, Schuhe waren verstreut. Aber das war es nicht, was ihm so zusetzte. Es war etwas anderes: Zwei Wände waren aufgestemmt und die Kabel waren herausgerissen worden. Der Sicherungskasten stand offen. Sämtliche Sicherungen fehlten.

»Oh, mein Gott!« Barbara war nun auch hereingekommen, und ihm war, als spüre er ihren Atem.

Von den drei zur Auswahl stehenden Türen öffnete er die erste links. War in die Diele noch Licht durch die Haustür gefallen, war der nächste Raum stockdunkel. Nach einem Lichtschalter zu tasten war unsinnig, also drehte er sich um. Helmich stand in der Haustür, erkannte sofort, was gebraucht wurde, und ging eine Stabtaschenlampe holen. Uplegger sagte kein Wort. Barbara sagte kein Wort. Auch das Haus schwieg.

Der zweite Raum war offenbar einmal das Wohnzimmer gewesen, aber auch hier sah es aus wie nach einer Naturkatastrophe. Uplegger ließ den Lichtkegel der Lampe über die zerschlagenen Möbel gleiten, über die aufgeschlitzten Sessel, über die aufgerissenen Wände. Lose Kabelenden ragten in den Raum. Der Fernseher war implodiert, die Stereoanlage lag in Trümmern.

Und die beiden großen Fenster zur Straße waren mit schwarzer Folie zugeklebt.

»Gehen wir wieder raus«, sagte Barbara. Uplegger nickte und folgte ihr. Im Vorgarten riefen sie die Spurensicherung.

Als die Kollegen eingetroffen waren, warteten Barbara und Uplegger draußen. Helmich und Krüger leisteten ihnen Gesellschaft. Wenn ihnen kalt wurde, gingen sie ein paar Schritte. Schließlich ergriff Krüger das Wort: »Ich weiß nicht … Mir ist ganz blümerant. Irgendwie paranoid. Ich habe das Gefühl, von überall beobachtet zu werden.« Er deutete in eine Straße der erst in den letzten Jahren errichteten Siedlung. »Wir haben nur wenige Leute angetroffen, denn wer hier gebaut hat, der hat in der Regel auch Arbeit. Und die meisten Carports sind ja auch leer. Trotzdem …« Er schauderte. Da er jung war, durfte er dergleichen nicht nur empfinden, sondern es auch äußern.

Helmich brummte vor sich hin. Uplegger sagte: »Es sind die Häuser. Wenn die Bewohner fort sind, wird man von ihren Häusern beobachtet.«

»Hey da, ihr faule Bande!«, rief Pentzien. Sie drehten sich dem Haus zu, von dem man nicht behaupten konnte, es werde von der Spusi auf den Kopf gestellt, denn das hatte vor ihr schon jemand getan. Niemand bezweifelte, dass es der Besitzer gewesen war. »Kommt mal her!«

Pentzien hatte eine kleine durchsichtige Plastiktüte in der Hand. Sie enthielt ein blutiges Messer.

»Das ist noch nicht alles. Ein Winterstiefel weist an der Sohle ebenfalls Blutspuren auf. Im Übrigen ist das ganze Haus verwüstet, und in jedem Raum wurden die Wände aufgestemmt. Ausnahmslos alle Fenster sind mit Folie verklebt. Hier wohnt ein Irrer, und wenn ihr euch noch zwei Minuten geduldet, liefere ich euch den letzten Beweis.« Pentzien trug die Tüte zum VW-Bus. Nachdem er das Fundstück verstaut hatten, kehrte er ins Haus zurück.

»Haben wir es also mit zwei Morden zu tun, zwischen denen es doch keinen Zusammenhang gibt?«, fragte Uplegger zwar laut, aber eigentlich nur sich selbst. Niemand antwortete.

Pentzien brachte einen blauen Müllsack heraus. Er stellte ihn auf eine gesprungene Gehwegplatte, hielt ihn mit der linken Hand und tauchte die rechte ein Stück hinein. Er sagte »Simsalabim!« und präsentierte auf der flachen Hand zwei Tablettenpackungen. Barbara musste die Augen zusammenkneifen, um die Namen der Medikamente lesen zu können. Eines hieß Tilidin. Das andere Seroquel.

»Schon wieder Pillen!«, stöhnte sie.

»Und was für welche. Dieser Camps hat sich eine pharmazeutische Sammlung zugelegt, und zwar zum selektiven Gebrauch. Tilidin ist ein starkes Schmerzmittel, das er offenbar gefuttert hat wie Schokolade, denn die Packungen sind leer. Das Seroquel hat er gemieden wie der Teufel das Weihwasser. Wenn ich mir sein Haus so anschaue, möchte ich allerdings viel nötiger behaupten, dass er es gehabt hat.«

»Was ist es denn für eine Medizin?«

»Man setzt es ein zur Behandlung der Schizophrenie.«

»Camps ist schizophren?«

»Ach wo. Schau dich mal um, das macht doch einen ganz gesunden Eindruck, oder?« Pentzien warf die Packungen zurück in den Müllsack. »Er hat seine Medikamente nicht genommen, versteht ihr? Das ist ein Zeichen dafür, dass ihm die Krankheitseinsicht fehlt. Drei uneingelöste Rezepte liegen auf dem Küchentisch, ausgestellt von einem Psychiater Dr. Zimmer.«

Uplegger machte einen Schritt zurück. »Wo hat der seine Praxis?«

»Paulstraße.«

»Das ist der Arzt von Andriejus Medanauskas!«

»Na, seht ihr? Da sind sich im 9511 zwei Geisteskranke begegnet. Noch Fragen?« Pentzien verschloss den Sack mit Klebeband und schrieb mit Filzstift eine Zahl darauf. »Nein? Dann gebe ich euch großzügig eine Antwort auf eine nicht gestellte Frage: Dieser Camps lebt augenscheinlich in einer Wahnwelt, und jetzt ist er irgendwo in der Pampa unterwegs. Dazu kann ich nur eins sagen, nämlich gute Nacht!«

Die nachgestellte Fahrt des 9511 hatte keine neuen Erkenntnisse gebracht, und das galt auch für die Vernehmungen, an denen Barbara und Uplegger gar nicht teilnahmen. Sie mussten Camps finden, bevor ihm die letzten Sicherungen durchbrannten; schließlich wussten sie weder, was in ihm vorging, noch was er vorhatte und wozu er fähig war.

Uplegger hatte sich mit Seroquel befasst und herausgefunden, dass es unter den Top 10 der verordneten Arzneimittel immerhin den neunten Platz beanspruchen durfte, dass die Kassen 33 Millionen Euro dafür aufbringen mussten und dass die Verordnungsquote im Vorjahresvergleich um 22 Prozent gestiegen war: Die Menschen der Leistungsgesellschaft drehten zunehmend durch. Dr. Zimmer hatte die chronische Schizophrenie als schreckliche, schicksalhafte Krankheit bezeichnet, deren Ursachen unbekannt waren und damit Uplegger in seiner Auffassung bestärkt, dass die menschliche Seele eine Terra incognita war – allen Behauptungen sogenannter Fachleute zum Trotz. Was nun Camps und auch Andriejus betraf, hatte sich der Psychiater erwartungsgemäß auf die Schweigepflicht berufen.

Dafür hatte Barbara ein langes und nervenzehrendes Gespräch mit der Mutter von Camps geführt. Unter Tränen hatte die in Wismar lebende Frau von der Krankheit ihres einzigen Sohnes berichtet: Wie er als Jugendlicher plötzlich seltsame Verhaltensweisen an den Tag zu legen begann, wie er manchmal tagelang sein Zimmer nicht verlassen wollte, wie er als Chemiestudent in Halle an seiner Angst vor den Kommilitonen gescheitert war. Sie hatte von Aufenthalten in der Psychiatrie erzählt, von dem Verlust sämtlicher Freundschaften, seiner und ihrer, von Drohungen, Wutanfällen, Rückzug und

Isolation. Seit zehn Jahren hatte sie ihren Sohn weder gesehen noch von ihm gehört.

Das Haus in Sildemow hatte er von einer Tante geerbt. Sie hatte es nie besucht, aus Angst vor dem, was sie dort erwartete. Ihr Mann war einmal in den kleinen Ort gefahren und hatte vor verschlossener Tür gestanden, aber er hatte gespürt, dass er nicht willkommen war. Längst hatten sie ihr Kind aufgegeben. Sie hatten es an die Krankheit verloren und waren selbst krank geworden, der Vater mit Krebs, die Mutter mit einer nicht weniger zerstörerischen Nervenkrankheit. Die Schizophrenie hatte alles zerstört, was ihnen einmal etwas bedeutet hatte. Beide warteten nur auf den Tod. Und der Tod ging um.

Immerhin hatte der Tag auch eine gute Nachricht parat: Morten Kröner war von der Polizei in Stade festgenommen worden. Einem Streifenbeamten war auf der Straße vor einem Einfamilienhaus der rote Pajero aufgefallen, der bei Kröners Flucht offenbar zu Schaden gekommen war. Als er nach Rücksprache mit der Dienststelle feststellte, dass der Wagen zur Fahndung ausgeschrieben war, klingelte er einfach an der Haustür. Morten, der bei einem früheren Schulkameraden Zuflucht gefunden hatte, folgte ihm widerstandslos. Einem einzelnen Beamten! Barbara konnte nur den Kopf schütteln. In Rostock hätte man zweifellos das SEK gerufen, aber in Stade machte man es vielleicht immer so.

Helmich und Krüger waren unterwegs, um ihn abzuholen, und Mortens Eltern waren heilfroh, obwohl ihrem Sohn nun eine harte, an Konsequenzen reiche Zeit bevorstand.

Es dämmerte bereits, und es schneite auch wieder, als Krüger anrief und durchgab, man verlasse gerade die A 20 an der Abfahrt Rostock-Südstadt. Barbara ließ es sich nicht nehmen,

Morten Kröner auf dem Hof der Dienststelle persönlich zu empfangen. Der junge Mann sah furchtbar aus. Sein Teint war aschfahl und gedunsen, dunkle Augenringe verwiesen auf die schlaflose Nacht, er zitterte am ganzen Leib.

Helmich verabschiedete sich, Barbara und Krüger nahmen Morten in die Mitte und führten ihn zum Fahrstuhl. Als die Türen sich öffneten, trat Gunnar Wendel heraus, gefolgt von einer Uniformierten. Wendel betrachtete Kröner für einen Moment, nickte Barbara anerkennend zu und ging in Richtung Kantine.

Uplegger hatte in Vernehmungsraum 3 alles vorbereitet. Das Tonbandgerät war angeschlossen, das Mikro getestet, Formblätter und Fotos vom Tatort lagen parat.

Kröner war dermaßen nervös, dass es kaum auszuhalten war. Uplegger belehrte ihn über seine Rechte und fragte, ob er einen Anwalt hinzuziehen wolle und ob er etwas gegen die Bandaufzeichnung habe. Morten schüttelte den Kopf – und begann, hemmungslos zu weinen.

»Herr Kröner, was haben Sie?«

»Ich … Riccardo … es …«

»Ja?«

»Ich bin fertig! Sehen Sie das nicht?«

»Der Mord an Riccardo hat Sie ziemlich mitgenommen?«

»Ja, was denken Sie denn?«, schrie Morten und sprang auf. »Sie haben mich gezwungen zuzuschauen.«

»Von wem sprechen Sie?«

»Vor meinen Augen …« Er fiel auf den Stuhl zurück, schlug die Hände vors Gesicht. »Ich musste … musste …«

Uplegger reichte ihm Papiertaschentücher und ein Glas Wasser, bevor er fortfuhr: »Bitte erzählen Sie der Reihe nach. Berichten Sie uns, was sich bei der Deponie ereignet hat.«

Morten schluchzte. Er trocknete die Wangen und schnäuzte sich, und das gnadenlose Tonband nahm die Geräusche auf.

»Wir ... Ich muss etwas ausholen.«

Upleggers Ton wurde fast väterlich: »Wir haben alle Zeit der Welt.«

»Okay, ich packe aus.« Erneutes Schnäuzen. »Also ... Es war Riccardos Idee.«

Natürlich, dachte Barbara und schwieg. Auch Uplegger sagte nichts.

»Das mit den Drogen. Er hatte da Verbindungen ins Baltikum, über die Verwandten seiner Mutter.«

»Moment!«, rief Barbara. »Das müssen Sie zum Mitschreiben wiederholen.«

»Sie schreiben doch gar nicht.«

»Was ist mit diesen Verwandten?«

»Na, ich kenne die nicht. Aber sie können Drogen besorgen. Cannabis, Koks, Heroin, Speed, was Sie nur wollen.«

»Wusste Frau Medanauskas ...?«

»Die? Na klar! Von Anfang an.«

»Nein!« Barbara schlug mit der flachen Hand auf den Tisch; ausnahmsweise war sie es, die ihre Gefühle nicht unter Kontrolle hatte. »Frau Medanauskas hat etwas mit Drogen zu schaffen? Wie das denn?«

»Sie ist der Kopf.«

»Herr Kröner, wenn Sie uns auf den Arm nehmen wollen ...«

»Nein, nein!« Mortens Handbewegungen wurden wieder fahriger. »Was glauben Sie, mit welch harten Bandagen in der Gastronomie gekämpft wird? Wie schwer es ist, eine Familie von einer Gaststätte in einem Seebad zu ernähren, wo man aufs Saisongeschäft angewiesen ist? Das *Al Faro* läuft gar nicht gut und auch die Boutique …«️ Er hob die Schultern und ließ sie abrupt fallen. »Vater Medanauskas mag ein leidenschaftlicher Koch sein, aber vom Geschäftlichen versteht er nichts. Da immer genug Geld da war, hielt er sich für einen erfolgreichen Gastwirt. Eigentlich war es Wahnsinn, noch ein zweites Lokal zu eröffnen.«

»Herr Medanauskas weiß nichts von den Drogen?«

»Er ist vollkommen ahnungslos. Glaube ich jedenfalls.«

»Und Andriejus?«

»Nein, der auch nicht. Das wäre gar nicht gegangen. Ihn einzubeziehen, meine ich. Der war doch so ein Moralapostel, der hätte es sicher verhindert. Vielleicht wäre er sogar zur Polizei gerannt. In guter Absicht natürlich.« Morten verzog das Gesicht. »Er war ja so voll guter Absichten«, sagte er spöttisch. »Ein Gutmensch eben, wenn man einmal von dem absieht, was er Claudia angetan hat. Für mich war dieses Ich-bin-ja-so-gut-Getue immer ein Zeichen von Macke. Von Neid, Eifersucht, dauernder Angst vor dem Versagen … völlig plemplem.«

»Und Lucrezija Medanauskas hat den Drogenhandel organisiert?«

»Nein, nein, das war Riccardo. Sie hat aber die Anschubfinanzierung geleistet. Er war dann vor ein paar Jahren in Riga und hat sich dort mit seinem Onkel getroffen. Und mit zwei Cousins. Sie haben den Deal eingefädelt. Abnehmer gibt es genug, jedenfalls in den Klub. Wir haben dann hier eine dichte Vertriebsstruktur aufgebaut. Für die gehobeneren Schichten war das *Piano nobile* da. Riccardo arbeitete ja an bestimmten, festen Tagen im *Piano*, und da ging dann vor allem Koks über den Tresen. Besser gesagt, über die Klospülung.«

»Sind Sie nicht anderen Dealern ins Gehege gekommen?«

»Es gab eine Absprache. Das haben die Leute in Lettland geregelt. Wir haben nur verkauft.«

»Und Ihren Anteil kassiert.«

»Logisch.«

»Woher kommt der Stoff?«

»Na, aus den Anbauländern.«

»Kokain kann man nicht anbauen.«

»Ich weiß nur, dass das Material über Russland bezogen wurde. Da sind auch die Labors. Einer von Riccardos Cousins hat eine Spedition, das Zeug kam auf dem Landweg. Da wurden auch Zöllner bestochen und so. Es wurde auch mal ein Laster aus dem Verkehr gezogen, aber das war nur Theater. Für irgendwelche Chefs beim Zoll oder der Polizei, die sich nicht schmieren lassen. Ein kleiner Fahndungserfolg sollte sie ruhigstellen.«

»Ist Rostock ein so lukrativer Markt?«

»Wir waren auch im Umland tätig, eigentlich in ganz Westmecklenburg. Und wir wollten expandieren. Wenn Claudia wirklich nach Berlin gegangen wäre oder nach Hamburg ...«

Abermals füllten Tränen seine Augen, und seine Hände flogen.

»War sie involviert?«

»Nein, das nicht.« Er ließ den Kopf hängen. »Ich hab Scheiße gebaut. Wir hatten ein paar Schüler, die für uns gearbeitet haben. Es war kein Problem, sie in den Klubs zu rekrutieren; die haben regelrecht darauf gewartet, dass so etwas passiert. Na ja ... ein Junge ... Henning hieß der.« Morten räusperte sich. »Er war Claudias Liebling, weil er so gut in Englisch war. Der konnte sogar Geschichten auf Englisch schreiben! Er hat sie manchmal besucht, um über seine Texte zu reden. Ich hab ihn in ihrer Wohnung angeheuert, als sie mal für kleine Mäd-

chen … Ein verdammt begabter Hund, hat die ganze Borwinschule versorgt. Aber dann passierte auf der Klassenfahrt so
eine blöde Sache …«

»Wir wissen davon. Und Berlin respektive Hamburg waren
fortan passé.«

»Nicht unbedingt. Wir hätten schon einen Weg gefunden.
Aber Riccardo konnte ja den Kanal nicht voll kriegen.«

»Was heißt das?«

Morten liefen die Tränen wie Wasser über die Wangen,
sammelten sich am Kinn und tropften von dort auf die Brust.
Barbara und Uplegger verständigten sich mit einem Blick und
legten eine Pause ein. Uplegger besorgte belegte Brote, Barbara suchte Gunnar Wendel auf, damit dieser zwei Haftbefehle
erwirkte.

Sie gaben Kröner eine Viertelstunde, um sich zu sammeln.
Uplegger kredenzte ihm die Brote, die er aber nicht anrührte. Stattdessen trank er eine Tasse Kaffee, wobei seine Hände
derart vibrierten, dass die schwarze Flüssigkeit über den Rand
schwappte, sogar über den der Untertasse.

»Also: Inwiefern bekam Riccardo den Kanal nicht voll?«,
startete Uplegger die zweite Runde.

»Irgendwann vor dem Sommer … es ist noch nicht lange
her …« Morten säuberte sich die Finger. »Riccardo meinte, man
könne noch viel mehr verdienen, wenn wir etwas von dem Stoff
abzweigen und auf eigene Rechnung verkaufen würden. Ich
war dagegen, weil das zu gefährlich sei. Aber er … er hatte eben
Blut geleckt. Wenn man Kohle hat, will man immer mehr.«

»Sie auch?«

»Na ja … ich hab ja Projekte!«

»Also begannen Sie, etwas abzuzweigen.«

»Ja. Es kam eine größere Lieferung. Riccardo hat sich den Passat seines Bruders geborgt ... Das hat er öfter gemacht. Fand er cool, weil Andriejus über jeden Zweifel erhaben ist. War. So dachte er. Wenn Andriejus bei der Arbeit war, hat er auch einfach den Ersatzschlüssel genommen und den Wagen vom Parkplatz geholt. Das wollte er auch machen, nachdem der ... nachdem das in der S-Bahn passiert ist. Doch Sie waren schneller.«

»Eine größere Lieferung war avisiert«, erinnerte Uplegger.

»Riccardo und ich nahmen sie in Empfang.«

»Wo?«

»In Parkentin. Bei der Deponie.« Ein Aufstöhnen folgte, aber keine Tränen.

»Warum dort?«

»Weil die Lieferungen mit den Müllwagen kamen. Clever, oder?«

»Erklären Sie das genauer.«

»Sie kennen diese Firma? *B.C.I.*? Die früher *MarBaChem* hieß?«

»Und ob!«

»Dann wissen Sie auch, wer in der Geschäftsführung sitzt? Als Stellvertreter? Der eigentliche Geschäftsführer ist nur ein Strohmann?«

»Nein, wer sitzt denn da?«

»Na, der Onkel. Frau Medanauskas' Bruder.«

»Das hört sich ja richtig mafios an«, bemerkte Barbara.

»Das ist Mafia, Frau ... Kommissar«, sagte Morten. »Letten, Russen und was weiß ich, was da alles noch im Boot sitzt.«

»Italiener auch?«

»Nee, davon weiß ich nix. Das glaube ich aber nicht.«

»Bleiben wir noch einen Augenblick bei der Deponie. Sie wissen, dass Gift mit diesen Müllwagen transportiert wurde?«

Morten nickte.

»Das war aber allein die Sache von Riccardo und seiner Mutter. Diese Frau ist unendlich gerissen; sie passt eigentlich gar nicht zu ihrem weichlichen und naiven Mann. Aber die beiden lieben sich …«

»Diese Liebe wird bald auf eine harte Probe gestellt«, konstatierte Uplegger. »Wissen Sie, wie das Müllgeschäft zustande kam?«

»Riccardos Mutter hatte erfahren, dass Simon Rauch, der Chef von …«

»Den kennen wir!«

»Okay. Dass der sich im *Piano* mit Koks versorgte, wusste sie von Riccardo. Und von ihrem anderen Sohn wusste sie, wie es um Rauchs Firma stand und dass er bei diesem Güstrower Entsorgungsunternehmen ein hohes Tier war. Sie hat ihn angerufen und ins *Al Faro* eingeladen. Seit jenem Abend bekommt er seinen Koks umsonst.«

»Und seitdem kam Quecksilber nach Rostock. Als Bauschutt deklariert.«

»Genau.«

»Und worin bestand nun Riccardos Einfall?«

»Wir taten eines Tages so, als hätten uns die Konkurrenz oder einfach ein paar irre Jugendliche den Stoff abgenommen. Und dann haben wir ihn auf eigene Rechnung vertickt.«

»Aber das ist idiotisch!«, sagte Barbara. »So ein alter Hut! Das glaubt doch kein Mensch, und die Mafia gleich gar nicht. Wie kann man nur so blöd sein!«

»Sträflich blöd«, würgte Morten hervor. Dann schwieg er eine Weile. Sein Adamsapfel tanzte auf und ab, als würde er verzweifelt versuchen, einen neuen Weinkrampf hinunterzuschlucken, bevor er fortfuhr: »Es war ein Todesurteil. Man wartete nur auf eine geeignete Gelegenheit. Und als Andriejus … umkam, war die Gelegenheit da.«

»Wer ist man?«

»Der Onkel. Tarvainas. Seinen Nachnamen habe ich nie erfahren. Und dessen Söhne, Ubaldas und Cezaré … Ich hatte eine ganze Nacht Zeit zum Grübeln. Hab mich gefragt: Warum jetzt? Warum nicht vor zwei Monaten? Oder schon im Sommer? Was in der S-Bahn geschah, hat ihnen ganz offenbar in die Hände gespielt. Haben Sie nicht sofort einen Zusammenhang zum Tod von Andriejus vermutet?«

»Vielleicht. Was genau geschah gestern Abend?«

Morten atmete tief durch. Er war jetzt ruhiger und schien erleichtert.

»Ich habe Riccardo in Warnemünde abgeholt. Er kam aus dem Laden seiner Mutter, wo er manchmal Stoff und Kohle gebunkert hat. Dann sind wir nach Parkentin gefahren, um Koks, Marihuana, Haschisch und Amphetamine entgegenzunehmen. Mir war nicht wohl dabei. Ich weiß nicht, aber nach der Sache mit Andriejus … Na, egal, wir sind also hin. Normalerweise lief es so, dass uns die LKW-Fahrer den Stoff übergeben und den Gewinn entgegengenommen haben.«

»Haben Sie das Geld in einer Laptoptasche transportiert?«

»Ja.«

»Wieviel?«

»Zweihundertzwanzigtausend.«

»Und Ihr Anteil belief sich auf …?«

»Je zwanzigtausend.«

»Das ist ja weiß Gott nicht viel!«

»Wir haben hier in Meck-Pomm nicht den ganz großen Markt, verstehen Sie? Deshalb wollten wir ja expandieren.«

»Dann wären Sie aber anderen Bossen ins Gehege gekommen«, sagte Barbara.

»Was war gestern Abend anders als sonst?«, fragte Uplegger.

»Es waren nicht nur die Mülllaster da, sondern auch ein Mercedes SL mit einem weißen LV auf blauem Grund unter den EU-Sternen. Normalerweise haben die Letten zwei Buchstaben, dann einen Bindestrich und eine Ziffernfolge. Aber auf diesem Kennzeichen stand COWBOY.«

»Die Angeberkennzeichen eines Angeberautos. Mann, Morten, wären Sie doch gleich zu uns gekommen, dann hätten wir die noch vor der polnischen Grenze festgenommen. Wer war denn in dem Wagen?«

»Ubaldas und Cezarė.«

»Riccardos Cousins?«

»Ja. Und sie kamen gleich zur Sache. Ubaldas sprach gebrochen Deutsch, damit auch ich was davon hatte.« Ein paar Tränen kullerten über sein Gesicht. »Sie haben uns beschimpft, dann haben sie Riccardos Hände mit Kabelbindern gefesselt. Er musste sich auf den Boden legen, Ubaldas hat ihm Wasser eingeflößt, und dann … dann …« Er gab einen gurgelnden Laut von sich und blickte Uplegger und Barbara mit schreckgeweiteten Augen an.

»Cezarė hat ihm … er hat seinem Cousin … es war so … ich wäre beinahe ohnmächtig geworden.«

»Man zwang sie zuzusehen?«

»Ja«, hauchte Morten. »Um mich einzuschüchtern. Denn das Geschäft soll ja weitergehen.«

»Warum hat man die Leiche einfach liegengelassen? Das war doch dumm.«

»Ich sollte mich um sie kümmern. Sie in meinen Pajero laden und irgendwo … Aber das konnte ich nicht.«

»Haben Sie Drogen in Empfang genommen?«

Er schüttelte den Kopf.

»Herr Kröner, wenn das Geschäft weitergehen soll, müssen Sie es getan haben. Alles andere wäre absurd.«

»Ich bin mit meinem Wagen zu … zur … Also ich hab so getan, als würde ich rückwärts in diesen Feldweg stoßen … Aber ich bin abgehauen. Wie ein Irrer abgehauen. Gerast, gerast, gerast. Erst auf der A 20 bin ich wieder zu mir gekommen, weil ich gegen die Leitplanke geschrammt bin.«

»Ohne den Stoff?«

»Ich schwöre es Ihnen.«

»Sind die Ihnen nicht gefolgt?«

»Das weiß ich nicht. Aber wenn, dann haben sie mich bald verloren. Sie kennen sich in der Gegend doch gar nicht aus.«

»Gut.« Barbara verschränkte die Finger und ließ sie knacken. »Und das haben Sie alles für Geld getan, Herr Kröner? Für Ihren Traum von einem Polohof? Zwanzigtausend Piepen …«

»Rostock ist keine Drogenhochburg. Noch nicht.«

»Das klingt ja wie eine Drohung.«

»Ist aber eher Prophetie.«

»Na, wir sind ja auch noch da.« Uplegger streckte die linke Hand nach dem Tonbandgerät aus. »Riccardo war es natürlich auch ums Geld zu tun?«

»Sie werden bestimmt lachen, aber ihm ging es eigentlich um was anderes.«

»Wollte er ab und zu seine Cousins sehen, oder was?«

»Es ging um den Vater. Riccardo wollte, dass der nach dem Fiasko in Neapel seine Träume und Illusionen nicht noch einmal aufgeben muss.«

»Mein Gott, wie sentimental!«, rief Barbara.

»Aber es ist wahr. Ich kenne keinen Menschen, der seinen Vater so liebte wie er.«

Hoffnung war sinnlos. Nur wer hoffte, konnte enttäuscht werden. Ein Pessimist sah vielleicht alles in dunklen Farben, aber enttäuscht werden konnte er nicht.

Thomas Camps hatte gehofft, bei einem seiner neuen Gefährten die Nacht verbringen zu können, aber niemand hatte ihn eingeladen. Von den Obdachlosen hatte er es natürlich nicht erwartet, aber wenigstens von diesem Junkie, der noch eine Wohnung hatte. René, so hieß er, war gerade einmal Mitte zwanzig, aber schon ziemlich kaputt.

Und so saßen sie noch immer am Bus-Port, die Zeiger der Uhr krochen auf zehn, und schon vor geraumer Zeit hatte ein gnadenloses Schneetreiben eingesetzt. Man hatte Geld zusammengekratzt, und einer, Peter, dessen Gesicht voller Schorf war, hatte im Hauptbahnhof eine Flasche Schnaps erstanden. Sie kreiste, und selbst er, der keinen Cent hatte beisteuern können, bekam sie vor die Nase gehalten. Diesmal trank er: einen kleinen Schluck gegen die Kälte der Nacht. Und dann noch einen großen gegen die Kälte im Herzen.

Camps hatte das Gefühl, einen Stein in der Brust zu tragen, so erstarrt war er und gelähmt vor Angst. Das Weltforum meldete sich nicht mehr, und er kam sich unendlich verlassen vor. Hatte man ihn abgeschrieben, weil er versagt hatte? Ergingen die Aufträge nun an andere? Er wusste es nicht.

Einmal noch wollte er versuchen, Kontakt aufzunehmen, um dann, wenn es wieder misslang, zu warten, bis man Kontakt zu ihm aufnahm – oder auch nicht. Dann war er verloren. Der Feind würde über ihn herfallen und ihn vernichten.

Camps griff nach dem Weltempfänger, der zwischen ihm und René auf der Bank stand. Irgendein Rapper sang gerade *Es ist ein Geben und Nehmen, so wie man es halt kennt / Du kannst nicht erwarten, dass dir dein Land irgendwas schenkt,* dann würgte er ihn ab.

»Ey, lass doch, das is cool!«, verlangte René. »Das's Harris, 'n Schwatter. Un'n deutscher Patriot.«

»Gleich«, sagte er und fummelte am Regler. Doch René sprang auf, entriss ihm das Radio, suchte den Sender.

… hab 'ne gesunde Portion Nationalbewusstsein …

René lief ein Stückchen fort zum Busbahnsteig, drehte sich um, hielt sich den Empfänger ans Ohr und lachte. Lachte ihn aus. Bekam das Gesicht von Dr. Zimmer. Bekam das Gesicht der Nachbarin, die ihn immer überwacht hatte. Bekam das Gesicht des Toten in der S-Bahn. Thomas Camps sah rot. Er schoss in die Höhe, schaute sich um. Neben der Bank stand ein großer stählerner Papierkorb. Er riss ihn aus seiner Verankerung. Plötzlich hatte er Bärenkräfte und stürzte sich auf René. Der lachend davonlief. Dem er den schweren Korb fast mühelos nachwarf. René ging zu Boden. Thomas schaute durch blutigen Nebel. Er rannte zu dem Liegenden, der stöhnte, ergriff den Papierkorb, schlug ihm den Schädel ein. Er wandte sich um, raste auf die anderen zu, auf Peter, auf Hannes, auf

Klopskopp. Sie schrien, fuchtelten mit den Armen. Irgendwo war ein Polizist. Mit dem Papierkorb drosch er um sich. Sirenen. Ein Streifenwagen. Drei Mann. Er schlug um sich. Er war stark. Ein weiterer Streifenwagen. Vier Mann. Rufe, Geschrei, knackende Knochen, Blut. Blut, Blut, Blut …

Zu acht rangen sie ihn nieder. Thomas Camps beugte sich der Übermacht und wehrte sich nicht mehr.

Sie lachten und brüllten durcheinander: »Versager! Nichts kriegst du auf die Reihe, du Loser! Nicht mal dein Studium hast du geschafft! Nichts, gar nichts! Du Null!«

Er hatte verloren. Aber das Weltforum würde siegen.

Epilog: Gefühle

Die Anspannung war von ihr abgefallen und hatte einer gewaltigen Leere Platz gemacht. Bisher hatte sie den Tag und halbe Nächte unter Menschen verbracht, jetzt war sie allein. Wie immer, wenn ein Fall gelöst war und der Kräfteverschleiß ein Ende hatte, spürte Barbara ihre tiefe Einsamkeit.

Sie öffnete den Kühlschrank und nahm eine Flasche Klaren heraus. Der Schraubverschluss leistete kaum Widerstand, den ersten Schluck trank sie noch in der Küche. Ihr wurde warm in der Brust, doch nach dem zweiten Schluck im Flur überrollte sie die Erinnerung.

Wie sehr Upleggers Bericht von der häuslichen Gewalt gegen Sandy Ball sie mitgenommen hatte, hatte sie unterdrückt. Vermutlich war der prügelnde Mann überfordert, Überfordert mit drei Kindern, von denen eines behindert war. Überfordert von sich selbst, seinen unbekannten Wünschen. Die Erklärung und Rechtfertigung für alles: Überforderung und zu hohe Ansprüche.

Im Wohnzimmer ließ sich Barbara auf die Couch fallen, stellte die Flasche auf den Tisch. Eine angebrochene Palette stand schon da. Prekariatsfusel zum Prekariatsbier, das sollte wohl reichen für einen Höllentrip in die Bewusstlosigkeit.

Wann sie aufgehört habe, Mama und Papa zu sagen, hatte Uplegger sie gefragt. Sie genehmigte sich einen ordentlichen Hieb. Solange sie sich erinnern konnte, hatte sie ihren Vater »den Alten« genannt, immer nur so und nie mit einem besitzanzeigenden Fürwort. DER ALTE! Vielleicht wären ihr andere, schlimmere Worte eingefallen, wenn der Alte nicht mit 45 gestorben wäre, krepiert an Leberkrebs, verdientermaßen elendiglich verreckt. Dieser ständig angetrunkene, ewig nach Suff, Schweiß, Urin und Hühnerkot stinkende und gewalttätige Mann, ihr angeblicher Erzeuger, hatte sie nie wirklich gesehen, weil sie kein Junge geworden war, kein Stammhalter oder was immer er erwartet hatte. Barbara riss eine Büchse auf. Sie hatte sich vollgefressen, hatte sich breit und immer breiter und damit unübersehbar gemacht, aber er hatte sie nicht wahrgenommen. Nur einmal, irgendwelche Saufkumpane aus der Eierfabrik waren zu Besuch, hatte er gesagt: »Dieses fette Ding ist nicht meine Tochter. Die muss der Esel im Galopp verloren haben.« Und um das zu unterstreichen, hatte er Mama ins Gesicht geschlagen. Nichts Besonderes. Alltag. Dazu war eine Frau seiner Ansicht nach da: Malochen, damit genug Geld versoffen werden konnte, Putzen, Kochen, Zuhören, wenn er in weinerlicher Stimmung auf alles und jeden schimpfte – und den Kopf hinhalten, wenn er zuschlug.

Hatte sie ihn gehasst? Nein: Obwohl sie ihn nie Vati oder Papa genannt hatte, hatte sie doch alles getan, um seine Aufmerksamkeit und seine Liebe zu erringen. Sie hatte ihm den Schnaps gebracht. Sie hatte seine mistigen Stiefel auf Hochglanz poliert. Sie hatte ihm zugestimmt, wenn er Mama eine Sau genannt hatte, was der unendlich wehgetan hatte. Natürlich hatte er sie dann angeschaut, hatte sie sogar gelobt, aber in Wahrheit war sein Blick durch sie hindurchgegangen, wie er durch alle Menschen hindurchging. Wahrscheinlich hatte er irgendwo hinter dem Tochtergespenst den ihm verwehrten Sohn gesehen, den er nie mehr würde haben können, weil der Alkohol ihn impotent gemacht hatte; das hatte sie aber erst nach seinem Tod erfahren, der so monströs gewesen war wie er selbst. Denn diesen Mann, ein Geschwür der Mutter Erde, hatten Geschwüre aufgefressen. Und wenn er sich vor Schmerzen krümmte, hatte sie auch noch Mitleid mit ihm gehabt.

Der Hass war erst später gekommen. Barbara kippte Fusel, bevor sie sich an die nächste Bierbüchse machte. Schaum quoll über ihre Hand. Es war ein rückwärtsgewandter, ein leichenschänderischer Hass, und er hatte sich nicht nur auf den Alten bezogen, sondern auch auf den Ort, an dem sie aufgewachsen war und den Mama mit ihr verlassen hatte, kaum dass er unter der Erde war: Hass auf Grevesmühlen, dieses Nest, diese Klitsche, dieses absurde Städtchen, in dem Kinder am Sonntag in ihren Sonntagsstaat gestopft wurden, nur für die Leute. Dann wurden die Kinder ausgeführt wie Hunde, dann wurden sie vorgeführt, und man musste höflich sein zu all denen, die einem über den Weg liefen, und man musste sagen, wie schön so ein Sonntagsspaziergang war, und man musste sagen, dass man gut war in der Schule. Apportieren musste man nicht.

Barbara schwankte zum CD-Ständer, riss eine Scheibe heraus, riss andere mit, die zu Boden fielen. Bruno floh in die Küche. Ihm reichte es schon, ihr noch lange nicht.

Hinunter musste sie, hinunter wollte sie, in die Dunkelheit, ins Vergessen.

Alles für die Leute, ein Leben nur für den guten Ruf. Für den guten Ruf putzte man die Fenster, stellte man Blumenkästen auf, harkte man ein 50-cm-Muster um die Gräber. Für den guten Ruf schminkte Mama ihre Wunden weg, nahm sie die Hand ihres Mannes, wenn er sich denn einmal zu einem Spaziergang bewegen ließ, und sie tat es, obwohl sie wusste, dass alle Leute wussten. Barbaras Erzeuger war stadtbekannt, nicht wegen einer besonderen Leistung, sondern weil es in Grevesmühlen gar nicht möglich war, unbekannt zu bleiben.

Für den guten Ruf ging man über Leichen. Man mordete keine Menschen, sondern Seelen. Man mordete den ganzen Tag: unpassende Gefühle, schräge Ideen, adipöse Mädchen, angeblich falsche Freundschaften, die Liebe, alles. Der gute Ruf war heilig. Er war der einzige Gott – nach dem Mammon.

Barbara schob die CD in den Schacht. Mit voller Lautstärke dröhnte es durch die Wohnung, ein Titel aus ihrer Jugend, die es gar nicht gegeben hatte:

Ich bin so hässlich, ich bin der Hass.

Als sie nach Rostock gezogen waren, in die Margaretenstraße, hatte Barbara gehofft, ein neues Leben würde beginnen, aber es war das alte, das sich fortsetzte. Ohne Freunde in der großen Stadt, ohne Interesse für ihre kulturellen Angebote, ohne Lust am Leben hatte Mama zu trinken begonnen und seufzte im berauschten Zustand dem Alten hinterher, der plötzlich gar nicht so schlecht gewesen war. Der doch auch seine guten Seiten gehabt und immer für die Familie gesorgt hatte. Das dumpfe Vieh wurde zur Lichtgestalt.

Ich bin so hässlich, ich bin der Hass.

Barbaras Rettung wurden Bücher. Immer mehr Bücher. Fressen. Immer mehr fressen. Bier. Immer mehr Bier. Später Fusel. Und Hass. Und Selbsthass. Immer mehr.

Barbara taumelte in die Küche, holte die zweite Flasche. Noch ein paar Schlucke, dann war sie ausgelöscht. Niemand sah sie. Nicht einmal Bruno schaute ihr zu.

Uplegger hatte Marvin von den Großeltern abgeholt. Es war schon spät, aber trotzdem, noch an diesem Abend sollte es sein. Er würde Barbaras Ratschlag in die Tat umsetzen. Als sie auf Morten Kröner gewartet hatten, hatte er für eine Stunde die Inspektion verlassen und in der Kröpeliner Straße Delikatessen gekauft: Parmaschinken und Bergamasker Salami, Pecorino aus Sardinien, mandelgefüllte Oliven und zwei Sorten Brot, die Pane Olio und Pane Diavolo hießen. Zufällig war sein Blick in das Schaufenster eines Heimausstatters gefallen, wo er jene scheußliche Patchwork-Decke mit Troddeln entdeckt hatte. Dieselbe lag nun auf der Ziegenledercouch, ein echter Stilbruch, der ihn begeisterte. Nachdem Uplegger beschlossen hatte, die Wohnung zu verändern, war der Schmerz in seinem Herzen sanfter geworden. Der Abschied hatte begonnen.

Penelopes Bild war noch da. Der Verkauf hatte nicht geklappt. Offenbar war der Bieter einer der vielen Spinner auf dieser Welt gewesen.

Marvin war in seinem Zimmer und las seine Mails. Dass es noch einen Nachtimbiss geben sollte, gefiel ihm, weil es erlaubte, länger aufzubleiben. Uplegger deckte laut summend den Tisch, um seine Nervosität zu überspielen. Dann rief er seinen Sohn.

Marvin kam wie üblich in Ich-bin-cool-Geschwindigkeit angeschlurft, aber kaum hatte er die Küche betreten, da hellte sich sein Gesicht auf.

»Was ist das?«

»Abendbrot.«

»Bist du kein Ovo-lakto-Vegetarier mehr?«

»Manchmal weiche ich meine Prinzipien eben auf. Zur Feier des Tages …«

Marvin setzte sich auf seinen Stammplatz am Fenster. »Was feiern wir denn?«

»Och, nichts.«

»Nichts? Das kann man jeden Tag feiern.« Marvin lüftete die Aluminiumfolie, mit der Uplegger ein Keramikfässchen bedeckt hatte. »Das ist ja Butter!«

»Ja.«

»Wirklich Butter? Keine Margarine mit Butterersatzstoffen oder so? Nichts Nachkriegsmäßiges?« Er stippte den rechten Zeigefinger in das Fässchen und leckte ihn ab. »Butter!«, seufzte er selig.

Uplegger, sehr stolz auf sich, nahm Platz, schaute versonnen seinem Sohn zu, wie dieser sich eine Scheibe vom Pane Olio abschnitt, sie dick mit Butter bestrich und eine Scheibe Parmaschinken obenauf legte.

»Haben wir keinen Ketschup?«, fragte er. Uplegger nahm den kleinen Freudendämpfer gelassen, drehte sich um und fischte die Flasche Bio-Ketschup aus dem Kühlschrank. Dann nahm er all seinen Mut zusammen: »Marvin, wie fühlst du dich?«

»Jetzt?«

»Ja, jetzt … aber auch mehr so allgemein …« Das war kein guter Anfang.

»So allgemein?« Große Ratlosigkeit verbreitete sich über das Gesicht seines Sohnes. »Na, ja, gut.«

»Aber manchmal bist du sicher auch traurig?«

Marvin hatte aufgehört zu kauen und starrte seinen Vater an. Die Ratlosigkeit war Misstrauen gewichen.

»Papa, was ist los?«, fragte er mit vollem Mund. Uplegger unterließ es, ihn darauf hinzuweisen.

»Ich meine ja nur, wir sollten ... Also ich will doch nur wissen ... Es kann einem Menschen nicht immer nur gut gehen ...«

»Nö.«

»Du bist also manchmal traurig?«

»Kommt vor.«

»Sehr traurig?«

»Papa, willst du wissen, ob ich heule? Wieso? Was ist denn mit dir? Ich hab gar keinen Appetit mehr!«

»Na ja«, sagte Uplegger langsam, »ich dachte, es ist vielleicht wichtig, wenn wir mal über Gefühle reden.«

»Wozu?«

Uplegger atmete ein paar Mal tief ein und aus.

»Ach was, lass uns jetzt reinhauen!«, feuerte er seinen Sohn an. Als sie kurz darauf beide zufrieden kauten, war er eigentlich ganz froh: Er hatte es wenigstens versucht.

Foto: Enrico Eisert

Der Autor

Frank Goyke, geboren 1961 in Rostock, studierte Theaterwissenschaften in Leipzig und arbeitete als Redakteur und Dramaturg in Berlin. Seit 1997 wirkt er dort als freier Schriftsteller, Lektor und Herausgeber. Er hat zahlreiche Kriminalgeschichten in unterschiedlichen Verlagen veröffentlicht, darunter ebenso solche mit zeitgenössischen Settings wie auch historische Krimis aus der Hansezeit.

Wenngleich die Spielorte und viele der genannten Institutionen tatsächlich existieren, so sind doch die Handlung und die in ihr vorkommenden Personen frei erfunden.

Spannendes aus dem mittelalterlichen Greifswald

376 Seiten | Broschur | Euro 9,95
erhältlich auch als E-Book (www.hinstorff.de)
und im App-Store
ISBN 978-3-356-01400-6
ISBN 978-3-356-01459-4 (E-Book)
ISBN 978-3-356-01460-0 (App)